Deutschland und Georgien

Matthias Dornfeldt · Enrico Seewald

Deutschland und Georgien

Die Geschichte der amtlichen Beziehungen

be.bra
wissenschaft verlag

Bibliografische Information der Deutschen Nationalbibliothek
Die Deutsche Nationalbibliothek verzeichnet diese Publikation in der Deutschen Nationalbibliografie; detaillierte bibliografische Daten sind im Internet über http://dnb.d-nb.de abrufbar.

KulturBrauerei Haus 2
Schönhauser Allee 37, 10435 Berlin
post@bebraverlag.de
Lektorat: Katrin Endres, Berlin
Umschlag und Satzbild: typegerecht, Berlin
Schriften: Swift, DTL Argo
Druck und Bindung: Finidr, Český Těšín
ISBN 978-3-95410-233-4

www.bebra-wissenschaft.de

Inhalt

Vorwort

Diese Studie erscheint anlässlich des hundertsten Jubiläums der Wiederherstellung des unabhängigen georgischen Staates durch den Parlamentsbeschluss vom 26. Mai 1918. Die Demokratische Republik Georgien wurde kurz darauf vom Deutschen Reich als erstem Staat faktisch anerkannt; am 24. September 1920 folgte die rechtliche Anerkennung. Mit der Eroberung des Landes durch die Rote Armee im Februar 1921 endete die erste georgische Demokratie. Nach dem Epilog zu Werner Zürrers 1978 erschienenem Buch über Kaukasien in der Zeit von 1918 bis 1921 wäre jene knapp vierjährige Öffnung zum Westen eine ereignisreiche, letztlich jedoch folgenlose Episode in einer langen Geschichte gewesen. Sie habe zwar keine Spuren hinterlassen, allerdings dürfte »der Wunsch der Kaukasier nach einer Überwindung ihrer Isolierung und einer Anerkennung ihrer Zugehörigkeit zum europäischen Kulturkreis stark geblieben sein. Ihr verzweifeltes Bemühen nach Erhaltung der Eigenständigkeit und Befreiung von der Vormundschaft größerer und stärkerer Nachbarn verdient zumindest das Interesse der Wissenschaft.« Einen wichtigen Beitrag in diesem Sinne hat Wolfdieter Bihl 1975 und 1992 mit seinem zweibändigen Werk über die Kaukasus-Politik der Mittelmächte im Ersten Weltkrieg geliefert. Seitdem sind in Deutschland keine Buchpublikationen zu diesem Thema mehr erschienen. Mit unserer Studie wird die Entwicklung Kaukasiens in jener Zeit erstmals aus Sicht der deutschen Diplomatie dargestellt.

Die georgische Botschaft in Berlin hat mit den Forschungen deutsche Wissenschaftler beauftragt, um die Thematik aus deutscher Sicht auf der Basis der Überlieferungen deutscher Archive zu erfassen. Deshalb dominieren im Text die Positionen der deutschen Seite. Dennoch wurden auch Erkenntnisse der georgischen Historiographie beachtet. Nach Meinung der Autoren sollten die Völker ihre gemeinsame Geschichte zusammen aufarbeiten. So können unterschiedliche Wahrnehmungen und Kenntnisse gemeinsam bewertet und angeglichen werden. Die Komplexität der Vergangenheit wird dann besser durchdrungen.

Der große Umfang der in Deutschland vorhandenen Archivalien belegt die Bedeutung Georgiens für die deutsche Politik, zwang aber auch zu strenger Fokussierung auf das Thema in diesem Buch. Die Autoren wollen mittels Zitaten aus Papieren deutscher Vertreter vor Ort und der Berliner Behörden die Betrachtung und Bewertung der kaukasischen Angelegenheiten direkt wiedergeben. Das Publikum soll die deutsche Haltung zu Georgien ungefiltert zur Kenntnis nehmen können. Hauptaufgabe der Autoren war die Auswertung der Quellen und ihre Einarbeitung in den Kontext der Entwicklung. Eine Gesamtdarstellung zu den bilateralen amtlichen Beziehungen existierte bisher weder in deutscher noch georgischer Sprache.

Wir danken der georgischen Botschaft in Berlin für die Hilfe bei der Erarbeitung des Manuskripts und die Beschaffung der Abbildungen sowie dem be.bra wissenschaft verlag für die repräsentative Gestaltung der Publikation.

Berlin, im September 2018
Matthias Dornfeldt   Enrico Seewald

1 Deutsche Kenntnisse von Georgien vor dem Ersten Weltkrieg

Die Gegend zwischen Schwarzem und Kaspischem Meer wird vom mächtigen Massiv des Kaukasus beherrscht. Im Altertum galt es als östliches Ende der Welt. Dem ersten deutschen Konversationslexikon zufolge war das Land unterhalb des Gebirges »fruchtbar und das Wasser trefflich gut; so findet man auch daselbst viele Dörfer«.[1] Südlich des Kaukasus liegt Transkaukasien. Dazu gehört Georgien, einer der ältesten christlichen Staaten der Welt. Die Menschen dort bezeichnen sich selbst nach dem legendären Stammvater Kartlos als »Kartveli« und ihr Land als »Sakartvelo«. Oft stand es unter fremder Herrschaft. »Doch gelang es den Georgiern immer wieder, ihre politische Unabhängigkeit zurückzugewinnen und ihre kulturelle Eigenart [...] zu bewahren.«[2]

Der einer einheimischen Dynastie entstammende König Bagrat III. konnte um die erste Jahrtausendwende fast ganz Georgien einigen. In der Regierungszeit seiner Nachfolger David IV. und Georg III. sowie von dessen Tochter Tamara »erlebte das Land seine Blütezeit und größte Ausdehnung«. Im 14. Jahrhundert hatte Georgien durch die Raubzüge des Mongolenfürsten Timur schwer zu leiden. »Mit der dadurch bedingten Schwächung der Zentralgewalt zerfiel das Land wieder in mehrere Herrschaften.«[3] Kriegerische Auseinandersetzungen mit den Türken im Westen und den Persern im Osten bedrohten die staatliche Existenz Georgiens. König Heraklius II. sah sich gezwungen, in einem Vertrag mit Kaiserin Katharina II. von Russland die Oberhoheit und das Protektorat der Zarin und ihrer Nachfolger anzuerkennen. »Heraklius dachte damit seinem durch die ewigen Kämpfe schwer geprüften Lande Frieden und freie Entwicklung zu schaffen.«[4] Der Vertrag

Ansicht von Tiflis

wurde am 4. August 1783 in der Festung Georgijewsk von Pawel Sergejewitsch Potemkin für die Kaiserin sowie Johannes Bagration und Garsewan Tschawtschawadse für den König unterzeichnet. Die Zaren Paul I. und Alexander I. nahmen 1801 Georgien formell in Besitz.[5] Die Vertreter der Zaren residierten als Statthalter oder Generalgouverneure in der georgischen Hauptstadt Tbilissi, auch Tiflis genannt.

Diese »Stadt der warmen Quellen« liegt am Kur in schöner und fruchtbarer Gegend umgeben von Weinbergen und Gärten. Sie war damals »wegen ihres halb europäischen, halb asiatischen Aussehens eine der interessantesten des Orients«.[6] Das erste Museum am Ort leitete ein Deutscher, der gebürtige Danziger Gustav Radde. Die ersten deutschen Zuwanderer waren schon 1817 aus Württemberg nach Kaukasien gekommen und hatten eigene Siedlungen errichtet, die bis zum Zweiten Weltkrieg bestanden.

Reise- und Forschungsliteratur

In Deutschland bestand trotz der räumlichen Entfernung großes Interesse an den kaukasischen Gebieten. Den ersten bekannten Bericht eines Deutschen über jene Gegend verfasste Hans Schiltberger im 15. Jahrhundert. Der Autor stammte wohl aus bayerischem Adel und war auf der Flucht aus tatarischer Gefangenschaft Richtung Heimat. Der Sachse Adam Oelschläger und der Westfale Engelbert Kämpfer kamen im 17. Jahrhundert im Gefolge diplomatischer Missionen nach Kaukasien. Der aus Eisleben stammende Arzt Jacob Reineggs verbrachte einige Zeit am Hofe Heraklius II. Nach seinem Tod 1793 erschien in Deutschland und Russland seine *Allgemeine historisch-topographische Beschreibung des Kaukasus* in zwei Bänden. Das Gebirge und sein Umland gerieten nun in den Blick deutscher Wissenschaftler. Gustav Radde war einer der bekanntesten. Er hatte im Auftrag der Kaiserlichen Geographischen Gesellschaft ausgedehnte Forschungsreisen durch Sibirien unternommen. Auf Wunsch des kaukasischen Statthalters und russischen Großfürsten Michael Nikolajewitsch sollte er das gesamte Kaukasusgebiet erforschen. Später wurde er Direktor des Kaukasischen Museums und Leiter der Bibliothek in Tiflis. Auf der Weltausstellung in Wien 1873 betreute er die kaukasischen Abteilungen. Anschließend hielt er in deutschen Städten Vorträge.[7] Danach setzte er seine Forschungs- und Publikationstätigkeit bis zu seinem Tod 1903 fort.[8] Sehr wichtig für die Vermittlung von Kenntnissen über den Kaukasus in Deutschland waren auch die Publikationen von Arthur Leist. In seinem ersten Buch schilderte der aus Breslau stammende Journalist anschaulich Land und Leute.[9] Nach dem Vorwort zum Buch *Das georgische Volk* war es »der erste Versuch einer Darstellung des georgischen Kulturlebens von seinen Anfängen bis in die neueste Zeit«.[10] Neben der Literatur über Kaukasien konnte die deutsche Regierung auch die Berichterstattung ihrer amtlichen Vertretungen nutzen. Die preußischen Interessen in Transkaukasien vertrat zunächst das 1858 unter der Leitung von Otto Blau neu errichtete Konsulat in der am Südufer des Schwarzen Meeres gelegenen Hafenstadt Trapezunt. In Tiflis unterhielten Frankreich und die Türkei als erste Staaten konsularische Missionen. Das dortige preußische Konsulat verdankt seine Entstehung der Familie Siemens.

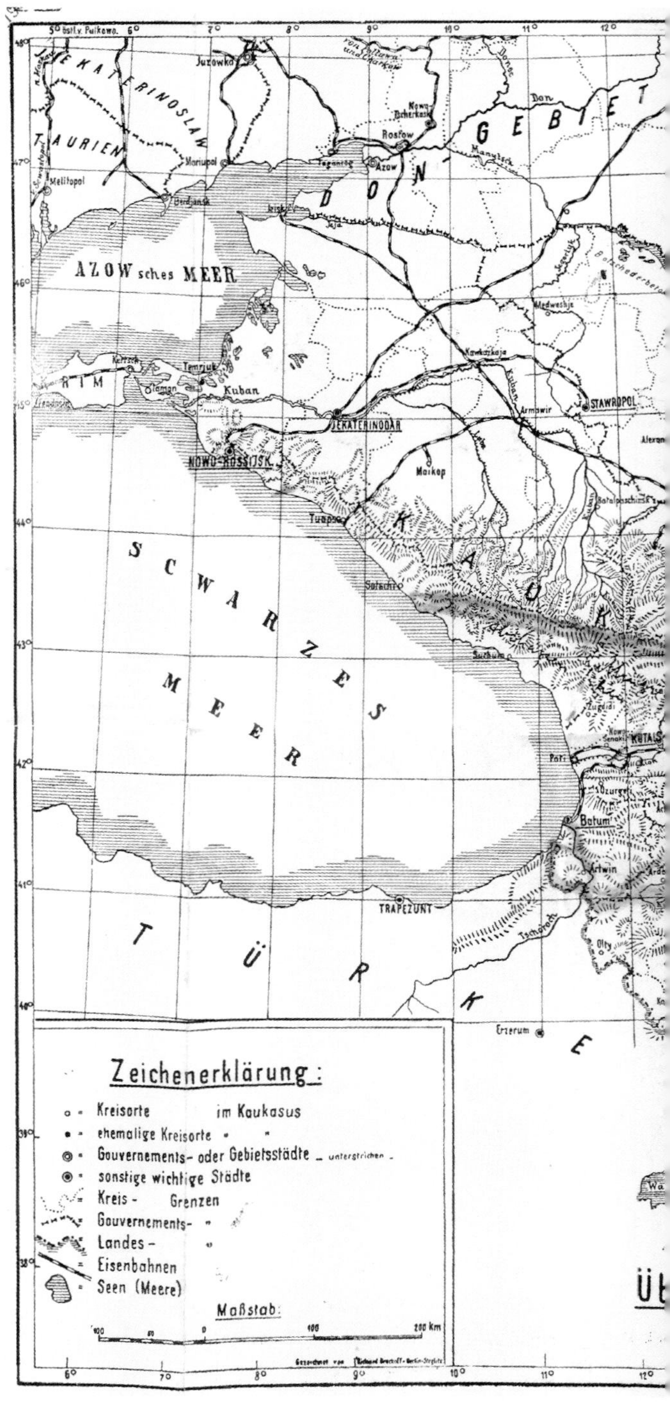

Karte der Kaukasusregion, um 1914

arte des Kaukasus.
ASTRACHAN
Wolga
Kuma
Kizljar
Terek
Groznyj
Petrowsk
DERBEND
TEMIR-CHAN-SCHURA
TIFLIS
Signach
Zakatal
Kuba
Baku
JELISAWETPOL
ERIWAN
Schuscha
Kura
Dschewat
Saljany
Lenkoran
Ardabil
Resch
TÄBRIS
Choi
Dilman
Maraga
Alexandrowsk
Kara-Bugas
Krasnowodsk
P E R S I E N
K A S P I S C H E S M E E R

Kaukasien in der Berichterstattung der amtlichen Vertretungen

Die wichtigste Voraussetzung für die Erschließung Kaukasiens waren brauchbare Verkehrswege. Ein Pfad über das Gebirge wurde von den Russen als Heerstraße zwischen Wladikawkas und Tiflis ausgebaut. Sehr wichtig für die wirtschaftliche Entwicklung war die deutsche Firma Siemens & Halske. Der Erfinder Werner Siemens und der Mechaniker Johann Georg Halske hatten 1847 in Berlin eine Telegrafen-Bau-Anstalt gegründet. Neben der preußischen zeigte auch die russische Regierung starkes Interesse an deren Produkten. Der im Krieg Russlands gegen die Türkei 1854 erkennbar werdende militärische Nutzen der Telegrafie führte zu staatlichen Investitionen auf diesem Gebiet. »Unter geschickter Ausnutzung der nachrichtentechnischen Bedürfnisse Rußlands errang die Firma Siemens & Halske eine einzigartige Stellung im Zarenreich. Ihre technischen Leistungen sowie ihre Liefer- und Wartungsfähigkeiten brachten Millionenprofite.«[11] In Russland agierten Werners jüngere Brüder Carl und Walter; während Carl für das Gesamtgeschäft zuständig war, koordinierte Walter den Bau kaukasischer Telegrafenlinien von Tiflis aus. Er fungierte dort auch als erster preußischer Konsul.

In einem an Außenminister Albrecht von Bernstorff aus Tiflis gerichteten Gesuch deutscher Unternehmer vom 18. Februar 1862 steht Folgendes: »Unter den hier lebenden Ausländern sind wir Deutsche der weit bedeutendste Theil; die französischen Unterthanen, so gering auch ihre Zahl ist, sind [...] durch einen Consul vertreten, welcher – Kraft seiner Stellung – bei den russischen Behörden in großem Ansehen steht und dadurch seinen Schutzbefohlenen in jeder Hinsicht eine bedeutende Stütze ist.« Französische Artikel würden deshalb vor Ort gegenüber den preisgünstigeren deutschen bevorzugt. Die Bittschrift solle diesen Zustand ändern helfen. Einziges Mittel zur Vertretung der vaterländischen Interessen sei ein preußisches Konsulat. Walter Siemens unterschrieb das Dokument als erster von achtundsechzig Signataren. Otto Blau äußerte sich in einem Schreiben aus Trapezunt vom 6. März 1863 an den Ministerpräsidenten und Außenminister Otto von Bismarck ähnlich; allerdings aus politischen Erwägungen. Die Stellung Russlands zu seinen Nationalitäten würde inzwischen das Interesse ganz Europas erregen. Die konsulari-

Walter Siemens (1833–1868), von Dezember 1865 bis März 1868 preußischer Konsul, von März bis Juni 1868 Konsul des Norddeutschen Bundes in Tiflis

schen Vertretungen Frankreichs und der Türkei in Tiflis seien rein politischer Natur und hätten den Zweck, »dieses Grenzgebiet zwischen Rußland, der Türkei und Persien im Auge zu behalten«.[12] Im Sommer 1864 endeten die letzten Aufstände der Bergvölker im Kaukasus gegen die russischen Besatzer.

In einer neuen Bittschrift aus Tiflis vom 4. Juli 1865 an Bismarck wird Siemens als Konsul vorgeschlagen, der sich zur Annahme des Postens ohne Vergütung bereit erklärt habe. »Er hat sich schon seit mehreren Jahren mit bedeutenden eigenen Kapitalien an hiesigen industriellen Unternehmungen beteiligt und ist bei der Kaiserlichen Regierung von Kaukasien [...] eine persona grata.« Bei allen im Lande wohnenden Deutschen würde er vollstes Vertrauen und höchste Achtung genießen. Er sei als Konsul bestens geeignet. Der erste Satz der von Wilhelm I. am 20. Dezember 1865 in Berlin unterzeichneten und von Bismarck gegengezeichneten Bestallungsurkunde lautet: »Wir Wilhelm, von Gottes Gnaden König von Preußen u.s.w. thun kund und fügen hiermit zu wissen: daß nachdem Wir gut gefunden haben, in Tiflis einen Consul zu bestellen, Wir dazu den wegen seiner Handlungskenntnisse und übrigen guten Eigenschaften Uns angerühmten Berg- und Hütten-Besitzer Walter Siemens daselbst in Gnaden ausersehen und angenommen haben.« Im Jahr darauf genehmigte Otto von Bismarck auf Wunsch von Walter Siemens die Anstellung von dessen Bevollmächtigtem Georg William Bolton als Konsularagenten.[13]

Die Brüder Siemens engagierten sich in Kaukasien wirtschaftlich sehr stark. Sie erwarben unter anderem das Kupferbergwerk Kedabeg bei Elisabethpol, Erdölquellen bei Tiflis und eine Kobaltgrube bei Kedabeg. Ihr wichtigstes Unternehmen war aber der Bau der durch Kaukasien führenden Telegraphenlinie London – Kalkutta. Der erste Telegrammwechsel auf der etwa 11.000 Kilometer langen Strecke erfolgte am 12. April 1870 binnen einer Stunde. Es war das bis dahin größte Projekt des Hauses Siemens und brachte der Firma internationales Ansehen. Mitteleuropa hatte sich inzwischen durch die Gründung des Norddeutschen Bundes verändert.

Otto von Bismarck hatte nach dem Sieg über Österreich im Krieg von 1866 die deutschen Staaten nördlich der Mainlinie zu einem Bund mit eigener Verfassung und eigenem Parlament geeint und führte dessen politische Geschäfte als Bundeskanzler. Der Bund erhielt ein einheitliches Konsularwesen. Walter Siemens wurde am 6. März 1868 dessen Konsul in Tiflis. Er starb dort am 24. Juni an inneren Blutungen infolge eines Sturzes mit dem Pferd. Bruder Otto telegrafierte den Sachverhalt sofort nach Berlin und Wilhelm informierte das Bundeskanzleramt darüber schriftlich. Otto von Bismarck ersuchte den Gesandten in Petersburg um Vorschläge zur Wiederbesetzung des Postens. Nach dessen Antwort vom 11. Juli sei bei seinen Erkundungen immer nur der Name Siemens genannt worden. Er wolle die Aufmerksamkeit auf des Konsuls Bruder Carl lenken. Dieser habe den Wunsch, »das Amt seines verstorbenen Bruders zu übernehmen«. Bis dahin würden die Konsulatsgeschäfte durch William Bolton geführt. Werner und Carl Siemens sprachen am 1. September bei Legationsrat Ferdinand von Gerstorff im Außenministerium vor und empfahlen ihren jüngsten Bruder Otto für den Posten in Tiflis. Seine Ernennung erfolgte am 12. Dezember 1868.

Otto Siemens (1836–1871), von Dezember 1868 bis Juni 1871 Konsul des Norddeutschen Bundes; danach bis Oktober 1871 Konsul des Deutschen Reiches in Tiflis

Nach seinem Bericht von April 1869 würden sich Handel und Industrie in Transkaukasien nach Beendigung der inneren Unruhen lebhaft entwickeln. »Wie bekannt gebührt dem Kaukasus in der Naphtaproduktion, nächst Amerika, der erste Platz auf dem Erdball. [...] Die vorzüglichsten Orte für Naphtagewinnung sind die Halbinsel Apscheron und andere Gegenden des Gouvernements Baku [...] und im Gouvernement Tiflis bei der Stadt Tiflis und im Kreise Signach am Flusse Jora.« Bei besserer Erschließung der Vorkommen werde das Erdöl große Bedeutung im inneren und auswärtigen Handel bekommen. Wichtig wäre der Bau der Eisenbahn von Poti nach Tiflis.[14] Die Linie wurde im Oktober 1872 in Betrieb genommen, die Strecke von Tiflis nach Baku folgte im März 1883. Die Privatisierung der Erdölförderung auf der Halbinsel Apscheron 1872 hatte einen enormen wirtschaftlichen Aufschwung ausgelöst. Baku wurde zur prosperierendsten Stadt in Transkaukasien.

Bei der Gründung des Deutschen Reiches am 18. Januar 1871 war der Norddeutsche Bund auf die süddeutschen Staaten Bayern, Württemberg und Baden ausgedehnt worden. König Wilhelm I. von Preußen nahm die kaiserliche Würde an. Der auswärtige Dienst des Bundes einschließlich der Konsulate wurde auf das Reich übertragen. Dessen Politik führte Otto von Bismarck als Reichskanzler; für die auswärtigen Angelegenheiten war das aus dem preußischen Außenministerium gebildete Auswärtige Amt unter Leitung eines Staatssekretärs zuständig. Die Gesandtschaften in Petersburg und Berlin wurden in Botschaften umgewandelt. Die konsularischen Beziehungen zwischen deutschem und russischem Reich regelte der Konsularvertrag vom 8. Dezember 1874. Danach konnten die vertragschließenden Parteien in den Häfen oder Handelsplätzen des Gebiets der anderen Partei Generalkonsuln, Konsuln, Vizekonsuln oder Konsularagenten bestellen. Der Vertrag trat nach Austausch der Ratifikationsurkunden am 8. Februar 1875 in Kraft.[15]

Kaiser Wilhelm I. hatte Otto Siemens am 14. Juni 1871 zum Konsul des Reiches in Tiflis ernannt. Er starb dort am 10. Oktober 1871 an Lungenentzündung. William Bolton übernahm wieder die Konsulargeschäfte.[16] Im Jahr darauf wurde der erste deutsche Berufskonsul entsandt. Wilhelm I. ernannte am 30. November 1872 dazu Gustav Brüning, den bisherigen Vizekonsul in Alexandria. Er amtierte in Tiflis bis April 1876 und übernahm im Monat darauf die Leitung des Konsulats in Beirut. Neuer deutscher Konsul in Tiflis wurde Freiherr Alfred von Ifflinger. Er initiierte ein Jahr später die Ernennung von William Bolton zum Konsularagenten in Kedabeg mit der Begründung, dieser habe »durch seine bewährten Kenntnisse sowie eine infolge langjährigen Aufenthaltes im Kaukasus gesammelte reichhaltige Erfahrung dem diesseitigen Kaiserlichen Konsulate sehr wesentliche und ersprießliche Dienste geleistet«.[17] Er wirkte dort mehr als fünfzehn Jahre und wurde auf eigenen Wunsch hin von seiner Funktion entbunden. Einen Nachfolger gab es nicht; andere Orte in Transkaukasien waren inzwischen wichtiger für konsularische Posten geworden.

Russland hatte nach dem Sieg über die Türkei im Krieg von 1877/78 gemäß Schlussakte des Berliner Kongresses vom 13. Juli 1878 die Gebiete von Ardahan, Kars und Batumi erhalten. Der Hafen von Batumi am Schwarzen Meer wurde ausgebaut und die Stadt der Eisenbahn nach Tiflis angeschlossen. Wilhelm I. ernannte am 14. Februar 1887 die Kaufleute Friedrich Burkhardt in Batumi und Adolf Beer in Poti zu Vize-Konsuln. Ein Konsulat in Baku wurde 1890 eingerichtet. Es unterstand wie die Vize-Konsulate in Batumi und Poti und die Konsularagentur in Kedabeg dem Konsulat in Tiflis. In der Zentrale wurde wegen der zunehmenden Bedeutung Kaukasiens ein eigener Bestand angelegt, der bis zum Ende des Ersten Weltkriegs 28 Akten mit Beiheften erreichte.[18]

Die innere Entwicklung des Zarenreiches wurde von der deutschen Führung genau beobachtet. Deutschland und Russland waren zwar verbündet und die Dynastien Hohenzollern und Romanow auch verwandtschaftlich verbunden, dennoch gab es besonders beim Militär große Furcht vor der zunehmenden Macht des russischen Kolosses. Am Beginn des 20. Jahrhunderts durchlebte das Zarenreich allerdings schwere militärische und innenpolitische Krisen. Der Anfang Februar 1904 mit dem Angriff der Japaner auf die vor Port Arthur ankernden russischen Schiffe ausgelöste Russisch-Japanische Krieg führte zu schweren inneren Unruhen, die auch auf die kaukasischen Gebiete übergriffen. Nach Informationen des Tifliser Konsuls Karl Frommann von Ende 1904 wäre der Kaukasus durch den Krieg wenig betroffen; das einzige unruhige Element seien die Armenier. Die Georgier wären zwar auch mit den Verhältnissen unzufrieden, »sie verhalten sich aber in Folge der ihrem Charakter eigenen Indolenz ruhiger«.[19]

Am 22. Januar 1905 versuchte in Petersburg eine Deputation zehntausender Arbeiter mit Frauen und Kindern unter Führung des Priesters Grigorij Gapon im Winterpalais eine Bittschrift mit sozialen und politischen Forderungen zu übergeben. Sie wurde vorher von Militär auseinandergetrieben; es gab Hunderte Tote. Die darauf folgenden Unruhen erreichten auch Kaukasien. Der Bakuer Konsul Paul Röhll informierte Reichskanzler Bernhard von Bülow am 23. und 28. Februar 1905 von blutigen Kämpfen zwischen Armeniern und Aserbaidschanern. Es habe viele Todesopfer gegeben. »Die Greuelszenen, welche sich [...] in den Straßen Bakus abspielten, ist keine Feder im Stande zu beschreiben, auch keine Sprache der Welt besitzt die dafür nötigen Worte!« Der Konsul plädierte für den militärischen Schutz der

Konsulate. Staatssekretär Oswald von Richthofen reichte den letzten Bericht der Botschaft in Petersburg mit Bitte um Äußerung weiter. Der russische Außenminister Wladimir Nikolajewitsch Lambsdorff sagte Botschafter Friedrich Johann von Alvensleben, für die Sicherheit der Konsulate und fremden Staatsangehörigen in Baku wie im ganzen »Kaukasusgebiet seien für den Fall erneuter Unruhen alle nötigen militärischen Maßnahmen angeordnet worden«. Die Konflikte hätten keinen fremdenfeindlichen Charakter.[20]

Kaiser Nikolaus II. hatte im März 1905 die Wiederherstellung der Statthalterschaft über den Kaukasus verfügt. Den Posten erhielt Graf Illarion Iwanowitsch Woronzow-Daschkow. Der Statthalter verhängte am 10. Juli den Belagerungszustand über Stadt und Kreis Tiflis. Nach Meinung von Karl Frommann würden »die arbeitsscheuen und revolutionären Elemente aber im Geheimen« ihr Unwesen weiter treiben.[21] In der Folgezeit berichtete der Konsul über Terrorakte in Tiflis; in Baku flammten die Unruhen wieder auf. Daran änderte auch der Friedensschluss mit Japan und der Parlamentarismus in Russland wenig. Am 5. September wurde in Portsmouth in New Hampshire auf Vermittlung der USA der Friedensvertrag unterzeichnet und in einem am 30. Oktober veröffentlichten Erlass befahl Nikolaus II. die Gewährung bürgerlicher Freiheiten für die Bevölkerung und die Einführung des parlamentarischen Systems im Zarenreich. Nach Frommanns Bericht vom 13. November 1905 habe der Erlass in Tiflis allgemeinen Jubel hervorgerufen.[22] Der Ausnahmezustand wurde aufgehoben.

Im 1906 erstmals einberufenen Reichsparlament, der Staatsduma, konnten viele Kaukasier politische Erfahrungen sammeln, die ihnen später an der Spitze des unabhängigen Georgien nutzten. Sie gehörten meist der 1898 in Minsk gegründeten Sozialdemokratischen Arbeiterpartei Russlands an, die sich 1903 in die Menschewiki (»Minderheitler«) sowie die Bolschewiki (»Mehrheitler«) gespalten hatte. Die Bolschewiki unter Führung von Wladimir Iljitsch Uljanow, genannt Lenin, vertraten radikale Positionen, ihnen schloss sich auch ein gebürtiger Georgier an: Josef Dschugaschwili, später Stalin genannt. In Transkaukasien war sonst die gemäßigte menschewistische Strömung stark, die in der Duma unter anderen von Noe Jordania, Jewgeni Gegetschkori, Nikolai Tschcheidse und Akaki Tschchenkeli vertre-

Graf Friedrich-Werner von der Schulenburg (1875–1944) in seinem Arbeitszimmer im deutschen Konsulat in Tiflis, vor 1914

ten wurde. In der Revolution von 1905 existierten außerhalb der Gesetzlichkeit kurzzeitig Institutionen, die noch wichtig werden sollten: die Räte von Arbeiter-, Bauern- und Soldatendeputierten, russisch Sowjets genannt. Chef des Petersburger Sowjets war Leo Bronstein, der den Decknamen Trotzki verwendete.

Im Mai 1911 übernahm Graf Friedrich-Werner von der Schulenburg die Leitung des Tifliser Konsulats. Er war vorher Vizekonsul am Generalkonsulat in Warschau gewesen und kannte das Zarenreich.

Kaukasien wurde allmählich für den Tourismus interessant. Der Bremer Norddeutsche Lloyd organisierte im Frühjahr 1911 dazu eine Gesellschaftsreise mit etwa 150 Personen. Sie gingen in Genua an Bord des Lloyd-Dampfers »Schleswig« und fuhren bis Batumi, von dort mit der Eisenbahn nach Tiflis, dann über die Heerstraße nach Wladikawkas und weiter nach Noworossisk am Nordufer des Schwarzen Meeres. Dort nahm sie das Schiff wieder auf und

Vorzimmer des deutschen Konsulats in Tiflis

brachte sie entlang der Krim nach Odessa. Die Behörden vor Ort gaben sich die größte Mühe mit den Fremden. Die Gesellschaft wurde mit Reden und Musik empfangen, Volksfeste wurden veranstaltet, das Militär stellte Begleitung für Ausflüge ins Land und die Besucher erhielten einheimischen Wein und Champagner in Hunderten von Flaschen geschenkt.[23] Höhepunkt der Reise war ein rauschendes Fest des Herzogs Alexander von Oldenburg in dem von ihm gegründeten Badeort Gagry am Nordufer des Schwarzen Meeres. An der Reise nahm auch der Schriftsteller und Journalist Felix Lorenz teil, der Feuilletonchef des Berliner Tageblatts. Nach seinem von der Abend-Ausgabe der Zeitung am 26. Mai 1911 unter der Überschrift »Kaukasische Völkerschau« gebrachten Bericht wäre es eine Premiere gewesen. »Zum ersten Male ist hier der Weg in ein vom europäischen Leben fast ganz abgeschnittenes Gebiet [...] geebnet worden, und der Bedeutung dieser Fahrt entspricht es auch, dass sie von der russischen Regierung als eine ganz offizielle Angelegenheit behandelt wird.« Der Zar habe dem deutschen Besuch seines südlichsten Gebietes ein begreifliches Interesse zugewendet. Der Kaukasus werde dadurch »in das internationale Reiseprogramm des Westens aufgenommen«. In der im folgenden Jahr erschienenen Neuauflage von Deutschlands berühmtem Reiseführer Baedeker wird Batumi als Ausgangspunkt für Touren in den Kaukasus ausdrücklich empfohlen.[24]

Im März 1913 wurde in Petersburg und ganz Russland der 300. Jahrestag der Übernahme der Regierung durch die Dynastie Romanow gefeiert. In Tiflis gab der 76-jährige Statthalter einen Empfang für etwa tausend geladene Gäste, an dem auch das Konsularcorps teilnahm. Dabei wurde über die Nachfolge Woronzow-Daschkows spekuliert. Schulenburg schrieb dazu: »Für die ausländischen Interessen würde der Rücktritt des Grafen sehr bedauerlich sein. Der Statthalter hat stets über nationalistischen Treibereien jeder Art gestanden. Er ist von der richtigen Überzeugung durchdrungen, daß der Kaukasus zu seiner Entwicklung des ausländischen Kapitals nicht entbehren kann, und hat daher die Niederlassung fremder Unternehmungen niemals Schwierigkeiten bereitet.«[25] Das Romanow-Jubiläum war das letzte große Fest der Monarchie im Zarenreich. Der deutsche Konsul in Tiflis trat am 11. April 1914 seinen Urlaub an, nachdem er die Amtsgeschäfte seinem österreichisch-ungarischen Kollegen August Humbert Corossacz übergeben hatte.[26] Friedrich-Werner von der Schulenburg kehrte erst vier Jahre später nach Tiflis zurück.

Das Schicksal der amtlichen Vertretungen beim Ausbruch des Ersten Weltkrieges

Der am 28. Juni 1914 in Sarajewo ausgeführte Mordanschlag serbischer Nationalisten auf das österreichisch-ungarische Thronfolgerpaar führte zum Krieg der Mittelmächte Deutschland und Österreich gegen das in der Entente mit Frankreich und Großbritannien verbündete Russland. Der deutsche Botschafter Friedrich von Pourtalès überreichte dem russischen Außenminister Sergej Dimitrijewitsch Sasonow am Abend des 1. August die Kriegserklärung und verließ am nächsten Morgen zusammen mit dem Personal der deutschen Missionen Petersburg. In Tiflis verbreiteten zur selben Zeit Sonderblätter der Zeitungen die Nachricht von der deutschen Kriegserklärung. Bei abendlichen Umzügen durch die Stadt wurden die Zarenhymne und patriotische Lieder gesungen und es waren Hochrufe auf Russland, Serbien und Frankreich sowie Drohrufe gegen Deutschland und Österreich zu hören. Attacken auf deren Konsulate verhinderte die Polizei. Am Nachmittag des 4. August wurde die Flagge an der deutschen Mission eingeholt und das Konsulatsschild abgenommen. Konsulatssekretär Eugen Lorz wurde am folgenden Nachmittag in der Statthalterei zur Abreise aufgefordert. Er verließ Tiflis zwei Tage später mit der Eisenbahn und reiste über Petersburg nach Finnland und Schweden. Am 21. August war er zurück in Berlin. Österreich-Ungarn hatte Russland am 5. August den Krieg erklärt. August Humbert Corossacz reiste von Tiflis nach China und traf am 2. September 1914 in Peking ein.[27]

2 Deutschland und die georgische Unabhängigkeit im Ersten Weltkrieg

Die deutsche Reichsleitung wollte die Spannungen zwischen den Völkerschaften im Zarenreich nutzen, um dem Kriegsgegner zu schaden. Fritz Fischer schrieb dazu: »Die deutschen Pläne zielten auf eine Revolutionierung Rußlands von Finnland bis zum Schwarzen Meer sowie der islamischen Welt von Marokko bis Indien, wobei sich die beiden Stoßrichtungen im Kaukasus überschnitten.«[28] Dabei wurden geheimdienstliche mit militärischen Aktionen koordiniert. Einen Geheimdienst auf Reichsebene gab es in Deutschland vor dem Krieg nicht. Der preußische militärische Nachrichtendienst war in der Sektion III b des Generalstabs organisiert. »Der Nachrichtendienst des Generalstabs hatte nicht, wie Nachrichtenabteilungen anderer Behörden, Nachrichten auszugeben, sondern solche zu beschaffen, und zwar ausschließlich über den Feind.«[29] Seit 1913 war Walter Nicolai Chef der Sektion. Sie wurde bei der Mobilmachung dem Chef des Generalstabs des Feldheeres direkt unterstellt und später in eine Abteilung mit Einrichtungen für Nachrichtendienst, Spionageabwehr und Propaganda umgewandelt. In Berlin blieb der Stellvertretende Generalstab der Armee. Dessen Sektion Politik der Abteilung III b leitete von Oktober 1914 bis Mitte 1916 Rudolf Nadolny. In der Politischen Abteilung des Auswärtigen Amtes war für die Revolutionierungsaktionen Legationssekretär Otto-Günther von Wesendonk zuständig.

Ein Vermittler deutscher Propaganda im Orient war Freiherr Max von Oppenheim. Er kannte die Mentalität islamischer Völker von vielen Reisen durch ihre Länder und empfahl bei Kriegsausbruch dem Auswärtigen Amt die Herstellung von Informationsmaterial, das in allen Sprachen des Orients übersetzt verschickt werden sollte. Unterstaatssekretär Arthur Zimmermann ermächtigte ihn, »eine Organisation in diesem Sinne einzurichten«.[30] Die Institution erhielt die Bezeichnung »Nachrichtenstelle für den Orient«; zu ihr gehörte auch eine russische Abteilung. Dort arbeitete kurzzeitig der georgische Literat Konstantine Gamsachurdia. Er »begann eine überaus fruchtbare publizistische Tätigkeit, die insbesondere der Aufklärung über die wahren Verhältnisse in Georgien und im Kaukasus diente«. Daneben schrieb er eine Dissertation über König Heraklius II., die 1919 an der Friedrich-Wilhelms-Universität angenommen wurde. »Die Berliner Universität kann sich also zur Ehre anrechnen, zu ihren berühmten Doktoren auch den Begründer der modernen georgischen Literatur zu zählen.«[31]

Der Reichskanzler und preußische Ministerpräsident Theobald von Bethmann Hollweg sah als allgemeines Ziel des Krieges: »Sicherung des Deutschen Reiches nach West und Ost auf erdenkliche Zeit.« Dazu müsse »Rußland von der deutschen Grenze nach Möglichkeit abgedrängt und seine Herrschaft über die nichtrussischen Vasallenvölker gebrochen werden«.[32] Dieser Plan entsprach dem Wunsch vieler »Vasallenvölker« im Zarenreich. Wladimir Achmeteli schrieb später dazu: »Der Ausbruch des Weltkrieges weckte im georgischen Volke erneut die Hoffnungen nach Befreiung. In klarer Erkenntnis der Lage trug es bedenkenlos seine Sympathien den Mittelmächten entgegen. Ohne Unterschied der politischen und Parteirichtungen ersehnten die Georgier den Sieg der deutschen Waffen herbei, weil sie sich davon auch das Erreichen ihres Zieles, nämlich die Freiheit Georgiens versprachen. Und auch darin hat sich das georgische Volk nicht getäuscht. Die siegreichen deutschen Armeen zerschmetterten das Zarenreich und brachten [...] uns Georgiern die langersehnte Freiheit und Unabhängigkeit.«[33] Parallel zum militärischen Kampf der Mittelmächte gegen Russland lief die Unterminierung des Zarenreiches.

Ein Relais für Revolutionierungsaktionen im Kaukasus war die deutsche Botschaft in Konstantinopel. Kontakt zu georgischen Persönlichkeiten wurde auch über die Gesandtschaft in Bern und das Generalkonsulat in Genf hergestellt.[34] Generalkonsul Alfred Geißler hatte das Auswärtige Amt im August 1914 über den Privatdozenten Leo Keresselidze von der Genfer Universität informiert. Er strebe die politische Selbständigkeit des Kaukasusgebiets an und habe im Konsulat um deutsche Unterstützung mit Waffen gebeten. Im Konsulat erhielt er nach Weisung der Zentrale einen Reisepass als elsaß-lothringischer Landesangehöriger Leo Kerelle und bekam die Fahrt nach Konstantinopel bezahlt. Dort schilderte er seine Pläne und forderte eine deutsche Garantie für die Unabhängigkeit des künftigen Georgien. Botschafter Hans von Wangenheim sicherte ihm dies zu.[35]

Aus Genf reisten durch Vermittlung des Konsulats weitere Georgier in die Türkei, ebenfalls als Elsaß-Lothringer getarnt.[36] Ihnen wollte sich der in Heidelberg studierende Assyrologe Michael Tseretheli anschließen. Er wurde durch die preußische Gesandtschaft in Baden finanziell ausgestattet. Der Gesandte Karl von Eisendecher schrieb Theobald von Bethmann Hollweg am 19. September 1914 über den Georgier, er mache einen »sympathischen Eindruck, ist vielseitig gebildet und seinem [...] Heimatland treu ergeben«.[37] Michael Tseretheli traf vor seiner Abreise in Heidelberg noch mit dem georgischen Fürsten Georg Matschabelli zusammen. Er hatte an der Königlichen Bergakademie in Berlin studiert, dort seine Diplom-Ingenieur-Prüfung abgelegt und als Assistent gearbeitet. Nach einem Empfehlungsschreiben des ehemaligen Direktors Wilhelm Bornhardt sei er ein warmer Verehrer deutschen Wesens. »Politisch hat er sich nicht betätigt. Wegen seiner sympathischen Charaktereigenschaften hat er bei Professoren und Studierenden allgemeine Wertschätzung genossen.«[38]

Michael Tseretheli und Georg Matschabelli wurden im September 1914 im Auswärtigen Amt empfangen und legten zwei Denkschriften vor. Ein Dokument befasste sich mit der zukünftigen politischen Organisation des Kaukasus. Darin steht unter anderem: »Das Königreich Georgien hat 23 Jahrhunderte lang bis zum Jahre 1801 als selbständiger Staat existiert und stand nur vorübergehend unter dem Protektorate Persiens oder der Türkei; es hat ein geschlossenes Territorium mit festen Grenzen und ist mit 2½ Millionen Georgiern bevölkert.« Das Land solle eine konstitutionelle Monarchie unter einem ausländischen Prinzen werden, um Intrigen zwischen den zahlreichen Erben der Bagratiden-Dynastie zu vermeiden.[39] Die Realisierung dieser Pläne war schwierig, weil die Türkei in die Aktion einbezogen werden musste. Das Osmanische Reich trat im Herbst 1914 an der Seite der Mittelmächte in den Krieg ein. Dominierende Politiker dort waren Kriegsminister Enver und Innenminister Talaat. Große Bewegungen an der Kaukasusfront gab es in den ersten Kriegsmonaten nicht.[40]

Die deutschen Aktionen Richtung Kaukasien wurden von Trapezunt aus organisiert. Die georgischen Akteure dort bezeichneten sich selbst als Nationalkomitee. Erfolge hatten sie nicht. Die türkischen Behörden wünschten kein unabhängiges Georgien.[41] Durch Druck des deutschen Botschafters unterzeichneten zumindest Leo Keresselidze und der Kabinettschef im türkischen Innenministerium ein Papier, in dem türkischerseits die Anerkennung eines selbständigen Georgien unter bestimmten Voraussetzungen zugesichert wird. Das Dokument wurde in der Botschaft deponiert.[42] Die Georgier glaubten aber nicht daran. Wangenheim beruhigte sie und betonte, dass die künftige Gestaltung Georgiens nicht von der Türkei allein abhängen und die Unterstellung von Gebieten mit überwiegend christlicher Bevölkerung unter türkische Herrschaft nicht die Zustimmung Deutschlands finden werde. Nach Meinung des Botschafters würden die Georgier in Trapezunt nun etwas hoffnungsvoller in die Zukunft blicken. Für eine erfolgreiche Revolutionierung der kaukasischen Gebiete wären aber ausreichend Waffen und Munition nötig.[43]

Im April 1915 verhandelten Matschabelli und Tseretheli in Berlin weiter.[44] Nadolny empfahl, in Erzerum eine unter deutscher Leitung stehende Zentralstelle einzurichten und ausreichend Waffen zur Verfügung zu stellen. Deren Leiter solle den Aufstand im Einvernehmen mit den Georgiern und dem türkischen Militär organisieren. Er empfahl für diesen Posten den früheren Konsul Friedrich-Werner von der Schulenburg, der »russisch spricht und den Kaukasus sowie die dortige Bevölkerung genau kennt«. Der Chef des Generalstabs des Feldheeres erklärte dazu sein Einverständnis; Wangenheim telegrafierte am 15. Mai die Zustimmung Envers.[45] Schulenburg traf Mitte Juni 1915 in der Türkei ein.[46] Die Obstruktion der Behörden vor Ort verhinderte aber den wirkungsvollen Einsatz der als Georgische Legion bezeichneten Truppe.[47]

Die türkische Militärführung wünschte ihre Auflösung wegen Nutzlosigkeit. Oberst Otto von Lossow, der Militärbevollmächtigte an der deutschen

Georgische Legion, aufgestellt in der Türkei während des Ersten Weltkrieges

Botschaft in Konstantinopel, sah das auch so.[48] Das Georgische Komitee wollte die Legion aber wegen ihrer politischen und moralischen Bedeutung als Kern einer künftigen georgischen Armee erhalten und plädierte für ihren Einsatz an der deutsch-russischen Front bei Unterstellung unter deutsches Kommando. Die Oberste Heeresleitung genehmigte am 14. Dezember 1916 die Verlegung der kampffähigen Mannschaften der Legion an die deutsch-russische Front, »um dort unter deutschem Kommando gegen die Russen zu kämpfen«. Die übrigen Mannschaften und Offiziere würden beurlaubt.[49]

In Berlin engagierte sich Georg Matschabelli weiter auf zivilem Gebiet für seine Heimat. Ende Dezember 1915 hatte er dem Auswärtigen Amt die Gründung einer Deutsch-Georgischen-Gesellschaft für kulturelle, wirtschaftliche und publizistische Zwecke vorgeschlagen. Otto-Günther von Wesendonk war damit einverstanden.[50] Vorgestellt wurde das Projekt in der »Deutschen

Graf Friedrich-Werner von der Schulenburg und Achmed Dewidse von der Georgischen Legion in Samsum, Türkei, 1916

Gesellschaft von 1914«. Dieser von Robert Bosch finanzierte Club konnte das Palais Pringsheim Wilhelmstraße 67 im Regierungsviertel nutzen. Er war von Kolonialstaatssekretär Wilhelm Solf gegründet worden, »um demokratische, sozialistische und jüdische Prominente mit dem höheren Beamtentum, den Militärs und den rechtsstehenden Politikern in persönliche und gesellschaftliche Verbindung zu bringen. [...] Die allwöchentlich stattfindenden Klubabende waren in den ersten Jahren gut besucht und boten wirklich zum ersten Mal in Deutschland allen einen Sammelpunkt, die in den Parlamenten, der leitenden Beamtenschaft, der Presse, der Städtischen Verwaltung, der Finanzwelt, der Kunst und Wissenschaft etwas bedeuteten.«[51] Am 3. März 1916 sprachen zunächst der Jurist und Politiker Franz von Liszt über die staats- und völkerrechtliche Stellung Georgiens sowie Michael Tseretheli über das georgische Volk. Danach informierte Georg Matschabelli über die neue Gesellschaft. Nach einem dort verteilten Werbeblatt habe sie den Zweck, »zwischen Deutschland und Georgien sowie den Kaukasusgebieten enge kulturelle und wirtschaftliche Beziehungen herzustellen« durch Förderung der Kenntnisse über Georgien und den Kaukasus an Hochschulen und Lehranstalten sowie »Förderung des Studiums von Georgiern und Kaukasiern auf deutschen Hochschulen«. Für wirtschaftliche Belange sollten eine Informationszentrale, ein Archiv und eine Bibliothek geschaffen werden. Geplant war auch die »Förderung des touristischen Interesses an den Kaukasusländern«. Ihr Büro hatte die Gesellschaft im Geschäftshaus Zollernhof, Unter den Linden 56.[52] Liszt wurde ihr erster Vorsitzender. Der gebürtige Österreicher war einer der bedeutendsten Straf- und Völkerrechtler seiner Zeit, Professor an der Berliner Universität sowie Abgeordneter des preußischen Landtags und des Deutschen Reichstags. Sein Werk *Das Völkerrecht – systematisch dargestellt* galt als *das* Lehrbuch zu diesem Thema. Es erschienen in Deutschland zwölf Auflagen, in Russland fünf. Franz von Liszt war aber »nie der unpolitische Gelehrte, sondern befaßte sich mit Vorliebe mit völkerrechtlichen Tagesfragen gerade während des Weltkrieges«.[53] Nach dem Zerfall des Zarenreiches schrieb er das wissenschaftliche Gutachten zur völkerrechtlichen Stellung Georgiens.

Mitte März 1917 war das zaristische Regime kollabiert; die Dynastie Romanow verzichtete auf den Thron. In Petersburg wurde ein Arbeiter- und Soldatenrat unter Leitung von Nikolai Tschcheidse gebildet.

Die Duma setzte eine provisorische Regierung ein, die Wahlen zu einer Konstituierenden Versammlung ankündigte. Im Kaukasus verlief der Machtwechsel reibungslos. Letzter Statthalter war Großfürst Nikolai Nikolajewitsch. Er übergab die Verwaltung in Tiflis dem neugebildeten Sowjet unter Leitung von Noe Jordania und verließ die Stadt am 20. März 1917 mit der Eisenbahn.[54] Das von der Provisorischen Regierung aus Duma-Abgeordneten gebildete Sonderkomitee für Transkaukasien erlangte keine größere Bedeutung.

Die Leitung des Auswärtigen Amtes wollte Kontakt zu georgischen Politikern über Georg Matschabelli herstellen. Seine persönlichen Versuche, in der Heimat den Kampf gegen Russland zu organisieren, waren gescheitert. Der Fürst hatte sich zusammen mit zwei weiteren Georgiern, einem Aserbaidschaner und einem Tschetschenen am 29. Juni 1916 vom deutschen Untersee-Boot »U 38« an der Küste bei Anaklia an Land setzen lassen, konnte im Kaukasus aber keinen Aufruhr entfachen.[55] Nach abenteuerlicher Reise war er über Japan nach Amerika gelangt. Auf der Überfahrt von New York nach Christiania mit dem Dampfer »Frederik VIII« der Scandinavian-America-Line schrieb er einen Brief an Otto-Günther von Wesendonk mit Schilderung seiner Aktivitäten.[56] Auf dessen Wunsch sollte der Fürst mit einem auf einen falschen Namen ausgestellten Personalausweis nach Berlin kommen. Der Gesandte Gustav Michahelles ließ ihm in Christiania einen Ausweis auf den Namen Eduard Alscheffsky ausstellen. Beim Treffen mit Wesendonk im Auswärtigen Amt am 19. März 1917 plädierte der Fürst für eine sofortige Aktion in Georgien und für Kontaktaufnahme zu Tschcheidse. Den Kontakt würde er gegebenenfalls selbst herstellen. Er bekam für eine Reise nach Stockholm einen Ausweis auf den Namen Ladislaus Miltschewski ausgestellt; die Gesandtschaft wurde um Unterstützung bei der Kontaktaufnahme ersucht.[57]

Die Georgier führten in Schweden viele politische Gespräche. Georg Matschabelli und Michael Tseretheli erkundigten sich mit Telegramm vom 9. August 1917 beim Auswärtigen Amt über die Haltung der deutschen Regierung zur Unabhängigkeit. Staatssekretär Richard von Kühlmann telegrafierte am 12. August an die Gesandtschaft in Stockholm zur Information für die Georgier: »Die Kaiserlich Deutsche Regierung erklärt sich bereit, falls sich im Kaukasus ein unabhängiger Staat bilden und mit ihr in offizieller Weise in Beziehungen treten sollte, diesen Staat anzuerkennen und auch bei ihren Verbündeten für seine Anerkennung einzutreten. Die Beziehungen dieses Staates zu seinen Nachbarstaaten wären im Wege der Verständigung spätestens bei den Friedensverhandungen zu regeln.« Die Reichsleitung erhielt auf ihre Bemühungen hin ähnliche Bekundungen ihrer Verbündeten, auch der Türkei. Matschabelli dankte in einem Schreiben an Wesendonk vom 5. Dezember namens des Komitees der deutschen Regierung für die Förderung und Unterstützung der georgischen Bestrebungen in den letzten drei Jahren. »Ganz besonders gilt dies für die Erklärung der deutschen Regierung, daß sie

Der georgische Politiker Nikolai Tschcheidse (1864–1926), Vorsitzender der Konstituierenden Nationalversammlung 1919–1921

im Falle einer Selbständigmachung Georgiens die Unabhängigkeit des Landes anerkennen und bei den Friedensverhandlungen dafür eintreten werde. Diese Erklärung der deutschen Regierung ist uns um so mehr von höchstem Werte, als auch die verbündeten Mächte sich inzwischen ihr angeschlossen haben. Das Georgische Komitee wäre Ihnen zu besonderem Dank verpflichtet, wenn Sie die Güte haben wollten, ihm die ebenerwähnte Erklärung der deutschen Regierung sowie die Zustimmungsäußerungen der verbündeten Mächte im Wortlaut bekanntzugeben. Es ist dabei keine andere Verwendung beabsichtigt, als unseren Freunden in Georgien auf Grund des authentischen Materials Mitteilungen machen zu können, die dort jedenfalls dazu dienen würden, unsere Sache wesentlich zu fördern.« Wesendonk bestätigte mit Schreiben vom 17. Dezember 1917 an das Komitee die den Georgiern im August in Stockholm mündlich gegebene Erklärung über die Bereitschaft der Reichsleitung zur Anerkennung eines unabhängigen kaukasischen Staates.[58] In Russland hatte sich die Lage durch die Oktoberrevolution inzwischen vollständig geändert. Damit war das Kalkül der deutschen Reichsleitung aufgegangen, die durch massive Unterstützung der Umstürzler wesentlichen Anteil am Sieg der Revolution hatte. In der Folge erlangten die kaukasischen Völker ihre Unabhängigkeit.

3 Die Beziehungen zwischen Deutschland und den kaukasischen Staaten

Mit dem Zerfall des Zarenreiches schien ein Friede im Osten möglich zu werden. Die Provisorische Regierung wollte den Krieg gegen die Mittelmächte aber weiterführen; die deutsche Reichsleitung setzte deshalb ihre Revolutionierungspolitik fort. In diesem Rahmen organisierte sie den Transport hunderter Revolutionäre aus der Schweiz in die Heimat. Mit deutschem Geld konnten besonders die Bolschewiki ihre Bedeutung dort steigern. Die erste Reisegruppe mit Lenin traf am 16. April 1917 in Petrograd ein. Nikolai Tschcheidse begrüßte ihn im Zarenappartement des Finnländischen Bahnhofs im Namen des Arbeiter- und Soldatenrats. In einer Rede vor dem Bahnhof plädierte der Ankömmling »für die soziale Revolution im internationalen Maßstab«.[59] Fünf Tage später erhielt das Auswärtige Amt aus dem Großen Hauptquartier die Meldung der Sektion Politik Berlin des Generalstabs: »Lenin Eintritt Rußland geglückt. Er arbeitet völlig nach Wunsch.«[60] Trotzki kehrte zu jener Zeit aus amerikanischem Exil zurück; Stalin aus sibirischer Verbannung. Nach dem von ihnen Anfang November 1917 in Petrograd inszenierten Staatsstreich war Russland keine kriegführende Macht mehr. Der Zweite Gesamtrussische Sowjetkongress nahm das von Lenin entworfene »Dekret über den Frieden« mit dem Vorschlag an alle kriegführenden Völker und ihre Regierungen zur sofortigen Aufnahme von Verhandlungen über einen gerechten Frieden ohne Annexionen und Kontributionen an. Auf dem Kongress wurde auch beschlossen, eine provisorische Arbeiter- und Bauernregierung unter dem Namen »Rat der Volkskommissare« zu bilden, die das Land bis zur Einberufung der Konstituierenden Versammlung verwalten sollte. Regierungschef war Lenin, Volkskommissar für Auswärtiges wurde

Trotzki, den Vorsitz im Kommissariat für Angelegenheiten der Nationalitäten übernahm Stalin.[61] Die von Lenin und Stalin unterzeichnete »Deklaration der Rechte der Völker Rußlands« vom 15. November fixierte das »Recht der Völker Rußlands auf freie Selbstbestimmung bis zur Lostrennung und Bildung eines selbständigen Staates«.[62] In Transkaukasien wurde der Rat der Volkskommissare nicht anerkannt. In Tiflis bildeten am 28. November 1917 drei Georgier, drei Armenier, drei Aserbaidschaner und zwei Russen eine Transkaukasisches Kommissariat genannte Regierung unter der Leitung von Jewgeni Gegetschkori. Sie protestierte gegen die im Friedensvertrag der Sowjetregierung mit den Mittelmächten vom März 1918 enthaltenen Bestimmungen über kaukasische Gebiete.

Trotzki hatte am 21. November 1917 den diplomatischen Vertretern der Entente-Mächte die Bildung der neuen Regierung mit Lenin an der Spitze und die Übernahme der Leitung der auswärtigen Politik durch ihn selbst notifiziert. Er übermittelte auch den Text des Dekrets über den Frieden und bat darum, »in diesem Schriftstück den offiziellen Vorschlag zum Abschluß eines sofortigen Waffenstillstands an allen Fronten und zur sofortigen Einleitung von Friedensverhandlungen erblicken zu wollen«. In einer von ihm zwei Tage später an die Neutralen gerichteten Note wird über die Friedensbemühungen des Rates der Volkskommissare informiert und darum ersucht, den »Vorschlag eines sofortigen Waffenstillstands und des Beginns von Friedensverhandlungen auf offiziellem Wege den feindlichen Regierungen« zu übermitteln.[63] In ihren Antworten teilten die diplomatischen Vertreter der neutralen Staaten mit, dass sie entsprechende Schritte unternommen hätten. Die militärischen Vertreter der Entente protestierten beim russischen Oberbefehlshaber Nikolai Nikolajewitsch Duchonin gegen die Verletzung der Vereinbarung vom 5. September 1914 über Separatfriedensschlüsse.[64] Nach einer Mitteilung Trotzkis vom 24. November 1917 wollte die russische Regierung aber gar keinen Separatfrieden, sondern einen allgemeinen Frieden.[65] Der neue russische Oberbefehlshaber Nikolai Wassiljewitsch Krylenko entsandte zwei Tage später Parlamentäre zu den deutschen Stellungen mit dem Ersuchen, »bei der deutschen Obersten Heeresleitung anzufragen, ob sie bereit sei, ihre Bevollmächtigten zur Aufnahme unverzüglicher Verhandlungen über die Festlegung eines Waffenstillstandes an allen Fronten der kriegführenden Länder zu entsenden, um danach Friedensverhandlungen zu beginnen«. Die Deutschen reagierten zustimmend.[66]

Vertreter Deutschlands, Österreich-Ungarns, Bulgariens und der Türkei einerseits und Sowjetrusslands andererseits unterschrieben am 15. Dezember 1917 in Brest-Litowsk den Waffenstillstandsvertrag. Drei Tage später wurde in Erzincan der Waffenstillstand zwischen der osmanischen und der russischen Armee für die Kaukasusfront vereinbart. Die türkische Delegation zu den Friedensverhandlungen in Brest-Litowsk leitete der am 4. Februar 1917 zum Großwesir avancierte Talaat. Er wünschte ein Treffen mit Georg Matschabelli, das am 4. Februar 1918 im Hotel Bristol in Warschau stattfand. Nach dem Bericht des Fürsten sei die Begegnung zwanglos gewesen. Beim abendlichen Diner habe der Großwesir seine »freundschaftlichen Gefühle für Georgien zum Ausdruck« gebracht. Gemäß Protokoll versicherte der Großwesir dem Fürsten, dass die türkische Regierung keine georgischen Gebiete wie Adscharien und Batumi beanspruche und auch nicht auf die inneren Angelegenheiten einwirken werde. Talaat wünsche Georgien als selbständigen Staat mit guten Beziehungen zur Türkei. Der Fürst empfahl die Entsendung einer Mission aus Vertretern der türkischen Regierung und des Georgischen Komitees nach Georgien, »um die georgische Regierung von den Absichten der türkischen Regierung in Kenntnis zu setzen und sie aufzufordern, ihre Delegierten für die Friedensverhandlungen zu ernennen und nach der Türkei zu senden. Dieser Vorschlag wurde von allen Anwesenden gebilligt.«[67] Georg Matschabelli stellte eine Delegation zusammen und übernahm deren Leitung. Georgischerseits wurde angeregt, dass sich an den kaukasisch-türkischen Verhandlungen auch die anderen Mittelmächte beteiligen sollten. Deutscherseits bestand am Frieden mit Kaukasien besonderes Interesse, um die dort vorhandenen Rohstoffe zu sichern.[68] Botschafter Johann Heinrich von Bernstorff telegrafierte am 2. März 1918 aus Konstantinopel das Einverständnis Talaats mit der Reise Matschabellis. Der Großwesir betrachte die Grenze im Kaukasus als flüssig und beanspruche nur mohamedanisches Gebiet. Zunächst solle der Ausgang der Friedensverhandlungen in Brest-Litowsk abgewartet werden.[69] Dort wurde tags darauf der Friedensvertrag der

Mittelmächte mit Sowjetrussland geschlossen. In Artikel IV verpflichtete sich die Sowjetregierung zur alsbaldigen Räumung der ostanatolischen Provinzen und ihrer ordnungsmäßigen Rückgabe an die Türkei. »Die Bezirke Erdahan, Kars und Batum werden gleichfalls ohne Verzug von den russischen Truppen geräumt. Rußland wird sich in die Neuordnung der staatsrechtlichen und völkerrechtlichen Verhältnisse dieser Bezirke nicht einmischen, sondern überläßt es der Bevölkerung dieser Bezirke, die Neuordnung im Einvernehmen mit den Nachbarstaaten, namentlich der Türkei, durchzuführen.«[70] Sultan Mehmed V. bedankte sich am 5. März 1918 persönlich beim deutschen Botschafter »für unsere Mitwirkung bei Wiedergewinnung von Kars und Batum«.[71] Nach einem von der transkaukasischen Regierung am Tag des Abschlusses des Brester Friedens an die Außenministerien verschiedener Mächte gerichteten Telegramm werde sie keinen Vertrag anerkennen, der Transkaukasien und seine Grenzen betreffe und ohne ihr Wissen und ohne ihre Zustimmung abgeschlossen worden sei. Den Frieden mit der Türkei werde eine eigene Delegation schließen.[72]

Die Verhandlungen dazu in Trapezunt verliefen ergebnislos.[73] Die türkische Regierung stellte noch über den Brester Vertrag hinausreichende Gebietsansprüche. Talaat Pascha sagte Fürst Matschabelli in Konstantinopel dazu, die Lage habe sich seit ihrer Warschauer Begegnung geändert. »Türkei habe zwar auch jetzt noch Verständnis dafür, daß Georgien unabhängig sein wolle, sie sei aber fest entschlossen, Gebiete von Batum, Kars und Ardachan aufs engste mit türkischem Reich zu verbinden.«[74] Die Mission Matschabellis war damit gegenstandslos geworden und er kehrte nach Berlin zurück. Gegenüber dem Auswärtigen Amt plädierte er dafür, die Regelung der kaukasischen Dinge nicht den Türken zu überlassen, sondern auch selbst aktiv zu werden.[75] Am 14. April 1918 nahm die III. Osmanische Armee Batumi kampflos ein. »Das Tor nach dem Kaukasusgebiet war von den Türken mit Gewalt aufgebrochen worden.«[76] In dieser Situation wurde die Unabhängigkeit der Transkaukasischen Föderation proklamiert.

Transkaukasien hätte einem demokratischen russischen Reich angehören können. Die Wahlen zur Verfassunggebenden Versammlung fanden in Transkaukasien wie in anderen Teilen des Reiches am 25. November 1917 statt.

Die Konstituante trat im Januar 1918 in Petrograd zusammen, wurde aber nach wenigen Stunden von den kommunistischen Machthabern wieder aufgelöst. Daraufhin bildeten die transkaukasischen Abgeordneten in Tiflis am 10. Februar den Transkaukasischen Landtag. Das Parlament proklamierte am 22. April die Unabhängigkeit der Transkaukasischen Demokratischen Föderativen Republik. Der Ministerpräsident und Außenminister Akaki Tschchenkeli informierte Staatssekretär Richard von Kühlmann darüber telegrafisch.[77] Die Bedeutung des neuen Staates für Deutschland schilderte Unterstaatssekretär Hilmar von dem Bussche in einem Telegramm vom 26. April 1918 an die Oberste Heeresleitung. Danach sei die Selbständigkeitsbewegung im Kaukasus unterstützt worden, weil ein nach Deutschland orientierter, zwischen Russland, der Türkei und Persien gelagerter und den Zugang zu Zentralasien bildender Staat »in unserem Interesse liegt«. Deutschland solle sich an den türkisch-kaukasischen Verhandlungen beteiligen und ein freundschaftliches Verhältnis zum transkaukasischen Staatswesen herstellen. Türkischen Ausdehnungsplänen dürfe nicht Vorschub geleistet werden.[78]

Johann Heinrich von Bernstorff informierte das Auswärtige Amt am 27. April 1918 telegrafisch darüber, dass die türkisch-kaukasischen Verhandlungen in Batumi stattfinden würden und erkundigte sich, ob jemand von der Botschaft dorthin mitfahren solle. Auf Wunsch des Amtes wurden Otto von Lossow und Otto-Günther von Wesendonk mit der Mission betraut. Reichskanzler Georg von Hertling unterzeichnete am 29. April 1918 in Berlin die Vollmacht für Lossow, »im Namen des Deutschen Reiches Verhandlungen über den Frieden mit den Bevollmächtigten der Transkaukasischen Regierung zu führen und die Friedenspräliminarien vorbehaltlich der Ratifikation durch Seine Majestät den Kaiser und König abzuschließen«. Nach dem »Entwurf eines Vertrages zwischen Deutschland und der Türkei einerseits und Transkaukasien andererseits« würde »unter dem Vorbehalt der Verständigung zwischen der Bevölkerung Transkaukasiens und dem russischen Volke mit der gegenwärtigen Regierung Transkaukasiens« ein Friedensvertrag vereinbart werden, »der zur Wiederaufnahme geregelter und freundschaftlicher Beziehungen zwischen den beteiligten Völkern führen soll«. In dessen Artikel I steht: »Die Kaiserlich Deutsche und die Kaiserlich Osmanische Regierung erklären sich bereit, der Regierung der Transkaukasischen Republik bei ihren Verhandlungen mit der Russischen Regierung über die Ablösung Transkaukasiens vom Russischen Reiche ihre Unterstützung zu gewähren und nach der Ablösung die Transkaukasische Republik als freien und unabhängigen Staat anzuerkennen.«

Der Bevölkerung Transkaukasiens werde bei der Errichtung ihres Staates und der Sicherung seiner Grenzen sowie bei der Regelung seiner Beziehungen zu den Nachbarstaaten geholfen. Nach Artikel II müsse die transkaukasische Regierung die Bestimmungen des Vertrages von Brest-Litowsk als Grundlage ihrer Beziehungen zum deutschen und osmanischen Reich anerkennen. Gemäß Artikel III würden die türkisch besiedelten Teile der Bezirke Kars, Ardahan und Batumi an die Türkei fallen, die Stadt Batumi und ihr Gebiet aber nicht. Artikel IV fixierte den militärischen Beistand zwischen der Türkei und Transkaukasien. Nach Artikel VI würden alle durch Bergbau zu gewinnenden Bodenschätze Transkaukasiens einer Gesellschaft übertragen, deren Anteile je zur Hälfte Deutschland und Transkaukasien zufallen sollten. Gemäß Artikel VII werde die Transkaukasische Regierung an allen Orten ihres Staates deutsche Konsuln zulassen, wo es die deutsche Regierung für erforderlich erachte. Diese Konsuln ebenso wie die am Sitz der Transkaukasischen Regierung zu errichtende deutsche diplomatische Vertretung würden die Interessen der deutschen Kolonisten mitvertreten, auch wenn diese transkaukasische Staatsangehörige seien.[79]

Der deutschen Delegation gehörten neben ihrem Leiter Otto von Lossow auch Graf Friedrich-Werner von der Schulenburg und Otto-Günther von Wesendonk sowie einige Sekretäre an. Lossow engagierte sich sehr für Transkaukasien.[80] Tschchenkeli bat darum, dass türkischerseits nicht zu harte Friedensbedingungen gestellt würden. Seine Regierung müsse sonst zurücktreten und der ganze Kaukasus könne türkisch werden. In vielen Telegrammen verwies der deutsche Vertreter auf die Maßlosigkeit der türkischen Gebietsforderungen.[81] In der einzigen Plenarsitzung der Konferenz am 11. Mai 1918 legte die türkische Delegation den Entwurf für einen Friedens- und Freundschaftsvertrag vor mit großen Ansprüchen auf kaukasische Ländereien. Nach Mitteilung Tschchenkelis an Lossow würden bei Durchsetzung dieser Wün-

Freiherr Friedrich Kreß von Kressenstein, Chef der deutschen Kaukasusdelegation in Tiflis 1918

sche die Verhandlungen abgebrochen und die Föderation auseinanderfallen. Georgien werde sich dann um Aufnahme in den deutschen Reichsverband als Bundesstaat mit einem deutschen Fürsten an der Spitze bemühen. Ähnlich könnten Armenien und Aserbaidschan handeln. Dann wären die drei Kaukasus-Staaten unter deutscher Herrschaft wieder vereint.[82]

Für die deutsche Staatsführung wurde das Transkaukasienproblem immer wichtiger. Es war Thema bei Besprechungen über die Kriegsziele am 11. und 13. Mai 1918 im Großen Hauptquartier in Spa. General Erich Ludendorff wünschte keine Ausdehnung der Türkei Richtung Kaukasus, auch weil die »Georgier [...] unsere Freunde und ein christliches Volk sind. Mit der transkaukasischen Republik sollten wir irgendwie in Verbindung treten.« Kühlmann verwies auf Schulenburg und Wesendonk, »die volles Verständnis und die nötigen Kenntnisse besitzen«. Ludendorff regte die Entsendung des Freiherrn Friedrich Kreß von Kressenstein nach Tiflis an, »um an Ort und

Der Nationalrat der ersten georgischen Republik vor dem Statthalterpalast in Tiflis

Stelle durch Augenschein über die Lage im Kaukasus sich zu informieren«. Deutschland solle seine Haltung zur transkaukasischen Föderation präzisieren und die Republik anerkennen.

Herting wollte abwarten, »was in Moskau zu einer solchen Staatenneubildung gesagt werde«. Kühlmann meinte, Kreß solle baldigst abreisen. »Denn gerade er würde in der Lage sein, wichtiges Material für die Beurteilung der Frage zu liefern, ob die Anerkennung erfolgen solle oder nicht. General Ludendorff erklärt sich mit sofortiger Abreise des Obersten von Kreß auch ohne vorherige Anerkennung der transkaukasischen Republik einverstanden.«[83] Der bayerische Offizier hatte seit 1914 in der türkischen Armee gedient und war seit dem 4. Mai 1918 stellvertretender bayerischer Bevollmächtigter bei der Obersten Heeresleitung.

Mitglieder des georgischen Nationalrats nach der Ausrufung der Unabhängigkeit am 26. Mai 1918

In einer Besprechung Lossows mit Tschchenkeli am 20. Mai 1918 wurde beschlossen, Schulenburg nach Tiflis zu schicken. Er traf zwei Tage später dort ein und nahm sofort Kontakt zur Staatsführung auf. Lossow erteilte ihm am selben Tag die »Weisung, zur Wahrnehmung der deutschen Interessen in den Kaukasusländern als Vertreter der Kaiserlichen Regierung vorläufig in Tiflis zu bleiben«. Tschchenkeli sollte taggleich die Ernennung Schulenburgs als provisorischer Repräsentant der Kaiserlich Deutschen Regierung bei der Regierung der Kaukasusländer notifiziert werden.

In der Endfassung ist der Begriff »Pays du Caucase« durch »Géorgien« ersetzt und die Note auf den 23. Mai datiert.[84] Am 26. Mai lösten sich wegen der türkischen Aggression Landtag und Regierung Transkaukasiens auf. Die georgische Nationalversammlung proklamierte am selben Tag in Tiflis die

93 der 145 Mitglieder des ersten georgischen Parlaments wurden Opfer der Sowjetherrschaft, 51 wurden erschossen, fünf starben im Gefängnis, die anderen wurden vertrieben oder mussten emigrieren

Demokratische Republik Georgien. Auf die Verlesung der Unabhängigkeitserklärung durch Parlamentspräsident Noe Jordania antworteten Vertreter verschiedener Bevölkerungsgruppen, darunter auch der deutschen. Der zur Regelung des Rücktransports deutscher und österreichischer Kriegsgefangener aus Turkestan in Tiflis weilende Oberstleutnant Franz Kaiser vom Preußischen Kriegsministerium wünschte dem neuen Staat eine glückliche Entwicklung. In der Versammlung wurden die deutschen Grüße als Zeichen der Hinwendung Georgiens zum Westen positiv empfunden. Graf von der Schulenburg nahm auch an der Zeremonie teil, ohne das Wort zu ergreifen.[85] Noe Ramischwili wurde Regierungschef; Akaki Tschchenkeli blieb Außenminister.[86]

Noe Ramischwili (1881–1930), erster Regierungschef der Demokratischen Republik Georgien von Mai bis Juni 1918

Es war die erste sozialdemokratische Regierung der Welt. Ebenfalls in Tiflis wurden zwei Tage später die Bildung der aserbaidschanischen und die der armenischen Republik proklamiert.

Otto von Lossow hatte Batumi in Begleitung von Akaki Tschchenkeli und weiteren Kaukasiern mit dem Dampfer »Minna Horn« verlassen und über Konstanza nach Deutschland reisen wollen. Im Großen Hauptquartier sollte dann über den Anschluss dieser Gebiete an das Reich entschieden und die nötigen Verträge geschlossen werden. »Bitte Reise auf Kosten des Reiches arrangieren, voraussichtlich nötig ein Schlafwagen, ein Speisewagen, ein Wagen zweiter Klasse und ein Gepäckwagen.« Er würde die »Loreley« als Repräsentantin des Reiches sowie für funkentelegrafische Verbindung zwischen Tiflis und Deutschland in Poti belassen. »Ich hoffe, daß dieses alte unbewaffnete Wrack unter deutscher Kriegsflagge nicht lange der einzige Repräsentant der deutschen Macht und des deutschen Ansehens im Kaukasus bleiben wird.«[87] Lossow führte entgegen seinen Weisungen den Plan aus und verließ Batumi am 25. Mai 1918 mit der »Minna Horn«. In Poti befahl er dem Kommandanten der »Loreley«, mit seinem Schiff dort bis auf Weiteres zu bleiben. Das U-Boot »U 42« erhielt am selben Tag »den Befehl einige Tage hier zu verbleiben, um die deutsche Kriegsflagge in dem georgischen Hafen Poti zu zeigen«.[88] Mittags wurde ein »Provisorisches Abkommen zur vorläufigen Regelung der Beziehungen zwischen Deutschland und Georgien« von Lossow und Tschchenkeli in Gegenwart von Ramischwili unterzeichnet. In dessen Artikel I erkannte die georgische Regierung den Vertrag von Brest-Litowsk als Grundlage der Beziehungen zum Deutschen Reich an. Artikel III und IV regelten den Austausch diplomatischer und konsularischer Missionen. Weitere Vereinbarungen galten Wirtschafts-, Finanz- und Verkehrsthemen sowie dem Austausch der Kriegsgefangenen. In einem ganz geheimen Schreiben an Tschchenkeli verpflichtete sich Lossow, sich »dafür einzusetzen, daß die Kaiserlich Deutsche Regierung sich bereit erklärt, Georgien bei seinen Verhandlungen mit der Russischen Regierung über die Ablösung Georgiens vom russischen Reiche ihre Unterstützung zu gewähren und nach der Ablösung Georgien als freien und unabhängigen Staat anzuerkennen sowie Georgien bei der Sicherung seiner Grenzen und bei der Regelung seiner Beziehungen zu den Nachbarstaaten ihre Hilfe angedeihen zu lassen«. Die Grenzen Georgiens sind in dem Papier beschrieben.[89] Tschchenkeli gab das Original Ramischwili, eine Abschrift nahm Wesendonk mit.[90]

Lossow fuhr mit seinen Begleitern mit der »Minna Horn« nach Konstanza. Nach einem vom Schiff gesendeten Telegramm an die Botschaft in Konstantinopel habe er die vorläufigen Verträge mit der georgischen Regierung auf Basis des Brester Vertrages abgeschlossen. Mit den georgischen und armenischen Vertretern sei vereinbart worden, der türkischen Besetzung »keinen militärischen Widerstand zu leisten, sondern unter Protest der Gewalt zu weichen in der Hoffnung, daß bei endgültiger Regelung Georgiens und Armeniens Interessen durch uns verteidigt werden«.[91] In Konstanza standen die bestellten Eisenbahnwagen bereit. Nach seinem Telegramm an das Auswärtige Amt hätten »weitere Instruktionen keinen Wert, da gegenseitiges Verständnis nicht vorhanden« war. Auf Wunsch Ludendorffs sollten Lossow und seine Begleiter

Georgische Delegation in Berlin 1918. Vorn v. l. n. r.: Besarion Nijaradse, Nikolaus Nikoladse, Akaki Tschchenkeli mit seiner Frau Makrine und Otto von Lossow, ganz rechts Michael Tseretheli

nach Deutschland kommen, »damit sie uns über die unklaren Verhältnisse im Kaukasus unterrichten. Die Kaukasier würden auch vollständig an uns irre werden, wenn wir ihnen jetzt die Reise nach Deutschland verwehrten.«[92] Der Delegation gehörten neben Akaki Tschchenkeli und seiner Frau noch die Georgier Nikolaus Nikoladse, Surab Awalischwili und Wladimir Achmeteli sowie die Armenier Hamasasp Ohandjanian und Arschak Zurabow und Fürst Dmitri Tundudow als Vertreter der Bergvölker an. Nikoladse war Journalist und einige Jahre Bürgermeister von Poti gewesen, Awalow war Justiziar im russischen Finanzministerium und Schriftsteller, Achmeteli war Ingenieur, Ohandjanian war Arzt und in der ersten transkaukasischen Regierung Minister für öffentliche Gesundheitspflege, Zurabow hatte der II. Duma angehört und Tundudow war Adjutant des Großfürsten Nikolai Nikolajewitsch gewe-

Die Vertreter der Republik Georgien während der Verhandlungen in Berlin 1918.
Sitzend v. l. n. r.: Nikolaus Nikoladse, Akaki Tschchenkeli, Surab Awalischwili.
Stehend v. l. n. r.: Spiridon Kedia, Georg Matschabelli, Michael Tseretheli

sen.[93] Lossow telegrafierte am 2. Juni 1918 aus Oderberg der Sektion Politik Berlin des Generalstabs das Eintreffen am nächsten Morgen 7 Uhr auf dem Bahnhof Friedrichstraße. Das Auswärtige Amt solle Zimmer bestellen und Personen- und Lastwagen am Bahnhof bereithalten.[94] Die Ankömmlinge wurden »als Gäste des Auswärtigen Amtes« im Hotel Adlon untergebracht: Otto von Lossow in Zimmer Nr. 321, Akaki Tschchenkeli mit seiner Frau in Nr. 305, Fürst Dmitri Tundudow in Nr. 312, Surab Awalischwili in Nr. 316, Arschak Zurabow in Nr. 331, Hamasasp Ohandjanian in Nr. 333, Nikolaus Nikoladse in Nr. 315 und Wladimir Achmeteli in Nr. 354.[95]

Am 4. Juni 1918 wurden in Batumi Friedensverträge zwischen der Türkei und den drei transkaukasischen Staaten sowie der nordkaukasischen Republik abgeschlossen, nach denen weite kaukasische Gebiete türkisch werden sollten. »Durch die Batumer Vereinbarungen sollte die Hegemonie des Osmanischen Reiches über Transkaukasien festgeschrieben werden – ein Baustein in den imperialen Plänen der türkischen Machthaber.«[96] Die Reichsleitung erkannte diese Verträge nicht an, weil sie dem deutsch-türkischen Vertrag von 1916 über Separatfriedensverträge widersprachen. Für die Reichsleitung wurde zudem das Verhältnis zu Sowjetrussland immer wichtiger. Am 20. April 1918 hatte sich mit Adolf Abramowitsch Joffe der erste sowjetrussische Missionschef in Berlin akkreditiert. Die deutsche Führung wollte stabile Beziehungen zu Sowjetrussland, um den Frieden im Osten nicht zu gefährden. Sie musste deshalb zwischen den russischen und türkischen Interessen im Kaukasus lavieren.

Otto von Lossow hatte am 3. Juni 1918 in der Reichskanzlei Bericht über die Kaukasusangelegenheiten erstattet. Danach wären alle Kaukasier gegen die Wiedereingliederung in Russland und würden notfalls »für ihre Freiheit kämpfen«.[97] Am nächsten Tag fanden im Auswärtigen Amt zwei Besprechungen mit Lossow statt, an denen auch Kühlmann und Wesendonk sowie Kressenstein und andere teilnahmen. Nach Meinung Kühlmanns dürfe das Verhältnis zur Türkei keinen schweren Erschütterungen ausgesetzt werden und das Verhältnis zur Sowjetregierung auch nicht. »Was die Anerkennung der kaukasischen Staaten anlangt, so steht nur die Anerkennung Georgiens in Frage, die anderen Gebilde sind so nebelhaft, daß auch eine Anerkennung als De-facto-Staaten nicht in Frage kommen kann. Bezüglich Georgiens genügt die De-facto-Anerkennung, die wir durch den Beginn der Verhandlungen abgegeben haben. Wegen endgültiger Anerkennung wird man warten müssen, bis man über unser Verhältnis zu Rußland klar sieht und die Entwicklung im Kaukasus einigermaßen abgeschlossen ist. Was wir brauchen, können wir auf Grund des De-facto-Zustands erreichen.« Bei einer Anerkennung Georgiens durch Sowjetrussland würden auch einer formalen Anerkennung Georgiens durch Deutschland keine Bedenken entgegenstehen. Georgien könne aber auch über den sowjetrussischen Protest hinweg anerkannt werden. »Wir haben uns ausdrücklich nicht auf die These festgelegt, daß zur Abspaltung eines Randstaates die Genehmigung des Mutterstaates nötig ist.«

Lossow sagte, er habe Tschchenkeli darauf hingewiesen, »sich in der Anerkennungsfrage mit Joffe auseinanderzusetzen. [...] Georgien sei eigentlich immer ein unabhängiger Staat gewesen, der nur in einer Art Union mit Rußland verbunden gewesen sei. Mit dem Zusammenbruch Rußlands sei Georgien automatisch wieder selbständig geworden.« Lossow drängte dann auf die baldige Abreise Kressensteins nach dem Kaukasus, der nach Meinung Kühlmanns die Georgier auch gegen die Türken unterstützen könnte. Kühlmann, Wesendonk, Lossow, Kressenstein und andere sprachen danach über den Anschluss Georgiens an Deutschland.[98] Beim Vortrag Lossows im Großen Hauptquartier wurden die unterschiedlichen Haltungen der deutschen politischen und der Militärführung zum Kaukasusproblem deutlich.

Nach Hertlings Telegramm zur Information für Wilhelm II. vom 6. Juni 1918 wäre Georgien mehr ein geographischer Begriff als ein geordnetes Staatswesen. »Alle Verhältnisse sind erst im Werden.« Die weitere Entwicklung ließe sich nicht voraussagen. Unklar sei auch, ob Tschchenkeli und seine Regierung Land und Bevölkerung hinter sich hätten und ob die Zuneigung zu Deutschland konstant sei, »oder ob sie nicht vielleicht lediglich der Not der Stunde entspringt«. Bedrängt von den Bolschewisten im Norden und den Türken im Süden würden die Georgier vielleicht »nach dem deutschen Strohhalm greifen, um das Land für den Augenblick aus der doppelten Gefahr zu befreien«. Deshalb solle noch kein Schutz- oder Bündnisverhältnis mit Georgien eingegangen werden. Die tatsächlichen Verhältnisse in Georgien werde zunächst Kressenstein prüfen. Bis dahin sollte gegenüber den georgischen Delegierten »freundliche Zurückhaltung« gewahrt werden. Der Kaiser teilte zunächst die Meinung des Kanzlers, änderte sie aber nach dem im Auftrag der Obersten Heeresleitung am 7. Juni in Spa gehaltenen Vortrag Lossows. Dieser hatte »alles durchaus optimistisch und das georgische Staatswesen als ein vollkommen konsolidiertes geschildert, so daß er den Kaiser völlig mitgerissen hat«. Lossow empfahl, Georgien in kürzester Zeit anzuerkennen und gemeinsam mit den übrigen verbündeten Mächten Frieden mit ihm zu schließen; auch solle Georgien in irgendeiner Form dem Reich angegliedert werden. Der Kaiser wünsche nun, dass »alles so gemacht werden solle«.[99]

Akaki Tschchenkeli hatte folgende Vollmacht erhalten:[100]

République Démocratique de Géorgie

Le Gouvernement de la République de Géorgie Vous autorise par le présent à entrer en négociations avec l'Allemagne, la Turquie, l'Autriche-Hongrie et la Bulgarie, à n'importe quelle ville ou localité, pour conclure le traité de paix et en général avec le Hautes Puissances Etrangères dans le but d'établier avec elles des bonnes relations sur les bases d'une collaboration internationale efficace et durable, er aussi à signer a cet effet au nom du Gouvernement traités, conventions, déclarations et autres actes internationaux, la ratification desquels actes sera faite par le Gouvernement de la République, en foi de quoi le présent est signé avec l'application du sceau.

Donné Tiflis le 26 mai 1918

Noe Ramichwili

Président de Conseil des Ministres[101]

Tschchenkeli informierte am 5. Juni 1918 mit seiner ersten in Berlin verfassten Note Kühlmann über die Bildung des unabhängigen Staates Georgien. Damit habe nach mehr als einem Jahrhundert russischer Herrschaft über Georgien das georgische Volk seinen Platz unter den unabhängigen Nationen wieder eingenommen. »Réunis à la Russie par de traités politiques conclus en vue d'assurer à la Géorgie la plaine liberté intérieure ainsi que l'intégrité de son territoire, la Géorgie vit bientot ses droits violés, sa liberté compromise et ses franchises remplacées par une régime d'annexion totale. Mais la nation géorgienne ne renoncait jamais ni a ses droit imprescriptibles, ni a sa tradition nationale millénaire; elle n'attendait que le temps propice pour faire valoir ses droits et ses revendications politiques. [...] Au nom de mon Gouvernement, j'ai l'honneur du prier Votre Excellence de porter la formation de la République Géorgienne à la connaissance de Votre Gouvernement afin que la reconnaissance de la Géorgie comme Etat indépendant lui soit accordée le plus vite possible par l'Empire Allemand.«[102] Unterstaatssekretär Ernst Landwerth von Simmern bestätigte am 9. Juni den Eingang der Note und fügte hinzu, dass Friedrich Kreß von Kressenstein als diplomatischer Repräsentant der deutschen bei der georgischen Regierung ernannt worden sei.[103] Erich Ludendorff hatte seine Vorstellung am selben Tag Georg von Hertling schriftlich mitgeteilt und darin den Einsatz deutscher Streitkräfte in Georgien sowie die Bildung einer einheimischen Armee angeregt. Dazu sei die Anerkennung des georgischen Staates nötig. Das wäre auch das einzige Mittel, »die begehrliche Türkei von Georgien fernzuhalten. [...] Mit Entschlüssen dürfen wir nicht solange warten, bis die ersten Berichte des Generals von Kreß vorliegen werden.« Ein deutscher Stützpunkt in Georgien werde nach und nach den ganzen Kaukasus beruhigen und Deutschland könne von dort die so dringend benötigten Rohstoffe beziehen.[104] Am nächsten Tag drängte er telegrafisch beim Staatssekretär des Auswärtigen Amtes mit ähnlichen Argumenten ebenfalls auf eine schnelle Anerkennung Georgiens.[105]

Botschafter Bernstorff war gegen die Anerkennung der Kaukasus-Staaten. Die Türkei könne bei der Grenzziehung schon aus Prestigegründen nicht nachgeben und Deutschland könne sie auch nicht dazu zwingen. Daneben habe der Kaukasus nach Auskunft aller dort gewesenen Sachverständigen auch nicht so viele wirtschaftliche Potenzen, »wie zuerst geglaubt wurde. Aserbaidschan ist der reichste Teil des Kaukasusgebiets und von dort werden wir die Türken schon wegen der Stimmung der Bevölkerung doch nicht verdrängen können. Das arme Georgien kann uns fast nichts bieten und scheint uns auch nicht einmal willkommen zu heißen, während die Armenier uns nie verzeihen werden, daß wir die Verbündeten der Türken sind.« Das Problem Baku könne nur durch freundschaftliche Verhandlungen mit den Russen, Türken und den Einwohnern von Aserbaidschan gelöst werden. Wesendonk sah das anders und notierte dazu, dass vom wirtschaftlichen Standpunkt aus die Ausdehnung auf ganz Transkaukasien »das erstrebenswerteste wäre«. Georgien habe reiche Manganerzvorkommen und sei für Deutschland der Stützpunkt, »von dem aus wir uns allmählich wirtschaftlich wieder in ganz Transkaukasien festsetzen können«.[106]

Richard von Kühlmann sagte in Ausführungen zur »Gesamtlage der Reichspolitik« im Reichstag am 24. Juni 1918 über die Vorgänge in Russland, Leitstern deutscher Politik sei »scharfe Beobachtung, äußerste Vorsicht und, soweit es sich um rein innere russische Vorgänge handelt, auch entsprechende weise Zurückhaltung«. Im Kaukasus habe das Ende des Zarismus

Der georgische General Giorgi Kvinitadse und der Chef der deutschen Militärmission, Hauptmann Jenö von Egan-Krieger in Südgeorgien, Sommer 1918

eine ganze Reihe von Problemen »entstehen lassen. Dort ist der bei weitem am meisten national konsolidierte Staat Georgien von Anfang an bestrebt gewesen, nach dem Verschwinden der russischen Oberherrschaft sein nationales Leben neu aufzubauen und selbständig fortzuführen.« Mit dem Staat Georgien sei Deutschland in freundschaftliche Beziehungen getreten und habe ihn durch diplomatischen Notenwechsel de facto anerkannt. Mit seinem Außenminister würde freundschaftlicher Gedankenaustausch gepflogen. »Wir unsererseits haben, um in die Verhältnisse Georgiens selbst und in die stark verworrenen Verhältnisse Kaukasiens überhaupt einen befriedigenden Einblick zu bekommen, den General von Kreß in diplomatischer Mission nach Tiflis entsandt. Wir wünschen dem georgischen Staate, seinem tapferen Volke, dem reichen Lande eine gedeihliche Zukunft und werden, was an uns liegt, um die freundschaftlichen Beziehungen zwischen Georgien und Deutschland auszubauen, gern und mit Freuden tun. (Bravo!)« Am Ende seiner Rede äußerte er Zweifel, ob ein Ende des Krieges »durch rein militärische Entscheidungen allein ohne alle diplomatischen Verhandlungen« erwartet werden könne.[107] Dieser Passus führte zu seiner Entlassung als Staatssekretär auf Wunsch der Obersten Heeresleitung. Der Nachfolger Paul von Hintze kannte Russland von Einsätzen her als Marineattaché für die Nordischen Reiche mit Dienstsitz in Petersburg bzw. Militärbevollmächtigter am Zarenhof in den Jahren von 1903 bis 1911. Er verhielt sich bei der Anerkennung der Kaukasus-Staaten passiv aus Rücksicht auf den sowjetrussischen Partner. Gemäß Artikel I des Brester Vertrages würden die Signatare »fortan in Frieden und Freundschaft miteinander [...] leben«. Nach Meinung von Walter Simons von der Rechtsabteilung des Auswärtigen Amtes dürften die Mittelmächte deshalb die Selbständigkeit Georgiens ohne Rücksicht auf die russische Regierung nicht anerkennen. Sie könnten aber der Regierung und der Bevölkerung Georgiens ihre guten Dienste zur Regelung des Verhältnisses mit Russland anbieten.[108]

Direkte Informationen aus dem Kaukasus erhielt die Reichsleitung durch die Mission Kressenstein. Oberst Friedrich Kreß von Kressenstein war am 29. Mai 1918 zum »Deutschen Vertreter bei der Regierung der Transkaukasischen Republik in Tiflis« im Rang eines Generalmajors ernannt worden. Aufträge erhielt er vom Auswärtigen Amt, vom preußischen Kriegsministerium und von der Obersten Heeresleitung. Später schrieb er über deren Motive: »Das Auswärtige Amt wünschte baldigst Klarheit zu gewinnen über die politische Lage im Kaukasus, um eine verläßliche Grundlage zu haben für seine den Kaukasusvölkern gegenüber einzuschlagende Politik; das Kriegsministerium drängte im Interesse unserer Kriegswirtschaft auf baldige und gründliche Ausnützung der im Kaukasus vorhandenen Rohstoffe; die Oberste Heeresleitung forderte die Einrichtung einer leistungsfähigen Operationsbasis für allenfallsige spätere Unternehmungen durch Afghanistan nach Indien.« Die Vereinigung der Vertretung der Interessen dieser drei Stellen in einer Hand sei sinnvoll gewesen. Es habe während der Tätigkeit der Mission im Kaukasus keine Reibungen zwischen den deutschen Vertretern gegeben.[109]

Das 15. Bayerische Jägerregiment in den Straßen von Tiflis, Sommer 1918. Im Hintergrund die Soboro, die russische Garnisonskirche, die später durch die Kommunisten zerstört wurde

Georg von Hertling unterzeichnete am 8. Juni 1918 das folgende an die georgische Regierung gerichtete Einführungsschreiben: »Die Kaiserlich Deutsche Regierung hat beschlossen, den Königlich Bayerischen Generalmajor Freiherrn Kreß von Kressenstein zeitweilig als ihren diplomatischen Vertreter bei der Regierung der Georgischen Republik, die gegenwärtig die Staatsgewalt in Georgien ausübt, nach Tiflis zu entsenden. Freiherr Kreß von Kressenstein ist beauftragt, die deutschen Interessen wahrzunehmen und im Namen der Kaiserlichen Regierung alle Verhandlungen zu führen, die zur Erfüllung dieser Aufgabe erforderlich sind. Zu seiner Legitimation ist ihm das gegenwärtige Einführungsschreiben ausgestellt worden. Ich bitte, ihm in allem, was er im Namen meines Kaiserlichen Herrn oder im Auftrage der Kaiserlichen Regierung vorzubringen berufen sein wird, vollen Glauben bei-

Der georgische Regierungschef Noe Jordania (Mitte) und seine Minister. V. l. n. r. Schalwa Alexi-Meskhischwili (Justizminister), Noe Ramischwili (Innenminister), Giorgi Laskhischwili (Bildungsminister), Giorgi Schuruli (Finanz- und Handelsminister)

zumessen.«[110] Die Leitung der georgischen Regierung übernahm am 24. Juni 1918 Parlamentspräsident Noe Jordania.

Die deutsche Delegation war am 23. Juni 1918 an Bord des Dampfers »General« mit den diplomatischen Vertretungen Österreich-Ungarns und Bulgariens im Hafen von Poti eingetroffen und am nächsten Tag mit der Eisenbahn nach Tiflis weitergereist, wo sie Schulenburg begrüßte.

Kressenstein nahm Quartier im Palasthotel. Am folgenden Tag übergaben die drei Delegationschefs im Statthalterpalast dem Ministerpräsidenten die Einführungsschreiben. In seiner für alle drei Delegationen gehaltenen Rede in deutscher Sprache betonte Kreß die herzliche Sympathie und das aufrichtige Interesse, »das die von uns vertretenen Mächte dem Bestreben der geor-

Graf Friedrich-Werner von der Schulenburg auf dem Balkon der Mission in Tiflis mit dem Orden der Heiligen Tamara. Der Orden wurde vom georgischen Nationalkomitee 1915 gestiftet und am 13. Dezember 1918 von der georgischen Regierung bestätigt. Deutsche Träger waren auch Paul von Hindenburg und Erich Ludendorff.

gischen Nation entgegenbringen, ein freies selbständiges, ein lebensfähiges und entwicklungsfähiges Georgien zu schaffen.« Die drei Delegationen würden der georgischen Regierung jederzeit zur Übermittlung von Wünschen an ihre Regierungen zur Verfügung stehen. »Herr Jordania gab in seiner Antwort zunächst einen kurzen Überblick über den Werdegang des georgischen Staates und die Leiden der Nation und versicherte alsdann, daß Regierung und Volk von Dankbarkeit gegen die verbündeten Mächte erfüllt seien und den Beweis ihrer loyalen Gesinnung gegenüber den drei Delegationen erbringen würden.«

Am nächsten Tag gab die georgische Regierung in den Gärten des Adelsklubs zu Ehren der Delegationen ein Bankett zu 200 Gedecken. Kreß saß neben Jordania: »Der Abend verlief in gehobener Stimmung. Ein nach orientalischer Sitte sehr üppiges Mahl, auserlesene kaukasische Weine, nationale Musik- und Gesangsvorträge, Tanzvorführungen u.a. waren die hervorste-

Der georgische Regierungschef
Noe Jordania (1868–1953)

chendsten Merkmale des Festes. Neben den offiziellen Trinksprüchen des Ministerpräsidenten bzw. des Chefs der deutschen Delegation wurden von georgischer Seite verschiedene begeisterte Reden auf die Zentralmächte und ihr Freundschaftsverhältnis zu Georgien gehalten. [...] Die Veranstaltung dauerte nach georgischer Sitte bis spät in die Nacht hinein.«[111] Die Einführungsschreiben an die aserbaidschanische und armenische Regierung übergab Kressenstein am 17. Juli in Elisabethpol bzw. am 30. Juli 1918 in Eriwan.

Inzwischen war auch deutsches Militär im Kaukasus stationiert worden.[112]

Bei einer Besprechung am 2. Juli 1918 im Großen Hauptquartier in Spa zwischen Vertretern der Reichsleitung und der Obersten Heeresleitung unter Vorsitz des Kaisers äußerte Frederic von Rosenberg vom Auswärtigen Amt ernste Bedenken gegen ein deutsch-georgisches Bündnis. »Georgien hat als mutmaßliche Gegner die Türkei und Rußland. In der Türkei würde ein deutsch-georgischer Bündnisvertrag viel böses Blut machen, und bei Ruß-

Deutsches und georgisches Militär auf einem Gemeinschaftsbild. In der Mitte Friedrich Kreß von Kressenstein, neben ihm der Chef der georgischen Volksgarde, Valiko Jugeli, ganz rechts Friedrich-Werner von der Schulenburg

land dürfen wir nicht übersehen, daß jede zukünftige Regierung ihr Auge auf den Kaukasus richten muß. Das Auswärtige Amt kann daher im jetzigen Zeitpunkt die Verantwortung für ein Bündnis mit Georgien nicht übernehmen. Die Georgier können aber auch bereits mit gewissen Zusicherungen fürs erste befriedigt werden. Wir können ihnen versprechen, daß wir ihre Ansprüche auf die geschichtliche und enthnographische Grenze des Landes in jeder Weise unterstützen wollen. Außerdem kann ihnen zugesichert werden, daß wir nach Konsolidierung der Staatsverhältnisse in eine wohlwollende Prüfung der Bündnisfrage eintreten werden.« Erich Ludendorff sagte dazu: »Ich erstrebe durchaus kein Bündnis. Ich möchte nur tatsächlich militärisch mit Georgien arbeiten können. [...] Georgien hat gutes Soldatenmaterial. Wenn wir die Georgier hinhalten, erreiche ich mein Ziel nicht. Wir müssen Farbe bekennen. Dies ist auch der Türkei gegenüber notwendig, die erst dann nachgeben wird.« Rosenberg meinte: »Alle diese Punkte werden vom Auswärtigen Amt gewürdigt. Wir haben durchaus das Bestreben, den Georgiern entgegen zu kommen und haben für sie auch schon viel getan. Junge Völker aber sind überschäumend und man muß zuweilen etwas Wasser in den Wein gießen.«[113] Nach Rosenbergs Telegramm an das Auswärtige Amt hätten die Militärs auch erklärt, das Petroleum aus Baku wäre für Deutschland eine Lebensfrage. »Es sei also notwendig, weiter mit allen Mitteln zu verhindern, daß die Türken auf Baku vormarschierten. Außerdem müsse [...] der Versuch gemacht werden, mit der russischen Regierung eine Einigung darüber zu erzielen, daß wir den Russen den Besitz von Baku garantierten und als Treuhänder für die Russen unsere Hand auf die dortigen Ölvorkommen legten. Die Ölfrage sei für uns so wichtig, daß wir nötigenfalls deutsche Truppen nach Baku schicken müßten.«[114] Allerdings besetzten englische Truppen im August 1918 die Stadt und das Gebiet von Baku. Dieses Problem und Georgien waren Themen der deutsch-sowjetrussischen Verhandlungen um einen Zusatzvertrag zu den Brester Vereinbarungen. Dabei wurde die Zustimmung Sowjetrusslands zur deutschen Anerkennung der Unabhängigkeit Georgiens erreicht.

Franz von Liszt hatte Georgien schon in einem Gutachten von Anfang August 1918 als selbständigen, nach allen Richtungen hin unabhängigen Staat definiert, dessen Anspruch auf förmliche Anerkennung durch die übrigen Mächte nach den Regeln des Völkerrechts unzweifelhaft sei. Der Weltkrieg habe »dem georgischen Volk die lang ersehnte Befreiung von der russischen Herrschaft gebracht. Heute ist die russische Staatsgewalt völlig aus den Gebieten Georgiens verschwunden. Die russischen Truppen haben bis auf den letzten Mann das Land verlassen und mit ihnen die russische Beamtenschaft. An die Stelle der russischen Verwaltung ist überall die georgische getreten.« Liszt kam zum Schluss: »Georgien ist heute bereits ein selbständiger und völlig unabhängiger, mithin souveräner Staat und hat als solcher einen völkerrechtlichen Anspruch auf Anerkennung durch die übrigen Mächte.« Die faktische Anerkennung durch das Deutsche Reich und seine Verbündeten habe schon stattgefunden. »Der förmlichen Anerkennung stehen rechtliche Bedenken nicht im Wege.« Sie wäre kein unfreundlicher Akt gegen Russland, weil es das Selbstbestimmungsrecht der Völker feierlich proklamiert habe.[115]

Die deutsch-sowjetrussischen Probleme wurden dann in dem am 27. August 1918 »im Geiste freundschaftlicher Verständigung und wechselseitigen Entgegenkommens« abgeschlossenen Ergänzungsvertrag zum Brester Vertrag geregelt. Gemäß Artikel 4 werde sich Deutschland außer bei den Bestimmungen des Brester Vertrags und dieses Vertrags »in die Beziehungen zwischen dem Russischen Reiche und seinen Teilgebieten in keiner Weise einmischen, also insbesondere die Bildung selbständiger Staatswesen in diesen Gebieten weder veranlassen noch unterstützen«. Artikel 13 lautete: »Rußland erklärt sich damit einverstanden, daß Deutschland Georgien als selbständiges Staatswesen anerkennt.« Nach Artikel 14 werde Russland im Gebiet von Baku »die Gewinnung von Rohöl und Rohölprodukten nach Kräften fördern und von den gewonnenen Mengen« Deutschland eine bestimmte Menge überlassen.[116] Der Artikel war wirkungslos, weil Baku Mitte September 1918 von türkischem Militär besetzt wurde. Den daraus resultierenden Streit beendeten Talaat Pascha und Paul von Hintze mit einem am 23. September 1918 im Auswärtigen Amt unterzeichneten Geheimprotokoll, gemäß dem die Türkei die Staaten Georgien, Armenien und Aserbaidschan anerkannte. »Deutschland erkennt nur Georgien an, wird aber vorher Konsuln für Armenien und Aserbaidschan ernennen. Die türkische Regierung zieht ihre Truppen aus Armenien und Aserbaidschan zurück.« Nach einer von Talaat bei Unterzeichnung des Protokolls mündlich abgegebenen Erklärung werde die türkische Regierung die Gebietswünsche der Kaukasus-Regierungen berücksichtigen und sich mit ihnen freundschaftlich über die Grenzen verständigen. Die dazu gefertigte Notiz signierten Hintze, Bernstorff und Rosenberg.[117] Im Auswärtigen Amt wurde nun ein »Freundschafts-, Wirtschafts- und Rechtsvertrag zwischen Deutschland und Georgien« entworfen. Dessen Artikel 1 lautete: »Deutschland erkennt Georgien als selbständiges und unabhängiges Staatswesen an. Auch wird es sich dafür verwenden, daß die Selbständigkeit und Unabhängigkeit Georgiens von den übrigen Mächten anerkannt wird.« Nach Artikel 2 seien Deutschland und Georgien »entschlossen, in Frieden

Der georgische General Wasil Gabaschwili mit höheren Offizieren 1918

und Freundschaft miteinander zu leben«. Artikel 4 sah die Aufnahme der diplomatischen und konsularischen Beziehungen nach der Ratifikation vor.[118] Der Vertrag wurde wegen des militärischen Zusammenbruchs der Mittelmächte nicht abgeschlossen. Das politische Verhältnis zu Georgien veränderte die deutsche Niederlage nicht, aber die rechtliche Anerkennung Georgiens durch Deutschland verzögerte sich.

Nach schweren Rückschlägen an der Westfront richtete die Reichsleitung auf Drängen der Obersten Heeresleitung Anfang Oktober 1918 an den Präsidenten der USA das Ersuchen um Waffenstillstand und um Vermittlung von Friedensverhandlungen. Prinz Maximilian von Baden sollte als Reichskanzler Deutschland zum Frieden führen. Staatssekretär des Auswärtigen Amtes wurde Wilhelm Solf. Nach der Antrittsrede des Kanzlers im Reichstag wären die bisher geschlossenen Friedensverträge kein Hindernis für den allgemeinen Friedensschluss.[119] Akaki Tschchenkeli hatte sich die Ausführungen auch angehört und ersuchte anschließend im Auswärtigen Amt um beschleunigte Anerkennung. Es liege in Deutschlands eigenem Interesse, »die Stellung, die es sich durch seine Politik im Kaukasus erworben habe, jetzt durch die Anerkennung Georgiens zu sichern«. Der Vertrag solle schnell unterzeichnet werden. Die Entente werde Georgien auch bald anerkennen.[120]

Die Nachricht von der deutschen Niederlage führte in Georgien zu Unruhe. Wilhelm Solf telegrafierte Friedrich Kreß am 28. Oktober 1918 zur Mitteilung an die georgische Regierung die deutsche Haltung zur Anerkennung. Danach »wird sich in absehbarer Zeit die allgemeine Friedenskonferenz mit der Frage der Selbständigkeit Georgiens zu beschäftigen haben. Zur Geneigtheit unserer Gegner, die Republik anzuerkennen, würde es nicht beitragen, wenn Deutschland im gegenwärtigen Augenblicke mit der Anerkennung voranginge. Die Deutsche Regierung glaubt daher im Interesse Georgiens zu handeln, wenn sie jetzt ihre Anerkennung zurückhält und auf der künftigen Konferenz dafür eintritt, daß Georgien von allen Mächten zugleich anerkannt werde. Die neue Deutsche Regierung hegt für Georgien dieselbe Gesinnung wie die frühere. Wir legen nach wie vor Wert auf Erhaltung und Stärkung der freundschaftlichen Beziehungen zwischen beiden Ländern, nehmen warmen Anteil an der Konsolidierung und Entwicklung der jungen Republik und wären bereit, dazu, soweit es den Wünschen der Georgier entspricht, jeden möglichen Beistand dabei zu gewähren.« Die Erklärung erhielt auch Akaki Tschchenkeli. Am 8. November 1918 wurde an Kreß ein Telegramm Tschchenkelis für die georgische Regierung durchgegeben, dessen deutsche Übersetzung folgenden Wortlaut hat: »Am besten für uns in dieser Situation ist die Anerkennung seitens aller Staaten auf einmal. Die hiesigen Übereinkünfte treten deshalb nicht in Kraft und Ihr seid frei im Handeln. Unsere Unabhängigkeit ist gesichert, wenn das Volk fest diesen Weg beschreitet.« Nach einem Brief Solfs an Tschchenkeli vom Tag zuvor würden die inneren Wandlungen in Deutschland nichts an der Politik gegenüber Georgien ändern. »Animés de la plus vive sympathie pour la République que Vous représentez si dignement, la Nation et le Gouvernement allemands continueront à accompagner de leurs voeux les plus chaleureux le progrès du peuple géorgien dans sa voie vers le but anquel'il aspire. Ils ne manqueront pas de prouver, par le fait, cet intérét cordial qu'ils ont montré, dès la premiére heure, pour la consolidation et la prospérité de la jeune Republique.«[121] Dann versicherte Solf, dass sich die deutsche Regierung auf der Friedenskonferenz für Georgien einsetzen werde.[122]

Michael Tseretheli hatte sich in Kopenhagen und Christiania um die Anerkennung seines Landes bemüht und nach seiner Rückkehr nach Stockholm Anfang November 1918 dem deutschen Gesandten Hellmuth von Lucius berichtet, »daß er zwar in beiden Hauptstädten freundlich empfangen worden sei, jedoch eine offizielle Anerkennung Georgiens durch die betreffenden Regierungen nicht habe erreichen können. Man habe ihm vielmehr bedeutet, daß eine solche erst möglich sei, wenn zuvor alle Großmächte den neuen Staat anerkannt hätten.« Er werde jetzt die in Stockholm anwesenden Vertreter der Entente-Staaten um Anerkennung bitten. Ende November 1918 informierte er Lucius nach Gesprächen mit ihnen von der Absicht der Entente, Russland wiederherzustellen. Es sei aber noch nicht sicher, »ob der Kaukasus dazu gehören werde«. Inzwischen wäre Georgien von einigen skandinavischen Staaten faktisch anerkannt worden.[123]

Der mit dem Waffenstillstand verbundene Abzug des deutschen Militärs aus dem Kaukasus löste bei der georgischen Regierung große Besorgnis aus. Ramischwili schickte Kreß am 6. November 1918 eine Note folgenden Inhalts: »Georgiens Unabhängigkeitserklärung erfolgte am 26. Mai diesen Jahres zu einer Zeit, als sich noch kein deutscher Soldat auf unserem Territorium befand.« Der Beschluss sei vom Nationalrat einstimmig und souverän gefasst worden ausschließlich zu dem Zweck, das georgische Volk von bolschewistischer Tyrannei zu befreien und die Gefahr der türkischen Invasion zu hemmen. »In dieser Lage erfolgte gemäß dem Wunsche meiner Regierung Einmarsch deutscher Truppen in Georgien. Diese leisteten in Verteidigung unserer Grenzen gegen türkisches Vordringen unschätzbare Dienste, für welche Regierung der Republik tiefste Dankbarkeit ausspricht.« Bei der Verteidigung der Unabhängigkeit habe es keine Einmischung in die inneren Angelegenheiten Georgiens gegeben. Im Hinblick auf die noch nicht abgeschlossene Bildung einer georgischen Armee und der fortdauernden Grenzbedrohung ersuche die Regierung darum, alle oder einen Teil der deutschen Truppen zur Verfügung der georgischen Regierung zu belassen.[124] Tschchenkeli wollte den Inhalt dieser Note an (Vorname) Sumbatow in Bern telegrafieren, um ihn allen Vertretern der Entente-Mächte einschließlich der USA zukommen zu lassen mit dem Hinweis: »Die Georgische Regierung bittet daher, bei den Waffenstillstandsverhandlungen mit Deutschland sich damit einverstanden erklären zu wollen, daß die deutschen Truppen [...] zum Schutz der Bevölkerung vorläufig im Lande bleiben.« Das Telegramm wurde am 8. November 1918 der deutschen Gesandtschaft in Bern mit der Weisung durchgegeben, den armenischen Vertreter Hamasasp Ohandjanian davon zu verständigen.[125]

Die Verhandlungen zum Abschluss des Waffenstillstands hatten an jenem Tag im Salonwagen des französischen Marschalls Fernand Foch im Wald vom Compiegne bei Paris begonnen. Artikel XII der Waffenstillstandsbedingungen der Alliierten bestimmte den Rückzug aller deutschen Truppen aus den vor dem Krieg zu Österreich, Russland, Rumänien und der Türkei gehörenden Gebieten hinter die Grenze. Matthias Erzberger machte als Leiter der deutschen Waffenstillstandskommission darauf aufmerksam, »daß die sofortige Räumung der ehemals russischen, jetzt noch von deutschen Truppen besetzten Gebiete die dortige Bevölkerung den Greueltaten des Bolschewismus schutzlos preisgeben würde.« Der Artikel XII erhielt daraufhin folgende Erweiterung: »Alle deutschen Truppen, welche sich augenblicklich in den vor dem Kriege zu Rußland gehörenden Gebieten befinden, müssen [...] hinter die [...] deutschen Grenzen zurückgehen, sobald die Alliierten, unter Berücksichtigung der inneren Lage dieser Gebiete, den Augenblick für gekommen erachten.«[126] Der Waffenstillstand trat am 11. November 1918 in Kraft. Solf informierte Kreß über die Änderung des Artikels XII telegrafisch und ersuchte ihn, mit dem Personal der Gesandtschaft und der Konsulate vor Ort zu bleiben.[127] Der am 30. Oktober 1918 an Bord des britischen Kriegsschiffs »Agamemnon« im Hafen von Mudros zwischen der Türkei und der Entente abgeschlossene Waffenstillstand sah den Rückzug der türkischen Truppen aus Kaukasien und die Besetzung wichtiger Hafen- und Handelsplätze durch britisches Militär vor. Dazu gehörten auch Baku und Batumi.

Friedrich Kreß von Kressenstein und sein Adjutant zusammen mit georgischen Kameraden in einem Zeitungskiosk in Kutaisi, 30. Januar 1919. Links der georgische Schriftsteller David Kldiaschwili.

Friedrich Kreß von Kressenstein schrieb dem Auswärtige Amt über die Stimmung in Tiflis folgendes: »Die Nachricht vom Zusammenbruch Deutschlands hat in Georgien tiefen Eindruck gemacht. Es zeigte sich bei dieser Gelegenheit erneut, daß wir Deutsche in Georgien sehr viele Sympathien genießen. Nicht nur die Regierung, sondern auch das Parlament und die Presse aller Schattierungen betonte gerade in diesen Tagen auf das Nachdrücklichste, wieviel Georgien Deutschland zu danken habe und daß man Deutschland wie in guten Tagen so auch jetzt die Treue halten werde. [...] Für die Zukunft Georgiens ist unser Zusammenbruch ein sehr schwerer Schlag. Das junge Georgien hatte alle seine Hoffnungen hinsichtlich der politischen, kulturellen und wirtschaftlichen Entwicklung des Landes auf Deutschland und auf deutsche Unterstützung gesetzt und verliert nun den Boden unter den Füßen. [...] Die Nachrichten von der Revolution in Deutschland wurden von der georgischen Regierung, der Masse der Bevölkerung und der linksstehenden Presse freudigst begrüßt. Allgemein hat man in die politische Schulung und die Ordnungsliebe des deutschen Volkes das Vertrauen, daß es die Fehler der russischen Revolution vermeiden und sich den Bolschewismus fern halten werde.« Bei der Festsitzung des Parlaments am 1. Dezember 1918 zur Halbjahresfeier der Unabhängigkeit hob Tschcheidse in Anwesenheit ausländischer diplomatischer Vertreter »in seiner Rede unter lebhaftestem Beifall des vollen Hauses die Verdienste Deutschlands um Georgiens Selbstständigkeit hervor und widmete auch mir einige liebenswürdige Worte«.[128] Auf die deutsche Bitte an die Interalliierte Waffenstillstandskommission, »die deutsche diplomatische Mission in Tiflis [...] unbehindert zu lassen«, teilte deren Chef Alphonse Pierre Nudant in der Kommissionssitzung am 7. Dezember mit, »daß sie nicht im Kaukasus verbleiben könne, doch sei freies Geleit zugesichert«.[129] Die letzten deutschen Truppen verließen Tiflis am 23. Dezember 1918. Am Vormittag des 7. Januar 1919 kamen Jordania und Gegetschkori zu Kreß zum »Abschiedsbesuch, der mehr als frostig verlief«. Abends fuhr die deutsche Delegation im Extrazug ab. Nach Aufenthalten in Poti und Kutais reisten die Delegierten von Batumi aus auf dem Seeweg nach Kospoli und wurden dann auf der Insel Prinkipo interniert. Kreß und Schulenburg kehrten mit den letzten Deutschen im Juni 1919 in die Heimat zurück.[130] Friedrich Kreß von Kressenstein beendete seinen 36-seitigen Abschlussbericht mit einer positiven Schilderung der künftigen Beziehungen zum Kaukasus. Deutschland erfreue sich dort weitgehender Sympathien und großen Ansehens. Für deutsches Unternehmertum würde sich »ein weites Feld der Tätigkeit« eröffnen.[131] Friedrich-Werner von der Schulenburg engagierte sich im Auswärtigen Amt für Georgien.

Die Wiedererrichtung der deutschen amtlichen Vertretung in Tiflis

In den Jahren von 1918 bis 1920 entstanden in Georgien stabile politische und gesellschaftliche Strukturen. Schon im Januar 1918 war auf Initiative des Historikers Iwane Dschawachischwili die Universität Tiflis gegründet worden. Er hatte unter anderem in Königsberg und Berlin studiert und die Berliner Universität als Vorbild für die Institution in Tiflis genommen.

Im Frühjahr 1919 fanden in Georgien allgemeine und freie Wahlen statt, bei denen Frauen zugelassen waren. Dem Parlament gehörten neben vier christlichen Georgierinnen auch eine Muslima an. In 97 Sitzungen wurden 415 Gesetze erlassen. Die Beratung der Verfassung erfolgte bis zum Angriff der Roten Armee auf Tiflis im Februar 1921.

In Deutschland war der Übergang von der Monarchie zur Republik wegen der Kooperation der Ministerialbürokratie und der Loyalität der Armeeführung fast reibungslos verlaufen. Der Auswärtige Dienst hatte sich der republikanischen Reichsregierung zur Verfügung gestellt. Ein neues parlamentarisches System wurde geschaffen. Die Nationalversammlung wählte am 10. Februar 1919 in Weimar den Sozialdemokraten Friedrich Ebert zum Reichspräsidenten und damit zum ersten demokratischen Staatsoberhaupt. Er setzte im März eine aus Reichsministern bestehende Reichsregierung ein. Das Auswärtige Amt behielt als Behörde des Reichsministers des Auswärtigen seinen alten Namen.

Im März 1920 wurde die Struktur des Amtes vom Sach- auf das Regionalprinzip umgestellt. Die Leitung des für die Kaukasus-Staaten Georgien, Armenien und Aserbaidschan zuständigen Referats in der Abteilung IV übernahm Graf Friedrich-Werner von der Schulenburg. In ihm hatten die Georgier weiterhin einen engagierten Partner bei der Vertretung ihrer Interessen in Deutschland.

Informationen über Transkaukasien erhielt das Auswärtige Amt durch Reisende und den Geschäftsträger Rudolf Sommer in Teheran. Personalchef Edmund Schüler betraute am 29. Februar 1920 den Attaché Ernst von Druffel mit der einstweiligen Leitung des Konsulats in Täbris. Er durfte dafür die

Iwane Dschawachischwili (1876–1940), einer der Gründer der Universität in Tiflis sowie deren Rektor von 1919–1926

Ernst von Druffel (1887–1961), 1920/21 Leiter der deutschen Vertretung in Tiflis

Amtsbezeichnung als Vizekonsul führen und sollte sobald wie möglich die Geschäfte von Konsulatsverwalter Kurt Wustrow übernehmen.[132]

Druffel wurde auf der Reise nach Persien in Georgien aufgehalten. Wustrow kam am 3. Juni an seinem Dienstort ums Leben. Daraufhin sollte Druffel nach telegrafischer Weisung in Tiflis bleiben.[133] Er schrieb am 16. Juni an das Auswärtige Amt, dass die Entsendung einer amtlichen deutschen Vertretung nach Georgien in allen Kreisen der Bevölkerung lebhaft gewünscht werde. »Kein Zweifel, daß Tiflis gegenwärtig sehr günstiger Beobachtungsposten, sowohl politisch wie wirtschaftlich.« Friedrich-Werner von der Schulenburg sprach am 23. Juli in Berlin mit dem georgischen Vertreter Wladimir Achmeteli über die Ernennung des Vizekonsuls zum vorläufigen deutschen Vertreter in Tiflis und notierte dazu: »Dr. Achmeteli war nicht nur einverstanden, sondern sogar sehr erfreut über unsere Absicht, die er als ein Entgegenkommen

Gebäude der georgischen Universität, später Staatliche Universität Tiflis

gegen Georgien auffaßt.« Mit Erlass vom 29. Juli wurde Druffel »zum einstweiligen Leiter einer vorläufigen diplomatischen Vertretung des Reiches bei der Republik Georgien bestellt«. Er solle über die politische und wirtschaftliche Entwicklung im gesamten Kaukasus, in Mittelasien und den angrenzenden Gebieten berichten. In dem von Reichskanzler Hermann Müller am selben Tag unterzeichneten, an Ministerpräsident Noe Jordania gerichteten Einführungsschreiben steht: »Die Deutsche Regierung hat beschlossen, den Vizekonsul Dr. von Druffel als ihren einstweiligen Vertreter nach Georgien zu entsenden. Dr. von Druffel ist beauftragt, die deutschen Interessen wahrzunehmen und im Namen der Deutschen Regierung alle diplomatischen Verhandlungen zu führen, die zur Erfüllung dieser Aufgabe erforderlich sind. [...] Ich bitte, ihm in allem, was er im Namen oder im Auftrage der Deutschen Regierung vorzubringen berufen sein wird, vollen Glauben beizumessen.« Druffel telegrafierte am 13. August dem Auswärtigen Amt: »10.

Eröffnung der Konstituierenden Versammlung im ehemaligen Palast des Statthalters in Tiflis am 12. März 1919

August Geschäfte übernommen. Georgische Regierung bittet mich, der Deutschen Regierung Ausdruck Befriedigung über Wiederaufnahme Beziehungen zu übermitteln.« Der deutsche Vertreter übergab sein Einführungsschreiben dem georgischen Regierungschef am 17. November 1920.[134] Sekretär der Mission in Tiflis war Theodor Muth. Die Republik Georgien war inzwischen von der Reichsregierung rechtlich anerkannt worden.

Die rechtliche Anerkennung Georgiens durch Deutschland

Die Georgier in Deutschland hatten den Kampf für die rechtliche Anerkennung ihrer Heimat weitergeführt. Akaki Tschchenkeli informierte Wilhelm Solf am 5. November 1918 über die Ernennung von Jason Bakradse zum Repräsentanten der georgischen Regierung bei der Reichsregierung.

Das Präsidium der Konstituierenden Versammlung der Demokratischen Republik Georgien auf der Terrasse des Regierungspalastes in Tiflis 1919 (v. l. n. r. Konstantin Japharidse, Egrigol Natadse, Ekvtime Takaischwili, Alexander Lomatidse, Svimon Mdivani, Kristine Scharaschidse)

Solf antwortete am 4. Dezember mit folgendem Schreiben: »Herr Minister, Euere Exzellenz haben die Gefälligkeit gehabt, mit Schreiben vom 5. November d. J. mir die Bestellung des Herrn Dr. Jason Bakradse zum Vertreter der Regierung der Georgischen Republik in Berlin anzuzeigen. Ich beehre mich, Ihnen hierdurch den Empfang Ihres Schreibens zu bestätigen und ihnen zugleich zum Ausdruck zu bringen, daß Herr Bakradse der deutschen Regierung als Vertreter der Georgischen Republik willkommen ist. Genehmigen Sie, Herr Minister, aus diesem Anlaß die Versicherung meiner ausgezeichnetsten Hochachtung.« Der Entwurf zu diesem Schreiben stammte von dem für Zeremonialsachen zuständigen Legationsrat Wilhelm von Kuhlmann, der am Rand notierte: »Es ist nicht üblich, Einführungsschreiben für Geschäfts-

Erstes Quartier der georgischen Gesandschaft in Berlin-Wilmersdorf, Uhlandstraße 155

träger zu bestätigen. Herr Tschchenkeli hat jedoch ausdrücklich um eine Antwort gebeten.« Bakradse wohnte im Centralhotel. Er informierte Solf am 9. Dezember 1918 über die Zuteilung Achmetelis als Legationsrat zur Mission. Ihr Quartier war seit dem 2. April 1919 eine Wohnung im Hochparterre des Hauses Uhlandstraße 155 in Wilmersdorf.

Bakradse übertrug Achmeteli im Juli die Leitung der Mission. Sie wurde am 29. September 1919 ins Hansaviertel verlegt.[135] Dieser Stadtteil war Ende des 19. Jahrhunderts auf den Schöneberger Wiesen neu gebildet worden und hatte von der Berlin-Hamburgischen Immobiliengesellschaft seinen Namen erhalten. Es entstand eine großbürgerliche Wohngegend, in der sich auch konsularische und diplomatische Missionen ansiedelten. Die Brückenallee war die älteste Straße des Viertels. Sie hieß vorher Schöneberger Wiesenweg und erhielt ihre neue Bezeichnung mit polizeilicher Bekanntmachung vom

Zweites Quartier der georgischen Gesandtschaft im Berliner Hansaviertel, Brückenallee 30–32

1. Dezember 1832. Am 1. Januar 1861 wurde die Gegend nach Berlin eingemeindet; der Bebauungsplan mit Kabinettsorder vom 21. März 1874 festgestellt. Das Wohnhaus Brückenallee 30–32 war einer der ersten Bauten im Hansaviertel; die georgische Mission befand sich in der Nr. 31. Das Gebiet fiel dem Luftangriff vom 22. November 1943 fast vollständig zum Opfer; nur siebzig Häuser blieben übrig. Nach dem Krieg entstand das Hansaviertel neu, aber die Brückenallee gibt es nicht mehr

Den Kampf um die rechtliche Anerkennung führte Wladimir Achmeteli. Er schrieb später dazu: »In der ganzen Zeit meiner Tätigkeit in Deutschland habe ich keinen einzigen deutschen Politiker oder Parteimann angetroffen, der nicht bereit gewesen wäre, die Anerkennung Georgiens durch Deutschland zu befürworten.«[136] Die deutsche Staatsführung musste dabei Rücksicht auf den am 28. Juni 1919 im Spiegelsaal des Schlosses von Versailles bei

Wladimir Achmeteli (1875–1942), von 1919 bis 1922 Leiter der georgischen Gesandschaft in Deutschland

Paris abgeschlossenen Friedensvertrag mit den Alliierten nehmen, der am 10. Januar 1920 in Kraft trat. In einem Memorandum Achmetelis für Müller vom 16. Februar 1920 steht: »Nach seiner Verfassung ist Georgien eine demokratische Republik; bei internationalen Konflikten bleibt Georgien dauernd neutral. Georgien weist eine stabile Staatsordnung auf; die georgische Staatsgewalt hat sich als fähig erwiesen, geregelte Zustände innerhalb des Landes zu schaffen und aufrecht zu erhalten und den Staat gegen äußere Feinde zu verteidigen. Georgien ist aufrichtig bestrebt, mit allen Völkern zur treuen Mitwirkung am Kulturaufbau der Menschheit in Verbindung zu treten. In diesem Sinne wende ich mich durch die geschätzte Vermittlung Euerer Exzellenz an die junge deutsche Republik, deren Kräftigung und Aufstieg von allen Klassen des georgischen Volkes in wärmster Sympathie herbeigesehnt wird. Deutscher Arbeit, deutschem Können und deutschem

Fleiß eröffnet sich auf dem Gebiete Georgiens ein reiches Feld zu einer vielversprechenden Betätigung, zu einem Güteraustausch, der beiden Ländern zum Segen gereichen wird. In dieser Überzeugung bin ich in Erwartung der Anerkennung der staatlichen Unabhängigkeit Georgiens durch Deutschland.« Wladimir Achmeteli und sein Pressechef Maximilian Blumin-Kursky sprachen am nächsten Tag mit Hermann Müller darüber und auch über die Entsendung eines diplomatischen Vertreters nach Tiflis. Nach Meinung Kurskys lege seine Regierung größten Wert darauf, »als deutschen Vertreter einen Sozialisten zu erhalten.« Müller sagte dazu, die Personalie werde die Reichsregierung selbst bestimmen.[137]

Der Reichspräsident empfing die beiden Georgier auf ihren Wunsch am 7. Mai 1920. »Sie [...] baten um möglichst baldige Anerkennung ihres Landes als selbständigen Staat. Die Regierung sei fest organisiert und sozialistisch; das Land sei reich an Naturschätzen, die für Handelsbeziehungen von großem Werte seien. Eine Anerkennung würde die Stellung der Republik zwischen dem bolschewistischen Rußland und der Türkei stärken.« Das Auswärtige Amt hatte dagegen mit dem Argument plädiert, nicht »auf diese Weise in die inneren Verhältnisse Rußlands einzugreifen« und der Entente bei der Anerkennung Georgiens nicht vorzugreifen. »Sobald eine Ententemacht Georgien als selbständigen Staat anerkennt, würden wir auch bereit sein, ihn anzuerkennen; da dies aber noch nicht der Fall ist, erscheint es [...] angezeigt, zu warten. Es würden jedoch keine Bedenken bestehen, möglichst bald wieder einen diplomatischen Vertreter nach Georgien zu entsenden ... Auch die Belebung der beiderseitigen Handelsbeziehungen ist Deutschland nur erwünscht.«[138]

Auf Wunsch Eberts sprach Schulenburg mit den Georgiern und schrieb dazu in einer Aufzeichnung vom 25. Mai 1920: »Beide Herren baten mich, die Angelegenheit noch einmal einer ernstlichen Prüfung zu unterziehen und fügten hinzu, daß die Bevölkerung Georgiens, die von lebhafter Sympathie für Deutschland erfüllt sei, Deutschlands Zögern in der Anerkennungsfrage nicht verstehe. [...] Ein längeres Zögern mit der Anerkennung könnte tatsächlich dazu führen, daß Georgien an Deutschlands Freundschaft irre wird und daß uns dadurch Nachteile entstehen, die wir auf anderen Gebieten sicher schwer wieder einbringen können.« Es wäre in ernstliche Erwägung zu ziehen, »ob nicht die Anerkennung de jure alsbald auszusprechen ist. Ich persönlich spreche mich dafür aus.« Schulenburg teilte Achmeteli am 24. September mündlich die Anerkennung der Republik Georgien »als selbständigen, freien und unabhängigen Staat« durch die deutsche Regierung mit. Auf Wunsch der Georgischen Vertretung in Berlin wurde die Nachricht vom Auswärtigen Amt an Druffel in Tiflis zur Weitergabe an Jordania gefunkt mit dem Zusatz: »Sende Dir und allen Freunden aus diesem Anlaß herzlichen Glückwunsch. Achmeteli.« Druffel übermittelte das Telegramm dem erkrankten Jordania unter Hinzufügung persönlicher Glückwünsche brieflich. In dem Druffel übersandten Dankschreiben steht: »Cette nouvelle a suscité des sentiments de profonde satisfaction chez le peuble Géorgien qui sut au prix de si dures épreuves conquérir et sauvegarder son indépendance et sa liberté. Au nom de mon Gouvernement, je Vous prie d'exprimer au Gouvernement de l'Allemagne notre profonde satisfaction et notre ferme certitude que ce fait renforcera les relations d'amitié entre nos pays pour le plus grand bien des intérets de nos deux peubles.«[139] Wladimir Achmeteli wurde am 28. Oktober 1918 als Geschäftsträger registriert. Später schrieb er über die rechtliche Anerkennung: »Diese mutige deutsche Tat wird für uns Georgier unvergessen bleiben; sie ist in der Geschichte des neuen Georgiens mit goldenen Lettern eingemeißelt.«[140]

Georgien als sozialdemokratischer Musterstaat

Die Republik Georgien erregte international Interesse als erster sozialdemokratisch regierter Staat der Welt. Im September 1920 kamen auf Einladung der Regierung prominente westeuropäische Sozialisten zu Besuch. Nach einer Pressemeldung wolle die Deputation »dort an Ort und Stelle sich davon überzeugen, was ihre Kameraden so kurz nach diesem fürchterlichen Krieg und im Kampf mit den ungeheuerlichsten Schwierigkeiten schon zuwege gebracht hätten«.[141] Ernst von Druffel beschrieb den festlichen Empfang der Delegation am 15. September in Tiflis. »Der Tag war von der Regierung als

Besuch des deutschen Sozialdemokraten Karl Kautsky in Georgien im Herbst 1920 (vorn sitzend v. l. n. r. Seit Devdariani, Noe Ramischwili, Noe Jordania, Karl und Luise Kautsky, Silibistro Jibladse, Raschden Arsenidse)

Feiertag erklärt worden, an dem nicht gearbeitet werden durfte. Die Stadt war geschmückt und beflaggt.« Die deutschen Vertretungen in Paris und London informierten über positive Berichte der Sozialisten nach ihrer Rückkehr.[142] Die Botschaft in London fand einen Zeitschriftenbeitrag von John Ramsey MacDonald lesenswert, »der im allgemeinen recht günstig über die Zustände in Georgien urteilt«. In dem Artikel *A socialist state in the caucasus* steht unter anderem: »Freedom, fair play, respect for minorities, is the unclouded spirit of Georgian government. I use a much-abused word. Georgia, the country and the people, the spirit and the politics, is charming.«[143]

Am Tag der Abreise der westeuropäischen Sozialisten war in Batumi der deutsche Sozialdemokrat Karl Kautsky in Begleitung seiner Ehefrau Luise eingetroffen »und wie ein Souverän begrüßt worden«. Nach Druffels Berichten geniesse Kautsky »bei den georgischen Sozialdemokraten die größte Verehrung, die sich im wesentlichen auf seine theoretischen Schriften gründet«. Er sei Ehrenvorsitzender der georgischen sozialdemokratischen Partei.[144] In ihrem Organ stand zu seiner Ankunft in Tiflis am 30. September die Losung in deutscher Sprache: »Das georgische Proletariat begrüßt den Altmeister der sozialistischen Theorie.« Jordania bezeichnete Kautsky als einen der Väter der georgischen Sozialdemokratie. Er habe als einer der ersten »die Mauer des engen Nationalismus und des utopischen Sozialismus der georgischen Jugend durchbrochen« und den Weg zum internationalen Sozialismus geebnet. In der georgischen Republik wäre die nationale und soziale Frage nach Kautskys Lehren gelöst worden. Sein Empfang in Georgien sei herzlich und freundlich gewesen. »Für ihn waren die Türen aller Einrichtungen, Organisationen und Familien geöffnet. Kautskys waren die gewünschten Gäste, überall. Ihr Haus war ständig voll von Besuchern.«[145] Nach Druffels Bericht vom 7. November 1920 habe Kautsky bei seinem Aufenthalt genauere Einsicht in die hiesigen Verhältnisse nehmen können als seine englischen, französischen und belgischen Genossen. Er habe die Probleme wohl erfasst.[146] Kautsky schilderte in seinem Buch über den Besuch Georgien als gefestigtes Staatswesen, dem Gefahren nicht von innen drohen würden, »sondern nur von außen«.[147] Ähnlich lautete die Analyse des deutschen Gesandten Ulrich Rauscher.

Die Errichtung der deutschen Gesandtschaft in Tiflis

Der aus Stuttgart stammende Journalist und Schriftsteller Ulrich Rauscher war in der Novemberrevolution 1918 Pressechef der Reichsregierung geworden und hatte im August 1919 auch die Leitung der Nachrichtenabteilung des Auswärtigen Amtes übernommen. Am 1. Oktober 1919 wurde daraus die Vereinigte Presseabteilung des Reichsregierung und des Auswärtigen Amtes. Rauscher fungierte als deren Chef bis Juni 1920.

Ebert unterzeichnete am 10. November 1920 sein an Jordania gerichtetes Kreditiv als Gesandter in außerordentlicher Mission. Darin steht unter anderem: »Die Eigenschaften, die ihn auszeichnen, seine Erfahrungen und sein Pflichtgefühl sind mir Bürgen dafür, daß er stets bestrebt sein wird, sich die Achtung und das Vertrauen Euerer Exzellenz zu erwerben und die zwischen dem Deutschen Reich und der Republik Georgien bestehenden freundschaftlichen Beziehungen weiter auszubauen und fester zu gestalten.« Der Gesandte übergab das Dokument am 6. Januar 1921 im Regierungspalast von Tiflis und sagte in seiner Ansprache: »Mit diesem Akt darf ich die wärmsten Wünsche des deutschen Staatsoberhauptes und des deutschen Volkes für das Wohl der ritterlichen georgischen Nation und für ein fruchtbares Zusammenwirken der beiden, seit dem Entstehen der georgischen Republik freundschaftlich verbundenen Völker auf dem Wege des Friedens und des Fortschritts übermitteln.« Rauscher schrieb dem Auswärtigen Amt über den weiteren Verlauf der Akkreditierung: »Sodann hatte ich Gelegenheit dem Herrn Jordania die besonderen Grüße des Herrn Reichspräsidenten zu übermitteln, die ihn sichtlich erfreuten. Darauf machte mich der Präsident mit dem Ministerkollegium bekannt. An die offizielle Zeremonie schloß sich eine freundschaftliche Unterhaltung an, die fast ½ Stunde dauerte, während welcher der Präsident mehrfach seine außerordentlichen Sympathien für Deutschland aussprach und den Wunsch äußerte, daß der georgischen Nation in ihrer augenblicklichen bedrängten Lage die volle Unterstützung der deutschen Regierung zuteil werde.«[148] Der Gesandte war vor seiner Abreise über sein Verhalten bei der Flucht der georgischen Staatsführung wegen eines sowjetrussischen Angriffs instruiert worden. Darüber wurde auch bei seinen Antrittsbesuchen in den ausländischen Missionen in Tiflis gesprochen. Er schrieb dazu am 15. Januar 1921 dem Auswärtigen Amt, die Aufnahme, auch bei den Vertretern der Entente, sei höflich und angenehm gewesen. »Die Herren haben meinen Besuch alle erwidert. [...] Festzustellen ist, daß die bolschewistische Frage hier im Mittelpunkt allen Interesses und jeglichen Gespräches steht.«[149]

Ein großer diplomatischer Erfolg für Georgien war die rechtliche Anerkennung durch die Entente am 27. Januar 1921, die drei Tage später in Tiflis bekannt wurde. Rauscher schrieb dazu dem Auswärtigen Amt: »Es fanden sofort improvisierte Umzüge statt, die sich vor die einzelnen Missionen begaben. Ich habe in kurzer Rede vom Balkon aus gedankt.« Am nächsten Tag

Ulrich Rauscher (1884–1930), 1921/22 Gesandter in Tiflis, von 1922 bis 1930 Gesandter in Warschau

beglückwünschte er persönlich Konstantin Sabachtarischwili im Außenministerium. Dieser habe dabei ausdrücklich um Mitteilung an die Reichsregierung gebeten, dass Georgien das »Verdienst der zuerst ausgesprochenen Anerkennung niemals vergessen werde«. Auch die anderen ausländischen Vertreter gratulierten mündlich oder schriftlich, sogar der sowjetrussische. Am 6. Februar fand im Parlament ein Empfang der Staatsführung für das Diplomatische Corps statt, »bei dem sämtliche Missionen vertreten waren«. Es folgten abends eine Festvorstellung im Theater und tags darauf ein Bankett. Dort hielt jeder auswärtige Vertreter eine Rede, zuerst der Franzose, dann der Deutsche, danach der Engländer und die anderen. Nach dem Bericht Rauschers sei Tiflis die einzige Stadt der Welt, wo am Tisch der Regierung Vertreter der Entente, Sowjetrusslands und der Türkei zusammensitzen würden. Beim Bankett hätten die Georgier »in herzlicher und unverhüllter Weise ihre Sympathien dem deutschen Vertreter« entgegengebracht, »wenn

Feier in Tiflis am 6. Februar 1921 anlässlich der rechtlichen Anerkennung der georgischen Republik durch die Westmächte (v. l. n. r. der georgische Regierungschef Noe Jordania, der britische Hochkommissar Claude Bayfield Stones, der französische Hochkommissar Abel Chevalier und der türkische Gesandte Kiasim Bey)

sie auch aus politischen Gründen besonders den Franzosen und den Italiener lebhaft begrüßten und beklatschten«.[150]

Der sowjetrussische Vertreter Aaron Scheinmann hatte in dem im Namen seiner Regierung und von ihm persönlich übersandten Glückwunschschreiben formuliert: »Der einzige Staat, welcher die Selbstbestimmung der Völker anerkannt hat, begrüßt dies Ereignis mit noch größerer Freude, weil es den Sieg der Losung der großen russischen proletarischen Revolution im vierten Jahre ihres Bestehens und zugleich die Absage an den Gedanken einer Wiederherstellung des [...] schwarzen Rußlands durch die Entente bedeutet.« Vier Tage nach dem Bankett kam Scheinmann zu Rauscher zu Besuch und versicherte, »Rußland dächte an keine Eroberung Georgiens und auch ein eigenmächtiges Vorgehen der Sowjetregierungen von Aserbaidschan und Armenien sei in keinem Falle zu befürchten«. Drei Tage später überschritten von Aserbaidschan aus reguläre russische Truppen die georgische Grenze und stießen erst 15 Kilometer vor Tiflis auf Widerstand. Rauscher schrieb dazu: »Begeisterung und Opferwille des georgischen Volkes haben sich ebenso imponierend gezeigt, wie seine nationale Disziplin und die vollkommene Ruhe der großen Stadt Tiflis.« Neben diesen heroischen Eigenschaften würde aber »auch die Neigung der Georgier zur Unterschätzung der Gegner und zur Überschätzung der eigenen Bedeutung« stark hervortreten. Abgesehen von wenigen ernsthaften Politikern und hohen Militärs hielten alle den georgischen Sieg schon für sicher. Es werde sogar angedeutet, »daß der georgische Sieg nicht nur die Befreiung des ganzen Kaukasus von der Sowjetherrschaft bedeuten würde, sondern auch der Anfang des Endes von Sowjetrußland werden könne«. Rauschers Bericht datiert vom 24. Februar 1921.[151] Am folgenden Tag besetzte die Rote Armee Tiflis und beendete damit die Existenz der ersten georgischen Demokratie.

4 Deutschland und Sowjetgeorgien

Entgegen ihrer Deklaration vom 15. November 1917 akzeptierte die Sowjetführung die Selbständigkeit der nichtrussischen Völker auf dem Gebiet des ehemaligen Zarenreiches nicht. Die neu- bzw. wiedererrichteten Staaten Polen, Finnland, Estland, Lettland und Litauen konnten ihre Unabhängigkeit nur militärisch, teils mit deutscher Hilfe, sichern. Weißrussland und die Ukraine wurden nach dem Abzug der Deutschen von der Roten Armee erobert und in Sowjetrepubliken umgewandelt. Die Eroberung Kaukasiens koordinierte ein eigenes Büro des Zentralkomitees der Kommunistischen Partei Russlands (KPR) unter Leitung des Georgiers Sergo Ordshonikidse. Erstes Opfer war Aserbaidschan – auch wegen des Öls. Lenin telegrafierte am 17. März 1920 an den Kriegsrat der Kaukasusfront, die Einnahme von Baku sei ganz dringend notwendig.[152] Dort übernahm am 28. April ein Revolutionskomitee unter der Leitung von Nariman Narimanow die Staatsgewalt und ersuchte Lenin telegrafisch um militärische Hilfe, die sofort eintraf. Aserbaidschan wurde Sowjetrepublik mit Nariman Narimanow als Vorsitzendem des Rates der Volkskommissare und Mirza Dawud Husseinow als Volkskommissar für Auswärtige Angelegenheiten. Lenin schickte am 5. Mai das Glückwunschtelegramm nach Baku.[153] Armenien wurde am 2. Dezember 1920 zur Sowjetrepublik.

In Moskau war am 7. Mai 1920 ein Vertrag zwischen Sowjetrussland und Georgien abgeschlossen worden, in dessen Artikeln I und II Folgendes steht: »Ausgehend von der Erklärung der Russischen Sozialistischen Föderativen Sowjetrepublik betreffend die Rechte aller Völker auf freie Selbstbestimmung bis zur endgültigen Abtrennung von dem Reiche, dem sie bisher angehörten, erkennt Rußland unwiderruflich die Unabhängigkeit und Selbständigkeit des georgischen Staates an und verzichtet freiwillig auf alle Souveränitätsrechte, die Rußland über das georgische Volk und Land besaß. Ausgehend von dem in dem vorhergehenden Artikel des gegenwärtigen Vertrages erklärten Prinzips verpflichtet sich Rußland, auf jede Art der Einmischung in die inneren Angelegenheiten Georgiens zu verzichten.«[154]

Die im Widerspruch dazu stehende aggressive Politik der Sowjetführung im Kaukasus blieb dem deutschen Vertreter in Georgien nicht verborgen. Ernst von Druffel bat das Auswärtige Amt in einem am 6. November 1920 abgeschickten Telegramm, ihm im Hinblick auf die schlechte telegrafische Verbindung schon Verhaltensregeln »für diese Eventualität« zu erteilen. Er wolle auf seinem Posten bleiben und versuchen, »trotz noch fehlender offizieller Beziehungen zwischen Berlin und Moskau Anerkennung diplomatischer Eigenschaft auch bei neuen Machthabern durchzusetzen und de facto Beziehungen herzustellen, in der Annahme, daß diese Auffassung von Berlin in Moskau unterstützt werden wird«. Das Telegramm erreichte sein Ziel erst nach 25 Tagen. In einer Aufzeichnung von Gotthard Jäschke vom Russland-Referat vom 17. Dezember 1920 steht dazu, Druffel solle auch »im Fall eines bolschewistischen Umsturzes in Georgien« in Tiflis bleiben. Die Fortsetzung der Berichterstattung sei wegen der großen Bedeutung der Vorgänge im südlichen Kaukasus für die allgemeine Politik sehr wichtig. »Ein amtlicher Auftrag zu bleiben kann Herrn von Druffel nicht gegeben werden, da eine georgische Sowjet-Regierung daraus ihre Anerkennung folgern könnte und die russische Sowjet-Regierung daraus einen Präzedenzfall konstruieren würde. Nach außen muß daher der Schein gewahrt werden, daß Herr von Druffel aus eigener Entschließung handelt, wenn er bleibt. Voraussetzung für sein Bleiben ist, daß ihm der freie Verkehr durch Funkentelegraphie und Kuriere über Moskau ermöglicht wird.«[155] Mit Zustimmung Lenins begann am 11. Februar 1921 die Eroberung Georgiens.[156] Nachrichten darüber erreichten Deutschland erst mit großer Verspätung, nur ein Hilferuf wurde noch veröffentlicht.

Die Eroberung Georgiens durch die Rote Armee und die deutsche Reaktion

Das sozialdemokratische Parteiorgan *Vorwärts* brachte am 21. Februar 1921 folgenden Hilferuf der Sozialdemokratie und der Gewerkschaften Georgiens an die sozialistischen Parteien und die Gewerkschaften Europas: »Die Sowjets haben ohne jeden Vorwand den Friedensvertrag vom 7. Mai vorigen Jahres zwischen uns und Rußland gebrochen und ohne Kriegserklärung heimtückisch die Grenzen des sozialistischen Georgiens überschritten. Unter der Fahne des Kommunismus wird die imperialistische zaristische Politik der Eroberung und Knechtung der kleinen Nationen fortgesetzt. Das Proletariat Georgiens verteidigt seine Grenzen und wird bis zum letzten Blutstropfen für das Ideal des Sozialismus kämpfen. Im Namen der Arbeiterklasse Georgiens protestieren wir aufs Schärfste gegen den Angriff. Genossen, wir erwarten eure moralische Unterstützung! Wir sind überzeugt: ihr werdet es nicht dulden, daß unter dem Deckmantel des Sozialismus und Kommunismus die Republik Georgien auf so furchtbare Weise vernichtet wird.« Der Kommentar dazu schließt mit dem Satz: »Sowjetrußland wird sich vor den Augen des Proletariats der ganzen Welt schänden, wenn es diesen kleinen sozialistischen Freistaat erdrückt.«

In der deutschen Gesandtschaft in Tiflis waren in jener Zeit neben dem Leiter Ulrich Rauscher noch Vizekonsul Ernst von Druffel sowie Legationsrat Edgar Anders und Gesandtschaftssekretär Theodor Muth tätig. Der Gesandte hatte am 22. Februar 1921 im Auswärtigen Amt telegrafisch um Weisung für den Fall eines Sieges der Bolschewiki ersucht. Staatssekretär Ernst Haniel von Haimhausen wollte darauf per Zifferntelegramm folgendes antworten lassen: »Im Fall bolschewistischen Sieges bitte nach eigenem Ermessen und tunlichst im Benehmen mit diplomatischem Corps handeln.« Falls die Regierung Tiflis verlassen und woanders ihre Tätigkeit fortsetzen würde, solle Anders der Regierung folgen und Rauscher in Tiflis verbleiben.[157] Das Telegramm kam aber verstümmelt an und konnte nicht entziffert werden. Schließlich brach der Funkverkehr ganz ab, auch die georgische Vertretung in Berlin erhielt keine klaren Nachrichten mehr aus der Heimat. Der Ablauf der kommunisti-

Einzug der Roten Armee in Tiflis im Februar 1921

schen Machtübernahme konnte im Auswärtigen Amt erst Anfang März 1921 überblickt werden.

Die Regierung hatte die Hauptstadt in der Nacht vom 24. zum 25. Februar 1921 Richtung Kutais verlassen. An jenem Tag erfolgte nach dem Einzug der Roten Armee die Proklamation der Georgischen Sozialistischen Sowjetrepublik. Nach Berichten der deutschen Gesandtschaft sei der Einzug der 11. Armee ohne Störung erfolgt. »Die Stadtbevölkerung [...] verhielt sich den Ankömmlingen gegenüber durchaus loyal.« Gemäß einem Aufruf der Armee an die »Arbeiter, Bauern und Soldaten Georgiens« wäre sie gekommen, um »Euch von der niederträchtigen menschewistisch-bourgeoisen Regierung zu befreien.«[158] Leiter des Revolutionskomitees war Filip Macharadse, Chef des Rates der Volkskommissare wurde Sergej Kawtaradse und Volkskommissar für Auswärtige Angelegenheiten wurde Alexander Swanidse, der Bruder der ersten Ehefrau des sowjetrussischen Nationalitätenvolkskommissars Josef Stalin.

Ulrich Rauscher telegrafierte am 27. Februar 1921 an das Auswärtige Amt: »Tiflis geräumt. Druffel als Geschäftsträger zurückgelassen, Anders als Konsul nach Batumi entsandt. Ich mit anderen diplomatischen Vertretern in Kutais.« Das Telegramm traf am 4. März in Berlin ein. Nach Haniels Telegramm an Rauscher vom folgenden Tag war man im Amt mit seinem Handeln nicht einverstanden. Der deutsche Einfluss solle wegen des Regierungswechsels nicht schwinden und Georgien unabhängig von der Regierungsform ein Feld deutscher Betätigung bleiben. Rauscher möge deshalb nach Tiflis zurückkehren und Anders bei der alten Regierung bleiben. Am 14. März telegrafierte Rauscher: »Mission heute nach Batumi zurückgezogen, Regierung folgt ehestens. Lage verzweifelt.«[159] Die Regierung mit Noe Jordania an der Spitze verließ Batumi am Morgen des 18. März mit dem italienischen Dampfer »Franz Ferdinand« Richtung Konstantinopel, nachmittags zogen Teile der 11. Armee in die Stadt ein. Das am folgenden Tag in Kutais geschlossene Abkommen zwischen der alten Regierung und den neuen Machthabern besiegelte das Ende der Demokratischen Republik Georgien. »Die brutale Unterdrückung der georgischen Unabhängigkeit stellt eine der schlimmsten Handlungen in der Geschichte des sowjetischen Imperialismus dar.«[160]

Ulrich Rauscher kehrte am 20. März 1921 nach Tiflis zurück und schrieb am 28. März, die Abreise der alten Regierung sei in Georgien negativ aufgenommen worden. Seine Stellung wäre stabil, werde »sich aber nur bei völliger Anerkennung Sowjet-Georgiens halten lassen«. Er werde auf Weisung aus Berlin warten.[161] Am 31. März telegrafierte er an das Auswärtige Amt: »Habe erreicht, daß alte Regierung selbst mich bat, zu bleiben. Neue sehr erfreut über meine Ankunft. Erbitte Instruktion über Standpunkt in Anerkennungsfrage von Sowjet-Georgien.« Er plädiere für eine dilatorische Vorgehensweise. Haniel bestätigte diese Auffassung Rauschers mit Telegramm vom 5. April 1921 und fügte hinzu: »Bitte de-facto-Beziehungen mit dortiger Sowjet-Regierung unterhalten, Anträge auf Anerkennung und Entsendung Vertreters hierher aber dilatorisch behandeln unter Hinweis auf für Deutschland durch außenpolitische Lage gebotene Zurückhaltung.«[162]

Nach Rauschers Berichterstattung von Anfang Mai 1921 über die »Sowjetisierung der Republik Georgien« sowie seine »politische und wirtschaftspolitische Lage« habe die Sowjetisierung mit dem Einmarsch der Roten Armee in Tiflis begonnen. Der Bericht über die Lage beginnt mit dem Passus: »Die Sowjetisierung Georgiens hat vorerst ein völliges Chaos geschaffen, in dem weder neue Geschäfte zu machen, noch die angebahnten abzuwickeln sind.« Hauptursache sei die unklare Regierungssituation. Den Rang würden sich georgische Kommunisten, die mit den Invasoren gekommenen russischen Funktionäre und die Armeeführung streitig machen. »Die georgischen Kommunisten sehen mit Schrecken, was die Anrufung der russischen Hilfe für Folgen gehabt hat. Erstens wimmelt es in den zahllosen neuen Behörden von Russen und zweitens fühlt sich die Rote Armee vollkommen als okkupierende Macht.« In Tiflis halte sie zwar Disziplin, aber aus der Provinz würden selbst kommunistische Funktionäre Hilferufe gegen die Selbstherrlichkeit und Georgienfeindlichkeit der Armee schicken. Die georgische Souveränität nehme ab. Gewisse Hoffnungen würden auf das Nationalgefühl georgischer Kommunisten in Moskau – wie Stalin – gesetzt. So könne vielleicht die Selbstständigkeit Georgiens erhalten werden. Er selbst habe sehr gute Beziehungen zur neuen Führung, auch wegen der Deutschfreundlichkeit der Volkskommissare und maßgebender Personen der Armee.[163]

Ernst Haniel empfing am 27. Juni 1921 Nikolai Tschcheidse und Noe Ramischwili in Begleitung von Wladimir Achmeteli und Maximilian Blumin-Kursky. Die Georgier machten geltend, »daß die jetzige Regierung in Georgien lediglich eine militärische Okkupation darstelle und nur von kurzer Dauer sein werde«. Mit Bezug auf die rechtliche Anerkennung Georgiens durch Deutschland und unter Hinweis auf die vertraglichen und besonders freundschaftlichen Beziehungen Georgiens zu Deutschland wurde darum gebeten, »der georgischen Sowjetregierung auch die de-facto-Anerkennung zu versagen und sich mit ihr auf keinerlei Handelsvertrag oder dergleichen einzulassen«. Der Staatssekretär betonte die Sympathien für das georgische Volk. Die Belassung des deutschen Vertreters in Tiflis sei selbstverständlich. Er werde die deutschen Interessen vor Ort vertreten und auch mit den derzeitigen Machthabern verhandeln. Die Wünsche wegen Nichtanerkennung der georgischen Sowjetregierung werde er seiner Regierung übermitteln. Die Georgier sprachen in diesem Sinne im Juli mit Reichsinnenminister Georg Gradnauer und Oberbürgermeister Philipp Scheidemann in Kassel. Am 1. August wurden sie von Reichspräsident Friedrich Ebert empfangen.[164] Nikolai Tschcheidse schilderte die Situation seiner Heimat im September 1921 auf dem Parteitag der SPD in Görlitz. Er hielt seine Ansprache auf Georgisch und wurde von Kursky übersetzt. Tschcheidse betonte die große Bedeutung der deutschen Sozialdemokratie für Georgien und schilderte die schrecklichen Auswirkungen der Okkupation. Der Parteitag verurteilte »auf das allerschärfste den brutalen Überfall Sowjetrußlands auf die demokratische Republik Georgien« und forderte in Übereinstimmung mit der Sozialdemokratie aller Länder die schleunigste Zurückziehung der bolschewistischen Truppen sowie die sofortige Freilassung der inhaftierten Sozialisten und der nach Russland deportierten Georgier. Ebenso protestierte der Parteitag gegen die Okkupation Armeniens und Aserbaidschans.[165]

Die Haltung des Auswärtigen Amtes beschrieb eine von Abteilungsleiter Adolf Georg Otto von Maltzan und Russland-Referent Herbert Hauschild signierte Aufzeichnung vom 13. Januar 1922. Danach sei die von Deutschland und der Entente de jure anerkannte Regierung Jordania »durch militärisches Eingreifen Sowjetrusslands gestürzt und zum Verlassen das Landes gezwungen worden. Seither übt ein aus Georgiern bestehendes Revolutionskomitee gestützt auf die russische Rote Armee und daher naturgemäß in starker Abhängigkeit von Moskau die tatsächliche Gewalt in Georgien aus.« Die neue Regierung gelte rechtlich als unabhängig und führe eine selbständige Außenpolitik »im Einvernehmen« mit Moskau. Sie habe sich als Rechtsnachfolgerin der alten Regierung bezeichnet und den Wunsch nach diplomatischen Beziehungen mit allen Staaten ausgedrückt. »Diesem Wunsche haben bisher von den Großmächten nur Deutschland und Italien insofern entsprochen, als ihre bei der früheren Regierung beglaubigten Vertreter an Ort und Stelle blieben und ohne ausdrückliche Anerkennung in de facto Beziehungen mit den neuen Machthabern traten. Die nunmehr seit fast einem Jahr im Ausland befindliche alte Regierung treibt ihrerseits eine lebhafte Propaganda gegen die Anerkennung der Sowjetregierung in Georgien und gegen die weitere

Unterhaltung von diplomatischen Vertretungen in Tiflis. Sie erklärt sich als die einzig rechtmäßige, auf ein Parlament gestützte Regierung und bezeichnet die Darstellung der Sowjetpropaganda, die den Sturz der alten Regierung auf eine spontane Erhebung der Bauern und Arbeiter im Lande selbst unter ebenso spontaner Hilfeleistung durch die Rote Armee zurückführt, als eine Geschichtsfälschung. Nach Meinung der alten Regierung könne die Sowjetherrschaft im Kaukasus nur ein vorübergehender Zustand sein, eine Volkserhebung werde in absehbarer Zeit die russische Armee aus dem Lande vertreiben oder Europa werde [...] im Verlauf der Verhandlungen mit Sowjetrußland die Räumung des Kaukasus fördern.« Für die Haltung Deutschlands gegenüber den beiden georgischen Regierungen sei wichtig, »ob die Hoffnungen der vertriebenen Regierung begründet sind«. Ihre Aussichten wären aber gering. Ein Aufstand größeren Ausmaßes im Kaukasus sei bei der »Stärke der Roten Armee sehr unwahrscheinlich. Lokale Unruhen führen zu keinem Resultat. Gelegentlich in der Presse verbreitete Nachrichten über Aufstände sind stets übertrieben und von den Emigranten tendenziös aufgebauscht. Es ist vielmehr wahrscheinlich, daß die Sowjetmacht im Kaukasus nur stürzt, wenn sie auch im übrigen Rußland stürzt, oder wenn Sowjetrußland durch militärische Katastrophen an anderen Fronten gezwungen wird, seine Truppen aus dem Kaukasus wegzuziehen. Freiwillig wird sie es nie tun.« Deutschland solle bei der Anerkennung der neuen Kaukasusrepubliken zurückhaltend sein und gegenüber den Mitgliedern der alten Regierung persönliches Entgegenkommen zeigen.[166]

Die Mission in Tiflis und die Bildung der Transkaukasischen Föderation

Nach der Besetzung Kaukasiens durch die Rote Armee gab es sowohl seitens der Emigranten als auch in Moskau Bestrebungen zur Vereinigung der kaukasischen Länder. In Paris schlossen Vertreter der transkaukasischen Exilregierungen und der nordkaukasischen Republik am 10. Juni 1921 einen Bündnispakt, den für Georgien Akaki Tschchenkeli signierte. Georg Matschabelli ließ der deutschen Botschaft beim Quirinal in Rom vertraulich dessen Text zukommen. Botschafter John von Berenberg-Goßler schrieb dazu dem Auswärtigen Amt am 4. Juli, dass der Vertrag praktisch erst nach der Räumung des Kaukasus durch die roten Okkupanten bzw. nach dem Zusammenbruch des Sowjetregimes wirksam werden könne. »Eventualitäten, für die heute die Aussichten denkbar gering sind.« Legationssekretär Leopold von Hoesch empfing einige Signatare am 29. Juli in der Botschaft in Paris zum Gespräch. Tschchenkeli ersuchte dabei um Übermittlung einer Erklärung an die Reichsregierung mit der Bitte, »Deutschland möge dem Recht der Kaukasusvölker auf Unabhängigkeit seine Anerkennung nicht versagen und ihnen sein Wohlwollen nicht vorenthalten, wenn sie in hoffentlich nicht zu ferner Zeit daran gehen könnten, nach Entfernung der gegenwärtigen Machthaber sich politisch und wirtschaftlich neu zu konstituieren«. Ulrich Rauscher zweifelte in einer Stellungnahme vom 5. September 1921 an der Wirksamkeit des Bündnisses auch in der Zukunft, »weil eine einheitliche, zielsichere Politik des Kaukasus an dem traditionellen Nationalitätenstreit scheitern wird«.[167] Der Gesandte berichtete hingegen wenige Monate später von der Bildung eines transkaukasischen Bundesstaates mit gemeinsamem Organ für die Außen- und Wirtschaftspolitik sowie das Militär und das Verkehrswesen. Treibende Kraft dafür sei das Zentralkomitee des Kommunistischen Partei Russlands.[168]

Die Sowjetführung betrieb den Zusammenschluss der eroberten Gebiete mit Russland schon länger. Stalin hatte bereits im Oktober 1920 das Interesse an einem dauerhaften Bündnis »zwischen dem Zentrum und den Randgebieten Rußlands« betont. Eine Lostrennung dieser Gebiete sei ausgeschlossen. »Sowjetrußland unternimmt den in der Welt noch nicht dagewesenen Versuch, die Zusammenarbeit einer ganzen Reihe von Nationen und Volksstämmen im Rahmen eines einheitlichen proletarischen Staates [...] zu organisieren.« Nach drei Jahren Revolution habe dieser Versuch alle Aussicht auf Erfolg.[169] In der offiziellen Parteihistorie steht dazu: »Eine wichtige Etappe auf dem Weg der Vereinigung der Sowjetrepubliken bildete der Zusammenschluß der Republiken Transkaukasiens, wo das Problem der nationalen Beziehungen sehr akut war. [...] Der erste Schritt zum Zusammenschluß der

Republiken Transkaukasiens war die Festigung der Wirtschaftsverbindungen.«[170] Lenin wünschte dabei ein behutsames Vorgehen und schrieb in einem Brief vom 14. April 1921 an seine kaukasischen Genossen: »Langsamer, vorsichtiger, systematischer zum Sozialismus übergehen – das ist für die Republiken des Kaukasus zum Unterschied von der RSFSR möglich und notwendig. [...] Wir hatten die erste Bresche in den Weltkapitalismus zu schlagen. Die Bresche ist geschlagen. [...] Sie, Genossen Kommunisten des Kaukasus, brauchen keine Bresche mehr zu schlagen. Sie müssen es verstehen, das Neue mit größerer Vorsicht und Systematik, unter Ausnutzung der für Sie günstigen internationalen Situation des Jahres 1921 zu schaffen.«[171] Am 29. November 1921 nahm das Politbüro des Zentralkomitees der KPR den Vorschlag Lenins an, die Föderation der transkaukasischen Republiken »prinzipiell als absolut richtige und unbedingt zu verwirklichende Maßnahme anzuerkennen«.[172] Im Februar 1922 wurde dieser Vorschlag auf dem I. Kongress der kommunistischen Organisationen Aserbaidschans, Armeniens und Georgiens akzeptiert und ein Transkaukasisches Regionskomitee der KPR zur Gründung der Föderation gewählt. Der Abschluss des Vertrages über die Föderation erfolgte am 12. März auf der Konferenz der Zentralexekutivkomitees der Sowjets der drei transkaukasischen Republiken in Tiflis. Die ersten beiden Vorsitzenden von deren gemeinsamem Rat der Volkskommissare waren Georgier: zunächst Schalva Eliawa, dann ab November 1922 Mamia Orachelaschwili. Die Regierungen der kaukasischen Sowjetrepubliken blieben im Amt; die Republikchefs bildeten den Bundesrat. Der Zusammenschluss hatte Folgen für die deutsche Mission in Tiflis, ihre Arbeit wurde durch die deutsch-sowjetrussische Verständigung erleichtert.

Seit Anfang 1920 gab es in Deutschland besonders aus wirtschaftlichen Gründen den Wunsch nach engen Beziehungen zu Sowjetrussland. Im Auswärtigen Amt kämpfte Russland-Referent Ago von Maltzan dafür. Er übernahm im November 1921 die Leitung der Abteilung IV. Am 16. April 1922 unterzeichneten Reichsaußenminister Walther Rathenau und dessen sowjetrussischer Amtskollege Georgij Wassiljewitsch Tschitscherin in Rapallo den entsprechenden Vertrag. Er sah auch die sofortige Wiederherstellung diplomatischer und konsularischer Beziehungen vor. Am 2. August akkreditierte sich Nikolai Nikolajewitsch Krestinski als Botschafter in Berlin, am 5. November 1922 Graf Ulrich Brockdorff-Rantzau entsprechend in Moskau. In Rapallo war schon über die Ausweitung des Vertrages auf andere Sowjetrepubliken gesprochen worden, wovon die beiderseitigen Missionen direkt betroffen waren.

Ulrich Rauscher hatte Georgien im Januar 1922 verlassen, die Mission leitete seitdem Gesandtschaftsrat Max Hesse kommissarisch. Mit Verfügung des Revolutionskomitees vom 2. Februar wurden die Mandate sämtlicher in Georgien befindlicher Vertreter ausländischer Staaten, die nicht bei der Sowjet-Republik Georgien akkreditiert worden waren, mit Wirkung vom selben Tag annuliert. Swanidse sagte Hesse am 24. Februar, dass auf ihn diese Regelung keine Anwendung finden würde. Gemäß Dekret Nr. 7 des Bundesrates über die Vereinigung der auswärtigen Politik der transkaukasischen sozialistischen Sowjetrepubliken vom 13. Juni 1922 stand die allgemeine Führung der auswärtigen Politik der Republiken dem Bundesrat zu. Die Volkskommissariate für Auswärtige Angelegenheiten der verbündeten Republiken würden abgeschafft und stattdessen beim Bundesrat die Abteilung für Auswärtige Verbindungen eingerichtet, deren Leitung dem Präsidium des Bundesrates obliege. Die diplomatischen Vertretungen der Republiken bei der Russischen Sozialistischen Föderativen Sowjetrepublik und anderen Sowjetrepubliken würden aufgehoben und an ihrer Stelle Vertretungen der transkaukasischen Föderation errichtet. »Jede der verbündeten Republiken behält das Recht, ihre diplomatischen Vertretungen im Ausland zu haben und akkreditierte Personen der diplomatischen Vertretungen ausländischer Staaten bei sich aufzunehmen.« Die entsprechenden Formalien würden durch die Abteilung für Auswärtige Verbindungen des Bundesrates erledigt. Nach einer Note Swanidses an die deutsche Gesandtschaft vom 21. Juni seien die Funktionen der Volkskommissare für Auswärtige Angelegenheiten für Georgien Budo Mdiwani, für Aserbaidschan Nariman Narimanow und für Armenien Alexander Miasnikian übertragen worden, »an welche Sie die Güte haben werden sich von heute ab in allen zuständigen Fällen zu wenden«.[173] Vier Tage später telegrafierte Hesse dem Auswärtigen Amt: »Gesandtschaft Tiflis und Konsularagent Batumi seitens georgischer Regierung provisorisch

Max Hesse (1870–1947), von Januar bis Oktober 1922 Leiter der deutschen Gesandtschaft in Tiflis

anerkannt.« Haniel telegrafiert am 30. Juni zurück: »Ich ermächtige Sie als provisorischer Vertreter auch für Aserbaidschan Wiedereinsetzung Konsuls Baku zu betreiben.« Hesse schrieb am 14. Juli 1922 über die Situation vor Ort: »In wirtschaftlicher Hinsicht macht Transkaukasien in letzter Zeit entschieden große Fortschritte und dürfte [...] Rußland in dieser Beziehung weit voraus sein.« Handel und Industrie würden sich gut entwickeln. »Erfahrene mit dem Lande und seinen Bewohnern vertraute Leute vermögen durchaus mit Gewinn hier zu arbeiten.« Georgische und aserbaidschanische Persönlichkeiten würden dringend ein Abkommen mit Deutschland analog dem Vertrag von Rapallo wünschen.[174]

Max Hesse wurde am 26. Juli 1922 »zum einstweiligen Vertreter des Reiches in Tiflis bestellt«. Das von Reichskanzler Joseph Wirth als amtierender Reichsminister des Auswärtigen unterzeichnete an das Präsidium des Transkaukasischen Bundesstaates gerichtete Einführungsschreiben hat folgenden

Otto-Günther von Wesendonk (1885–1933), von 1922 bis 1925 Generalkonsul in Tiflis

Wortlaut: »Die Deutsche Regierung hat beschlossen, den Gesandtschaftsrat Hesse als ihren einstweiligen Vertreter in Tiflis zu bestellen. Herr Hesse ist beauftragt, die deutschen Interessen wahrzunehmen und im Namen der Deutschen Regierung alle diplomatischen Verhandlungen zu führen, die zur Erfüllung dieser Aufgabe erforderlich sind. Zu seiner Legitimation ist ihm das gegenwärtige Einführungsschreiben ausgestellt worden. Ich bitte, ihm in allem, was er im Namen oder im Auftrag der Deutschen Regierung vorzubringen berufen sein wird, vollen Glauben beizumessen.«[175]

Max Hesse reiste am 20. Oktober 1922 ab. Theodor Muth führte die Amtsgeschäfte weiter. Joseph Wirth schrieb vier Tage später an Otto-Günther von Wesendonk: »Es ist in Aussicht genommen, die bisherige diplomatische Vertretung des Reichs in Tiflis aufzuheben und durch ein Generalkonsulat zu ersetzen, mit dessen einstweiliger Leitung ich Sie hierdurch beauftrage. Ich ersuche Sie ergebenst, sich sobald irgend möglich zwecks Übernahme der Geschäfte nach Tiflis zu begeben und nach Ihrem Eintreffen Ihre Zulassung und Anerkennung als Generalkonsul bei der dortigen Regierung [...] zu beantragen.« Maltzan telegrafierte Muth am 28. Oktober: »Bitte Georgischer Regierung mitteilen, daß Deutsche Regierung in Hoffnung auf baldige Ausdehnung Rapallovertrages auf Georgien Generalkonsul Legationsrat von Wesendonk als deutschen Vertreter für Tiflis in Aussicht genommen hat.«[176] Den Vertrag über die Ausdehnung des Rapallovertrages unterschrieben Ago von Maltzan für Deutschland sowie Woldemar Aussem als Bevollmächtigter der Sowjetukraine und Nikolai Krestinski als Bevollmächtigter der Sowjetrepubliken von Weißrussland, Georgien, Aserbaidschan, Armenien und der Republik des Fernen Ostens am 5. November im Auswärtigen Amt. Nach einer Note Wirths an Krestinski vom selben Tag habe die Reichsregierung mit Unterzeichnung dieses Vertrages die Regierungen der genannten Sowjetrepubliken de jure anerkannt und sei mit der Aufnahme diplomatischer und konsularischer Beziehungen schon vor der Ratifikation des Vertrages einverstanden.[177] Ebert vollzog am 27. Dezember 1922 die Bestallungsurkunde für Wesendonk als »Generalkonsul des Deutschen Reiches in Tiflis für den Transkaukasischen Bundesstaat (Armenien, Aserbeidschan, Georgien)«. Er übernahm am folgenden Tag in Tiflis die Amtsgeschäfte.[178] Offiziell anerkannt war die transkaukasische föderative Sowjetrepublik nur von Deutschland, Persien und der Türkei. Offiziöse Vertretungen hatten in Tiflis Italien und die Tschechoslowakei. Die Wahlkonsuln anderer Staaten waren nach der Machtübernahme durch die Kommunisten ausgewiesen worden.[179]

Das Ende der georgischen diplomatischen Vertretung in Berlin

Mit dem Abschluss des Vertrages über die Ausdehnung des Rapallovertrages und die damit verbundene rechtliche Anerkennung der Sowjetregierungen von Armenien und Georgien endete die amtliche Funktion ihrer Vertretungen in Berlin. In der vom Auswärtigen Amt herausgegebenen Liste der in Berlin akkreditierten diplomatischen Missionen enthielt die Ausgabe von November 1920 in der Rubrik »Vorläufige diplomatische Vertretungen« neben

Estland und Lettland auch die Missionen von Armenien und Georgien.[180] In der Liste von Oktober 1921 gab es erstmals die Rubrik »Früher zugelassene diplomatische Vertretungen, deren Regierungen die tatsächliche Gewalt nicht mehr ausüben«. Dort waren die Missionen Armeniens, Georgiens und der Ukraine aufgeführt.[181]

Wladimir Achmeteli ersuchte Joseph Wirth am 3. Dezember 1921 darum, ihn und Noe Ramischwili »zu einer kurzen Aussprache gefälligst empfangen zu wollen«. Herbert Hauschild vermutete, die beiden Georgier würden den Status ihrer Vertretung in Berlin erörtern wollen, weil sie in der neuen Diplomatenliste unter der genannten Rubrik aufgeführt sei. Nach seiner Notiz habe die frühere menschewistische, von Deutschland anerkannte georgische Regierung ihren Sitz wegen des Umsturzes außer Landes verlegen müssen und befinde sich nun in Paris. Ihre Berliner Mission wäre trotzdem in der Diplomatenliste weitergeführt worden. »Die Kompetenz der Gesandtschaft muß jedoch mit Rücksicht darauf, daß ihre Regierung die Gewalt nicht mehr ausübt, gewisse Einschränkungen erfahren, die auch äußerlich in die Erscheinung treten. Es würde sonst der berechtigte Vorwurf erhoben werden können, daß das Auswärtige Amt durch Weiterführung der Gesandtschaft in der Diplomatenliste die Öffentlichkeit über die tatsächlichen Verhältnisse im unklaren gehalten habe.« Die in gleicher Lage befindlichen ukrainischen und armenischen Vertretungen hätten sich noch nicht gemeldet. Nach Meinung Hauschilds solle der alten georgischen Gesandtschaft gegenüber Zurückhaltung geübt werden, »um die Schwierigkeiten für Herrn Rauscher und für unsere russische Politik im allgemeinen nicht zu vergrössern«. Deshalb sollten die Georgier nicht vom Reichskanzler empfangen werden, sondern ihre Wünsche dem Staatssekretär vortragen. Am 14. Dezember 1921 brachten sie im Gespräch mit Ernst Haniel im Auftrag ihrer Regierung ihr Befremden über das deutsche Verhalten gegenüber der georgischen Sowjetregierung zum Ausdruck. Diese Regierung werde nur noch von kurzer Dauer sein, »da sie nicht von der Sympathie des georgischen Volkes getragen wird«. Die Beziehungen des deutschen Vertreters in Tiflis zur dortigen Sowjetregierung würden die Beliebtheit Deutschlands beim georgischen Volk mindern. Mit einem eventuell von der georgischen Sowjetregierung nach Berlin geschickten Vertreter solle das Auswärtige Amt nicht in amtlichen Verkehr treten, weil er ein nichtswürdiges Subjekt sei. Der Staatssekretär versuchte die Haltung der deutschen Regierung gegenüber der georgischen Sowjetregierung zu erklären.[182]

In der nächsten Diplomatenliste von April 1922 wurden die drei Vertretungen wieder in derselben Rubrik aufgeführt.[183] Herbert Hauschild plädierte am 13. September für eine vollständige Streichung der Missionen aus der Liste mit dem Hinweis, die Transkaukasische Föderative Sowjetrepublik wäre faktisch schon anerkannt worden ebenso wie die Sowjetukraine. Protokollchef Ferdinand von Gülich verfügte am 20. September, dass die armenische, georgische und ukrainische Mission in der neuen Diplomatenliste nicht mehr aufgeführt werden.[184] Ihren amtlichen Status verloren die Vertretungen durch den Vertrag vom 5. November 1922. Ago von Maltzan hatte Wladimir Achmeteli Tags zuvor schriftlich informiert und hinzugefügt: »Ich lege ganz besonderen Wert darauf, Euere Exzellenz von dieser Neuregelung persönlich in Kenntnis zu setzen, bevor Sie die Mitteilung auf anderem Wege erlangen. Ich hoffe, daß, wenn nun auch unsere amtlichen Beziehungen ein Ende gefunden haben, unser persönliches Verhältnis in keiner Weise hiervon berührt werden wird. Unsererseits wird jedenfalls alles geschehen, um Ihnen die Übergangszeit zu erleichtern und Ihnen den ferneren Aufenthalt in Deutschland so angenehm, wie es unter den gegebenen Verhältnissen möglich ist, zu gestalten.« Drei Tage später sprach Achmeteli mit Maltzan über »die durch die Ausdehnung des Rapallo-Vertrages geschaffene Lage« und wies darauf hin, »daß er den Vertrag vom 5. November als eine Anerkennung der Okkupation Georgiens durch die Sowjets betrachte«. Für die Zeit bis zur Wiederkehr der durch ihn vertretenen Kreise an die Macht bitte er um Unterstützung darin, »die Geschäfte abzuwickeln und für die Interessen der zahlreichen hier lebenden nicht bolschewistischen Georgier [...] zu sorgen«. Außerdem fungiere er noch als offizieller Vertreter für andere Staaten und bitte darum, ihm eine halbamtliche Stellung zu ermöglichen. Maltzan dankte für das Vertrauen, eine halbamtliche Stellung sei aber nicht möglich.[185]

Ago von Maltzan sprach am 10. November 1922 mit den sozialdemokratischen Reichstagsabgeordneten Otto Wels und Rudolf Breitscheid über das künftige Verhältnis zu Wladimir Achmeteli und den hiesigen Georgiern. Er informierte über seinen Brief an ihn vom 4. November 1922. Die Wohnungsfrage wäre nicht schwierig, weil Achmetelis Wohnung auf seinen Namen »und nicht auf den Namen der Georgischen Regierung gemietet sei«. Eine Aufenthaltserlaubnis würden die Behörden auf Wunsch des Auswärtigen Amtes nicht ablehnen. Für Passangelegenheiten wäre ähnlich wie bei Russen und Ukrainern das Reichsministerium des Innern zuständig. Achmeteli dürfe keine amtlichen Urkunden mit Wirkung für das Deutsche Reich mehr ausstellen, die Behörden würden aber gern seinen sachverständigen Rat und Auskünfte über seine Landsleute in Berlin einholen. Die beiden Parlamentarier waren zufrieden. »Herr Wels teilte [...] mit, daß die internationale Sozialdemokratie nach wie vor auf dem Standpunkt stehe, daß die ehemalige Georgische Regierung durch die Sowjets widerrechtlich gestürzt worden sei und daß die internationalen Sozialdemokraten [...] für die Rechte der vertriebenen Georgischen Regierung eintreten würden.« Maltzan ließ seine Aufzeichnung über das Gespräch dem Reichskanzler und dem Reichspräsidenten vorlegen.[186]

Friedrich Ebert empfing am 9. April 1923 Nikolai Krestinski zur Entgegennahme von dessen Beglaubigungsschreiben als bevollmächtigter Vertreter der Sozialistischen Sowjetrepublik Weißrussland und des Bundes der Sozialistischen Sowjetrepubliken Transkaukasiens. In der dazu im Auswärtigen Amt gefertigten Notiz für die Unterhaltung des Reichspräsidenten mit dem Botschafter steht, Transkaukasien sei »wegen seiner landschaftlichen Vorzüge und seiner Naturreichtümer (Petroleum) ein besonders wertvolles Mitglied der Sowjet-Föderation«. Neben dem wirtschaftlichen Interesse hoffe Deutschland, »daß das reichgesegnete Grenzland auch als Brücke für den friedlichen Verkehr zwischen Europa und Asien dienen möge«.[187] Wladimir Achmeteli schrieb am 21. April 1923 an Reichsaußenminister Frederic von Rosenberg: »Am 5. November vorigen Jahres hat die Deutsche Regierung den sogenannten Rapallovertrag auch auf Georgien ausgedehnt. Damit hat die Deutsche Regierung, die als erste der Regierungen der europäischen Großstaaten die nationale Regierung Georgiens anerkannt hatte, als erste diese Anerkennung rückgängig gemacht und damit auch die Eroberung Georgiens durch fremde

Truppen in gewissem Sinne als zu Recht anerkannt.« Er wolle daran keine Kritik üben, befürchte aber, »daß das georgische Volk in der Anerkennung Sowjetgeorgiens einen gegen seine Unabhängigkeit gerichteten Schritt erblicken wird. Das georgische Volk bewahrt der von ihm erwählten nationalen Regierung die Treue und setzt seinen Kampf für die Befreiung Georgiens von fremder Militärgewalt fort. Nicht zum erstenmal ist Georgien von fremden Truppen erobert worden. Aber jedesmal ist es dem georgischen Volke gelungen, seine Unabhängigkeit wieder herzustellen. Und auch diesmal wird Georgien wieder frei werden.« Das sei »die feste Überzeugung aller aufrichtig demokratisch gesinnten Elemente, d.h. der übergroßen Mehrheit des heute unterdrückten georgischen Volkes. Euere Exzellenz werden begreifen, daß unter diesen Umständen meine Regierung sich veranlaßt sieht, gegen die Anerkennung der heutigen Machtverhältnisse in Georgien aufs neue formelle Rechtsverwahrung einzulegen.«[188] Beantwortet wurde das Schreiben offenbar nicht. Mit ihm endet der Aktenbestand zu den politischen Beziehungen Georgiens zu Deutschland. Im Sowjetreich lief die Zentralisierung weiter auf Hochtouren.

Am 30. Dezember 1922 hatten Vertreter der Russischen Sozialistischen Föderativen Sowjetrepublik, der Ukrainischen Sozialistischen Sowjetrepublik, der Weißrussischen Sozialistischen Sowjetrepublik und der Transkaukasischen Sozialistischen Föderativen Sowjetrepublik in Moskau den Vertrag über die Bildung der Union der Sozialistischen Sowjetrepubliken (UdSSR) geschlossen.[189] Der Vertrag trat am 6. Juli 1923 in Kraft. Er bestimmte analog der Regierung Sowjetrusslands einen Rat der Volkskommissare als Regierung der Sowjetunion, dem die alleinige Vertretung der Union im internationalen Verkehr zustand. Die Führungsposten der Sowjetunion wurden – ebenfalls analog Sowjetrusslands – mit Michail Iwanowitsch Kalinin als Staatsoberhaupt und Lenin als Regierungschef besetzt. Erster sowjetischer Volkskommissar für auswärtige Angelegenheiten wurde der bisherige sowjetrussische Außenminister Georgij Tschitscherin, der die in Moskau akkreditierten Chefs der ausländischen Missionen mit Noten vom 21. und 23. Juli über die staatlichen Veränderungen informierte. Der deutsche Geschäftsträger Otto von Radowitz ließ die Noten dem Auswärtigen Amt zukommen. Außenminister

Frederic von Rosenberg telegrafierte am 27. Juli an die Botschaft: »Bitte Tschitscherin Dank für Mitteilung sowie Glückwünsche deutscher Regierung zu staatsrechtlicher Konsolidierung Sowjetbundes übermitteln«. Die deutsche Regierung werde aufrichtig bestrebt sein, »unsere freundschaftlichen Beziehungen zu Gesamtföderation zu festigen und auszubauen«. Radowitz übermittelte Tschitscherin am 29. Juli die deutschen Glückwünsche. Krestinski übergab Ebert am 18. August 1923 das Beglaubigungsschreiben als Botschafter der UdSSR und sagte dem Reichspräsidenten, seine neue Funktion werde »den Prozeß der wirtschaftlichen, kulturellen und politischen Annäherung zwischen Deutschland und den auf dem Territorium des früheren Russischen Kaiserreiches entstandenen Sowjet-Republiken zweifellos erleichtern und beschleunigen«.[190] Der Terror der Geheimpolizei in den kaukasischen Sowjetrepubliken belastete aber die Beziehungen zu Deutschland, weil davon auch dessen amtliche Missionen betroffen waren.

Die innere Entwicklung in Georgien und die Aufstände von 1924

Die Leitung der Auswärtigen Angelegenheiten der Transkaukasischen Föderation hatte am 17. Januar 1923 Mirza Dawud Husseinow übernommen. Nach dem an ihn gerichteten, am 28. Februar 1923 von Frederic von Rosenberg unterzeichneten Einführungsschreiben wurde Otto-Günther von Wesendonk mit der Wahrnehmung der diplomatischen Beziehungen zur Transkaukasischen Sozialistischen Föderativen Sowjetrepublik auf Grundlage des Vertrages vom 5. November 1922 beauftragt. Der Generalkonsul übergab das Dokument dem Außenvolkskommissar am 10. April und wurde am 31. März auch von Regierungschef Mamia Orachelaschwili empfangen. Am 7. Juni erhielt er das Exequatur als Generalkonsul mit der Bestätigung der Unantastbarkeit seiner Person und Wohnung.[191] Er berichtete oft von Umtrieben der Geheimpolizei auch gegen die Mission. Der sowjetrussische Rat der Volkskommissare hatte Ende 1917 die Bildung einer Sonderkommission zur Unterdrückung der Sabotage an der Revolution beschlossen. »Tscheka«, die Abkürzung ihres Namens, wurde zum Synonym für den Terror gegen die

Bevölkerung nicht nur in Russland, sondern auch in den eroberten Gebieten. Sie war neben der Roten Armee und wirtschaftlichen Verbänden das Hauptinstrument kommunistischer Herrschaft in Transkaukasien.

Otto-Günther von Wesendonk schrieb in seinem Bericht vom 3. Januar 1923 vom Ziel der fremden Herren, »den nationalen Willen der Georgier zu brechen. [...] Die Organe der Moskauer Bolschewisten richten ihr Bestreben darauf, das kaukasische Eigenleben möglichst zu zerstören. [...] Schon jetzt setzen die Russen alle Hebel in Bewegung, um die Transkaukasier an sich zu fesseln. Drei mächtige Organisationen stehen den Russen dafür zur Verfügung, die Rote Armee, die Tscheka und die mehr oder weniger staatlichen Anstrich tragenden wirtschaftlichen Verbände.« Das Militär mache einen tadellosen Eindruck. »Diese Rote Armee ist eine Waffe, die im Innern keinen Widerstand aufkommen läßt und auch jedem äußeren Gegner einen Anschlag schwer machen würde.« Die Geheimpolizei wäre undurchsichtig, weil dort russische, transkaukasische, georgische, armenische und aserbaidschanische Strukturen nebeneinander bestehen würden. »Die Befugnisse dieser Institutionen sind nirgends fest abgegrenzt.« Auf wirtschaftlichem Gebiet würden die dort existierenden Organisationen viel Chaos verursachen.[192]

Der deutsche Vertreter berichtete in der folgenden Zeit von zunehmendem Terror der Geheimpolizei, besonders nach dem Tod eines Kommissars im Bezirk von Gori im Zusammenhang mit Maßnahmen gegen die Bauern. Nach seiner Meinung würde die Angst vor der Gegenrevolution die Bolschewisten in Transkaukasien beherrschen. Die verschiedenen Völker könne zwar die Dominanz der fremden Macht erleichtern, aber mehrere kulturell hochstehende Nationen auf kleinem Territorium würden auch Schwierigkeiten verursachen. »Die Völker des Kaukasus zeichnen sich jedenfalls durch ihren Drang nach Unabhängigkeit aus. [...] Ganz sicher haben sich die Russen in Transkaukasien nie gefühlt. Sie empfanden immer, daß sie auf fremden Boden standen und nur der militärischen Macht die Fortdauer ihrer Herrschaft verdankten.« Das würden auch die neuen Herren wissen. »Die Bolschewisten werden als Eindringlinge empfunden, und das georgische Volk hat im Laufe seines bewegten Daseins so viele Stürme durchgemacht, daß es glaubt, auch die bolschewistische Drangsalierung überstehen zu können.«

Dem Lande habe der Kommunismus in jeder Hinsicht nur Elend gebracht. Der von der Exilregierung in Paris propagierte militärische Widerstand wäre allerdings kontraproduktiv. »Die jüngsten Attentate und Aufstände haben zu blutigen Gegenmaßregeln geführt.« Erschossen worden wären 92 Personen, deren Namen in der Presse veröffentlicht wurden, sowie 35 weitere Menschen. »Gleichzeitig kündigt die Tscheka an, daß für jeden Bolschewisten, der durch gegenrevolutionäre Machenschaften den Tod findet, zehn Geiseln erschossen werden.« Diese Institution mit ihren Methoden der Schnüffelei, Grausamkeit und Quälerei sei »eine Schande für den Sowjetstaat«. Das System blutiger Gewalt zerstöre auch jede Aussicht auf wirtschaftliche Entfaltung. Für Deutschland wäre es wünschenswert, »daß Rußland die Kinderkrankheiten der Revolution und des Extremismus im Kaukasus rasch überwindet und in Transkaukasien ein vernünftiges und möglichst gutes Verhältnis zu den einheimischen Völkern herstellt. Dazu besteht jedoch im Augenblick kaum der Schimmer einer Hoffnung.«[193]

In seinem Bericht vom 21. Mai 1923 betonte Wesendonk, dass die Tscheka ihre Daseinsberechtigung immer wieder durch sensationelle Enthüllungen beweisen müsse. Sie sei die wahre Macht im Lande. »Gegen diese unverantwortliche, im Dunkeln wirkende Behörde vermag kein Kommissar etwas auszurichten.« Täglich würden die Verhafteten in langen Zügen durch die Straßen von Tiflis geführt, darunter wären viele Angehörige der höheren Schichten. »Der Terror [...] sucht sich zu rechtfertigen, in dem er auf die umstürzlerischen Machenschaften der Opfer und ihrer Verbindungen mit dem Ausland hinweist.« Der Freiheitssinn des Volkes werde dadurch nicht gebrochen. Zehn Tage später informierte der Generalkonsul von einer Verschärfung des Terrors. Dessen Seele wäre Sergo Ordshonikidse. Er habe Grundbesitz und Adel verfolgt. Allerdings bestehe auch eine starke, von Paris aus genährte Gegnerschaft gegen das bolschewistische System. Bei dem leicht erregbaren Charakter des georgischen Volkes dürfe »man sich über Aufstandspläne nicht wundern. Die Bedrückung ist eben auch sehr groß, und es fehlt den Bolschewisten völlig an der Gabe, sich in Transkaukasien andere Anhänger als extreme Fanatiker vom Schlage Ordshonikidses zu schaffen.«[194] Nach Wesendonks Analyse vom 8. Februar 1924 werde das Sowjetsystem in

Transkaukasien als Fremdherrschaft empfunden. »Der Sowjetbund bedeutet für die Transkaukasier das Wiederaufleben des russischen Reiches. Der kurze Traum der Unabhängigkeit ist vorüber.« Der Generalkonsul resümierte aber: »Transkaukasien, wo sich auch vor dem Kriege die Russen hauptsächlich auf ihre Bajonette stützten, bleibt ein durchaus unsicherer Besitz.«[195]

Ein halbes Jahr später erregten schwere Unruhen in Georgien weltweite Aufmerksamkeit. »Am 28. August 1924 brach der Aufstand in der Kleinstadt Tschiatura aus und griff in wenigen Tagen auf fünf der 25 georgischen Distrikte über. [...] Mit einer Übermacht, die auf Artillerie und Flugzeuge zurückgreifen konnte, wurde der Aufstand in einer Woche niedergeschlagen.« Dabei fielen nach heutiger Erkenntnis der Geheimpolizei 12.572 Menschen zum Opfer.[196] Die deutsche Staatsführung erhielt Informationen über die Unruhen von ihrer Vertretung vor Ort. Das Generalkonsulat in Tiflis leitete damals Vizekonsul Walther Schroeder. Nach seinen Mitteilungen sei das Zentrum der Bewegung in Westgeorgien gewesen. Den Aufstand habe das Paritätenkomitee organisiert, das aus Vertretern aller georgischen Parteien außer den Kommunisten bestand. Niedergeschlagen worden sei er durch die Tscheka deshalb sehr schnell, weil ihre Agenten bis in die innersten Kreise des Komitees eingedrungen wären. So habe der Aufstand in den Städten im Keim erstickt werden können. Auf dem Land sei ein Teil der Bevölkerung an der Bewegung beteiligt gewesen, während sich die nichtkommunistische Arbeiterschaft in den Städten neutral verhalten habe. Die bürgerlichen Schichten hätten nichts getan. Im Resümee schrieb Schroeder: »Die Möglichkeit der Wiederholung eines Aufstandes in absehbarer Zukunft kann ich unter den gegebenen Verhältnissen nicht sehen. [...] Bei der Zähigkeit und nationalen Gesinnung der Georgier, die während einer hundertjährigen Fremdherrschaft den Traum der georgischen Selbständigkeit nicht aufgegeben haben, ist allerdings nicht damit zu rechnen, daß diese Idee nunmehr endgültig zu Grabe getragen ist.« Er hatte Listen der von der Tscheka erschossenen Aufständischen beigefügt. Nach privaten Informationen und eigenen Beobachtungen wäre es in Tiflis während des Aufstandes zwar »zu nächtlichen Schießereien, aber zu keinen wirklichen Kampfhandlungen gekommen«. Die Regierung habe jedoch mit einer ernstlichen Gefahr für die Stadt gerechnet und den Kriegszustand verhängt. Die Kommunistische Partei Georgiens und die Tscheka hätten eng zusammengearbeitet. »Das sichtbarste Zeichen der geänderten Sachlage war die Bewaffnung des Proletariats. Alle Kommunisten [...] waren mobilisiert. Tagsüber gingen sie wohl noch ihrer gewöhnlichen Beschäftigung nach; gegen Abend meldeten sie sich jedoch im Zentralkomitee der Partei, wo sie die Befehle empfingen. In Trupps durchzogen sie in der Dunkelheit die Straßen und übernahmen neben der Miliz die Bewachung der Regierungsgebäude, Brücken und Straßenübergänge oder begleiteten die Gefangenentransporte.« Nachts wären die Zugänge zur Stadt bewacht gewesen. »Auf den Anhöhen um die Stadt standen Kanonen und Militär. Auch Aeroplane waren in den Dienst gestellt. Die Regierungs- und Parteigebäude [...] waren auch tagsüber mit Militär oder Bewaffneten besetzt. [...] Die Verhaftungen fanden in der Regel nachts statt. In Tiflis sollen etwa 2000 Personen verhaftet und 600 erschossen worden sein.« Armenien und Aserbaidschan wären vom Aufstand nicht erfasst worden.[197] In zwei Wochen später notierten Bemerkungen Schroeders steht: »Der schnelle Zusammenbruch des Aufstands ist ohne Frage vor allem der Wachsamkeit der Tscheka zuzuschreiben. Der Plan muß ihr genau bekannt gewesen sein; sie hat bis zum letzten Augenblick gewartet und dann zugegriffen. Wie in Batumi ist auch in Tiflis das Paritätenkomitee ein oder zwei Tage vor dem Ausbruch der Bewegung verhaftet worden.« Die Zahl der nach dem Aufstand erschossenen Menschen werde auf mehrere Hundert geschätzt. An den Gefängnissen seien Listen der Erschossenen angeschlagen worden. »Über die Art der Hinrichtung werden entsetzliche Einzelheiten berichtet. [...] Unter den Erschossenen befinden sich auch Priester, so der Metropolit von Kutais und zwei andere dortige Geistliche. [...] Noch jetzt sitzen Hunderte, wenn nicht Tausende in den Gefängnissen, besonders aus den Kreisen der Intelligenz.«[198] Die Leitung der Abteilung IV des Auswärtigen Amtes hielt die Berichterstattung aus Georgien für so wichtig, dass sie die Informationen Schroeders dem Büro des Reichpräsidenten zukommen ließ.

Nach Wesendonks Analyse zum Aufstand wären die Bolschewiki bei Errichtung ihrer Herrschaft in Georgien höchst ungeschickt gewesen. Missstimmung habe es nicht nur in den vom Umsturz benachteiligten Kreisen, sondern auch in der Bauernschaft gegeben. »Die überstürzten Neuerungen, die auf allen Gebieten durchgeführt wurden, ließen das georgische Volk die Fremdherrschaft besonders drückend empfinden. Dabei macht es nichts aus, daß einzelne georgische Kommunisten sich in den Dienst der Sowjets stellten, und dabei als besondere Fanaktiker auftraten.« Alle von bolschewistischer Seite getroffenen Maßnahmen wären als solche einer feindlichen fremden Macht empfunden worden mit dem Ziel, die nationale Eigenart Georgiens zu vernichten. Das gelte besonders für die antireligiöse Propaganda. »Durch die Verfolgung der georgischen nationalen Kirche haben die Bolschewisten sehr viel böses Blut geschaffen.« Der Generalkonsul sah trotz der großen Brutalität bei der Niederschlagung des Aufstands eine leichte Entspannung der Lage. Das bestätigte sich auch im Prozess gegen 47 Angeklagte des Paritätenkomitees im Sommer 1925. Vier Todesurteile wurden in Haftstrafen umgewandelt, einigen wurden die Strafen erlassen. Schroeder erklärte dies mit »dem Wunsche der Sowjets, die georgische Intelligenz für sich zu gewinnen. Man rechnet auch allgemein damit, daß die Verurteilten über kurz oder lang weiter begnadigt werden. Die Freigelassenen sind vor dem Gerichtsgebäude von einer großen Menschenmenge mit offener Sympathiebezeugung begrüßt und von ihren Angehörigen in Empfang genommen worden.«[199]

Otto-Günther von Wesendonk hatte Tiflis im Mai 1925 verlassen. Die Mission leitete Walther Schroeder bis zum Dienstantritt des neuen Generalkonsuls Curt Prüfer im Februar 1926. Er amtierte bis November 1927. In diese Zeit fällt die Schließung der anderen deutschen konsularischen Vertretungen in Transkaukasien nach massiven Repressionen durch die Geheimpolizei.

Das Ende der deutschen konsularischen Missionen in Baku, Batumi und Poti

Die Geschäfte der Agentur in Baku besorgte der kaufmännische Sachverständige Theophil Eck. Konsularagenten in Batumi waren der Kaufmann Carl Cornehlsen und in Poti der Schifffahrtsagent Alexander Schmitz. Alle drei wurden am 13. Dezember 1925 an ihren Dienstorten unter Anschuldigung der Spionage verhaftet und später in die Moskauer Zentrale der Tscheka, die sogenannte Lubjanka gebracht. Gesandtschaftsrat Carl Dienstmann von der Botschaft notierte in einem Bericht vom 6. Januar 1926 nach Besprechungen mit Ortskundigen und Durchsicht der Archivalien einige Eindrücke über die deutschen konsularischen Vertretungen in Transkaukasien. Kritisch ist darin angemerkt, dass die Inhaftierten ihre Amtsräume wegen ihrer konsularischen Tätigkeit als sicher vor staatlichen Zugriffen gewähnt hätten. »Dies mußte bei den Behörden den Anschein erwecken, daß in den Konsulatsräumen Ungesetzliches vorging und das verhältnismäßig rasche pekuniäre Vorwärtskommen der Verhafteten lieferte einer kommunistischen Einstellung auch den Beweis dafür, daß hier etwas nicht in Ordnung war.« Die Verhaftungen am selben Tag wären aber kein Zufall. Die Aktion sei seit Langem vorbereitet gewesen. Nach seinem Resümee könne nur durch Presse und politischen Druck der Geheimpolizei in dieser Sache Einhalt geboten werden. Ähnlich argumentierte Otto-Günther von Wesendonk in seinem Bericht vom 9. Januar 1926. Er schrieb zum Vorgehen gegen die Missionen in Baku, Batumi und Poti: »Den Bolschewisten liegt daran, dem Tifliser Generalkonsulat diese wertvollen Informationsquellen endgültig zu verstopfen und auch andere Deutsche davon abzuhalten das Generalkonsulat mit Nachrichten zu versehen.« Die Existenz fremder konsularischer Vertretungen im Kaukasus sei den Bolschewisten ein Dorn im Auge. »Sie versuchen sich mit der ihnen unbequemen Anwesenheit von privilegierten Aufpassern abzufinden, in dem sie die amtlichen Vertreter möglichst von jeder Verbindung im Lande abschneiden.« Die vorgebrachten Beschuldigungen seien aus der Luft gegriffen. »In den Augen der Sowjetbehörden ist [...] jegliche wahrheitsgetreue und kritische Äußerung über die Zustände bei ihnen eine Spionagetätigkeit. [...] Besonders empfindlich sind die Bolschewisten anscheinend im Kaukasus, wo sie immer englische oder türkische Intrigen wittern.« Für eine Behandlung der Angelegenheit in der Presse sei es schon zu spät. »Praktisch sollte man versuchen, eine Abschiebung der Inhaftierten zu erreichen.« Er empfahl die Schließung der Vertretung in Poti und die Umwandlung der Missionen in Batumi und Baku in Berufsvizekonsulate, die dem Generalkonsulat in Tiflis zugeordnet werden sollten.[200]

Botschafter Ulrich Brockdorff-Rantzau durfte Theophil Eck am 15. Februar 1926 in der Lubjanka sprechen. Botschaftsrat Siegfried Hey besuchte Carl Cornehlsen und Alexander Schmitz dort im April. Erörterungen der den Beschuldigten zur Last gelegten Straftat erlaubte der dabei anwesende Untersuchungsrichter nicht.[201] Der Botschafter kämpfte für ihren Austausch gegen in Deutschland inhaftierte Sowjetbürger. Damit wollte er die den Konsularagenten drohende Todesstrafe abwenden. Das Reichskabinett stimmte dem zu. Theophil Eck, Carl Cornehlsen und Alexander Schmitz verließen Moskau am 16. September 1926. Sie wurden vom Auswärtigen Amt für die erlittenen Unbilden mit Zahlungen in Höhe von 20.000, 18.000 und 16.000 Reichsmark abgefunden. Die Schließung des Konsulats in Baku war am 24. August 1926 amtlich mitgeteilt worden. Für seinen Amtsbezirk sei nun das Generalkonsulat in Tiflis zuständig. Die Tätigkeit der Konsularagenten in Batumi und Poti habe aufgehört.[202]

Die Vertretung in Tiflis zwischen Kommunismus und Nationalsozialismus

Die zweite Hälfte der 1920er Jahre waren in der Sowjetunion geprägt durch den Ausbau der Diktatur des seit 1922 amtierenden Parteichefs Josef Stalin. Paul Scheffler, der Moskauer Korrespondent des Berliner Tageblatts, hielt ihn in einem Artikel vom 2. Juli 1926 für den Mächtigsten im Land. Besonders die von ihm betriebene Politik der Zwangskollektivierung der Landwirtschaft hatte verheerende Folgen. In der Ukraine fielen ihr bei der Hungerkatastrophe 1932/33 viele Millionen Menschen zum Opfer, in Kaukasien gab es Widerstand dagegen in der Bevölkerung.

Nach Schließung der deutschen konsularischen Missionen in Baku, Batumi und Poti umfasste der Amtsbezirk des Generalkonsulats in Tiflis die gesamte Transkaukasische Sozialistische Föderative Sowjetrepublik. Erich Benndorf leitete die Mission von Mai 1928 bis August 1929. Ihm folgte Hans von Saucken. Er berichtete oft von schweren durch die Zwangskollektivierung ausgelösten Unruhen in Kaukasien ebenso wie über die Verfolgung der georgischen Intelligenz durch die Geheimpolizei. Dennoch resümierte er in seinem Rapport vom 8. April 1931: »Fraglos hat zur Zeit Haß und Empörung die gesamte Bevölkerung Transkaukasiens in weit höherem Maße gegen die Regierung ergriffen, als es im Aufstandsjahre 1924 der Fall war. Gleichwohl glaube ich, daß es hier weder eine Organisation noch geeignete Führernaturen gibt, die sich an die Spitze einer Empörungsbewegung stellen könnten.«[203] Sein Nachfolger Carl Dienstmann analysierte in seinem Politischen Jahresbericht für 1931 die unterschiedliche Wirkung der Ideologie auf die transkaukasischen Völker. Die georgische Mentalität habe sich dem System angepasst, aber Fanatismus und Hingabe seien selten. Das armenische würde »so viele überzeugte, leidenschaftliche und fanatische Vertreter des Bolschewismus« stellen wie kein anderes südliches Volk. Das aserbaidschanische Volk wäre das größte Problem, weil es aus seiner muslimischen Gedankenwelt heraus neuen Ideen misstraue und passive Resistenz entgegensetze. »Die politische Arbeit in Aserbaidschan [...] gilt als die schwierigste der Partei.« Dennoch sei die kommunistische Herrschaft stabil, auch wegen der üblichen Spannungen zwischen den Nationalitäten im Kaukasus. Deshalb wäre ein »Zusammengehen der unter sich feindlichen Brüder gegen Moskau« unwahrscheinlich. Ähnlich äußerte sich der Generalkonsul auch in seinem nächsten Jahresbericht. Am 12. März 1932 war das zehnjährige Bestehen der transkaukasischen Föderation groß gefeiert worden. Nach Meinung Dienstmanns würden die Nationalitätenprobleme aber fortbestehen. »Moskau hat alles versucht, um diesem Übel abzuhelfen und eine für die feindlichen Brüder annehmbare Lösung zu finden. [...] Nichts hat geholfen.« Schließlich habe Stalin selbst eingegriffen und seinen Landsmann und Günstling Lawrentij Berija zum Parteichef gemacht. Er wäre der persönliche Stellvertreter des Diktators für Transkaukasien.[204] Im Jahr darauf erhielt auch Deutschland ein diktatorisches System.

Am 30. Januar 1933 wurde mit Adolf Hitler der Führer der Nationalsozialistischen Deutschen Arbeiterpartei (NSDAP) Reichskanzler. Deren Programm forderte unter anderem die Aufhebung des Vertrages von Versailles. Staatssekretär Bernhard von Bülow ersuchte deshalb die Missionschefs im Ausland wegen des Politikwechsels beruhigend auf ihre Gastregierungen einzuwirken. Reichsaußenminister Konstantin von Neurath sei im Amt geblieben.[205] Das Verhältnis zur Sowjetunion verschlechterte sich zunächst nicht. Wladimir Achmeteli hatte auch nach dem Ende seiner amtlichen Funktion die georgischen Interessen weiter vertreten. Der antikommunistische Kurs der neuen deutschen Regierung veranlasste ihn zur Kontaktaufnahme zum Regime. In einem Neurath am 14. Juli 1933 übersandten Memorandum schilderte Achmeteli seine Tätigkeit und das Schicksal seiner Heimat und meinte, Deutschland und Georgien wären »vereinigt in dem gemeinsamen großen Ziel, den gefährlichsten Feind jeder Kultur zu vernichten!« Nach der Vernichtung des Bolschewismus im Deutschen Reich könne die Frage der Beseitigung im Lande seiner Herrschaft selbst auftauchen. Dann würden die georgischen, kaukasischen, ukrainischen und andere Fragen für Deutschland wieder aktuell und die Wiederherstellung der Unabhängigkeit dieser Länder durch deutsche Hilfe möglich werden. »Das ist unsere politische Perspektive, unsere Hoffnung, und deshalb möchte ich Euere Exzellenz bitten, diesen Umstand in Betracht zu ziehen und auch uns als aufrichtige und bewußte Kampfgenossen und Mitarbeiter anzusehen, in jedem Moment, der zum Zusammenwirken als geeignet erscheinen wird, denn unsere Interessen sind ebenso gemeinsam wie das Schicksal aller von Rußland unterdrückten Völker von denen der zentraleuropäischen Völker [...] untrennbar.« Der Minister ließ den Eingang des Schreibens kommentarlos bestätigen.

Im Jahr darauf wurde in Berlin die erste Ausgabe der Zeitschrift *Klde/Der Fels* von der Organisation der Georgischen Nationalisten in Deutschland e.V. herausgegeben. Sie erschien zunächst nur in georgischer Sprache, später mehrsprachig. Wladimir Achmeteli veröffentlichte in ihrer November/Dezember-Ausgabe 1935 ein Grußwort zum 15. Jahrestag der rechtlichen Anerkennung Georgiens durch Deutschland. In Tiflis wurde hingegen der 15. Jahrestag der Eroberung mit einer Festsitzung von Partei und Behörden in der Oper am 24. Februar 1936 und einer Parade am Tag darauf begangen. Aus Moskau war Verteidigungsvolkskommissar Kliment Woroschilow angereist. Das georgische Zentralexekutivkomitee hatte zu den Veranstaltungen auch das Konsularische Corps geladen. Oberinspektor Heinrich Wilcke vertrat den deutschen Konsul. Nach seinen Notizen wäre die Festsitzung von Filip

Macharadse in georgischer Sprache eröffnet worden. Dann habe Woroschilow Grüße der KPR und der Sowjetregierung ausgerichtet und Macharadse den Leninorden übergeben. »Nach der Überreichung des Ordens und der Verleihungsurkunde haben sich Woroschilow und Macharadse abgeküsst.« Danach habe es weitere Ansprachen gegeben. »Die Reden hatten fast alle ein und denselben Inhalt.« Sie hätten sich mit den Errungenschaften der letzten fünfzehn Jahre, der Unterdrückung des Volkes im Zarismus, der deutschen Okkupation und der Zeit des Menschewismus befasst.[206] In Deutschland gedachte der in der kaukasischen Diaspora aktive aserbaidschanische Literat Hilal Munschi des Jubiläums in der Saarbrücker Landeszeitung vom 5. März 1936 mit dem Artikel *Der Leidensweg eines Volkes – Georgien 15 Jahre unter der Herrschaft Moskaus.* Im Resümee steht: »Georgien und Moskau! Hinter diesen Worten steht die bolschewistische Wortbrüchigkeit, die Unzuverlässigkeit der Moskauer Regierung, die Verlogenheit der Sowjet-Diplomatie und die Nichtachtung der von ihm selbst unterzeichneten Verträge durch die Sowjetregierung.«

Mitte der 1930er Jahre informierten die deutschen amtlichen Vertretungen zunehmend über den Terror in der Sowjetunion. Carl Dienstmann schilderte in seinem Politischen Jahresbericht für 1935 die Verschärfung der Diktatur. »Alle Vorrechte der transkaukasischen Völker, die im Vergleich zur Lage der anderen Völker der Union bisher unleugbar waren, haben gegenüber der von Moskau anbefohlenen Terrorwelle nicht standhalten können. Der vielleicht noch nie so fühlbare Wille Moskaus hat sich mit ungeheuerer Energie auch hier durchgesetzt. Das Land ist in einen Strudel von Verhaftungen, Strafverfolgungen, Exekutionen, Verschickungen und Massendeportationen, von Kirchenverfolgungen und Kirchenschließungen, von Zwangskollektivierungen und Steuerbedrückungen [...] hineingerissen worden, ohne daß vorläufig abzusehen ist, wann mit diesen Maßnahmen ein Ende gemacht werden soll.« Die nationalen Gegensätze zwischen den Völkern Transkaukasiens hätten sich verstärkt und der Hass gegen das Russentum würde wieder zu Tage treten. »Der Russe hat im Urteil der hiesigen Nationalitäten seine alte Rolle des Unterdrückers freier Nationen und des Henkers aller Fremdvölker wieder gewonnen. Er ist der chauvinistische, keine nationalen Regungen anderer kennende Herrenmensch wie vor 100 Jahren.«[207] Der Festigung der Herrschaft Moskaus diente die neue Verfassung. Mit ihr wurde die transkaukasische Föderation beseitigt.

Die transkaukasischen Republiken in der Unionsverfassung von 1936

Graf Friedrich-Werner von der Schulenburg war seit 1934 Botschafter in Moskau. Er berichtete ausführlich über die großen staatlichen Veränderungen in der Sowjetunion. Am 7. Februar 1935 wurde unter Leitung Stalins eine Kommission zur Änderung der Verfassung eingesetzt. Carl Dienstmann schrieb in seinem Politischen Jahresbericht für 1935 von Moskauer Bestrebungen, »auf wichtigen Gebieten eine Zentralisierung des Verwaltungsapparates vorzunehmen und alte Vorrechte der Republiken und der Föderation zu beseitigen«. Weiter berichtete er von Befürchtungen, »daß Moskau auf dem Wege der Beseitigung nationaler Vorrechte und der Zusammenfassung aller wichtigen Funktionen in seiner Hand energisch und zielbewußt fortschreiten werde«. Die Föderation könne auch ganz beseitigt werden.[208]

Die Kommission legte am 11. Juni 1936 den Entwurf der Verfassung vor. Danach war die Union gemäß Artikel 13 ein Bundesstaat auf der Basis der freiwilligen Vereinigung gleichberechtigter sozialistischer Sowjetrepubliken. Die damit verbundene Auflösung der transkaukasischen Föderation und die Erhebung von Armenien und Aserbaidschan zu gleichberechtigten Bundesrepubliken sowie »die Entthronung der Stadt Tiflis als Hauptstadt der [...] Föderation« war nach Meinung des Botschafters ein fühlbarer »Dämpfer für die Ambitionen der Georgier auf die Führerrolle unter den kaukasischen Völkerschaften. Dem sowjettreuen Lieblingskind Armenien wird durch die Verselbständigung ein Leckerbissen zugeworfen, der nichts kostet, während Aserbaidschan mit seinem für die Existenz der Sowjetunion entscheidenden Besitz an Ölschätzen noch unmittelbarer an Moskau herangerückt wird.«[209] Die neue Verfassung wurde auf dem VIII. Außerordentlichen Unions-Sowjetkongress am 5. Dezember 1936 einstimmig angenommen. Bald darauf verschlechterten sich die Beziehungen der Sowjetunion zu vielen Ländern. Das bekamen besonders deren konsularische Missionen zu spüren.

Das Ende der deutschen konsularischen Vertretungen in der Sowjetunion

Letzter deutscher Generalkonsul in Tiflis war Rolf Jaeger. Reichskanzler Adolf Hitler unterzeichnete am 5. Oktober 1936 in Berlin die Bestallungsurkunde. Nach Erteilung des Exequaturs für die Transkaukasische Sozialistische Föderative Sowjetrepublik am 31. Oktober übernahm der Generalkonsul am 3. November 1936 die Amtsgeschäfte.[210] In Tiflis bestanden damals neben der deutschen noch konsularische Vertretungen von Italien, Persien und Polen.

Seit Frühjahr 1937 drängte die Sowjetregierung auf die Reduzierung der ausländischen konsularischen Missionen. Die japanischen Konsulate in Odessa und Nowosibirsk wurden zum 15. September, die polnischen Konsulate in Charkow und Tiflis zum 1. Dezember 1937 geschlossen; Anfang 1938 auch Missionen anderer Staaten. Deutsche konsularische Vertretungen bestanden damals in Leningrad, Kiew, Tiflis, Charkow, Nowosibirsk, Odessa und Wladiwostok. Botschafter Friedrich-Werner von der Schulenburg wollte das Problem dilatorisch behandeln, hatte damit aber keinen Erfolg. Er schrieb am 8. November 1937 als Begründung an Staatssekretär Hans-Georg von Mackensen: »Leider sind unsere [...] Verhandlungen wegen unseres Konsularnetzes ungünstig verlaufen. Die Sowjetregierung ist augenblicklich schwer verängstigt, sieht überall Spione, Mörder und Saboteure und die fremden Konsulate erscheinen ihr als geborene Zentralen für all diese Untaten.« Außenvolkskommissar Maxim Maximowitsch Litwinow forderte vom Botschafter am 14. November 1937 ultimativ die Schließung aller konsularischen Missionen bis auf zwei. Die Reichsregierung entschied sich für das Generalkonsulat in Kiew und das Konsulat in Nowosibirsk. Die Generalkonsulate in Leningrad und Tiflis sowie die Konsulate in Charkow, Odessa und Wladiwostok wurden zum 15. Januar 1938 geschlossen; die Missionen in

Kiew und Nowosibirsk folgten am 15. Mai 1938.[211] Im Jahr darauf besserten sich die bilateralen Beziehungen wieder und erreichten ihre Höhepunkte im Nichtangriffspakt vom 23. August und im Grenz- und Freundschaftsvertrag vom 28. September 1939. Diese Vereinbarungen erleichterten Hitler den Entschluss zum Angriff auf Polen, das zwischen beiden Partnern aufgeteilt wurde. Damit hatte der Zweite Weltkrieg begonnen.

5 Deutschland und Georgien im Zweiten Weltkrieg

Die neue deutsch-sowjetische Partnerschaft ermöglichte die Wiedererrichtung konsularischer Missionen des Reiches, in Transkaukasien im Juli 1940 in Batumi. Der Leiter Otto Bräutigam wurde allerdings im März des folgenden Jahres beurlaubt. Die Planungen zum Krieg gegen die Sowjetunion liefen zu dieser Zeit schon. Gemäß Hitlers Weisung Nr. 21 vom 18. Dezember 1940 sollte die Wehrmacht darauf vorbereitet sein, »Sowjetrußland in einem schnellen Feldzug niederzuwerfen (Fall Barbarossa)«. Nach den Richtlinien des Oberkommandos der Wehrmacht vom 13. März 1941 in Folge dieser Weisung würde das besetzte sowjetische Gebiet im Baltikum, in Weißrussland und der Ukraine nach dem Ende der Kampfhandlungen in Staaten mit eigenen Regierungen aufgeteilt. »In diesen Gebieten geht die politische Verwaltung auf Reichskommissare über, die ihre Richtlinien vom Führer empfangen.« Für militärische Belange würden dort »Wehrmachtbefehlshaber eingesetzt, die dem Chef des Oberkommandos der Wehrmacht unterstehen«.[212]

Für die politische Gestaltung der eroberten Gebiete im Osten war das Außenpolitische Amt der NSDAP zuständig. Hitler informierte dessen Chef Alfred Rosenberg Anfang April 1941 über den bevorstehenden Angriff auf die Sowjetunion. Nach den im Amt erstellten Papieren sollte das besetzte Territorium in folgende Einheiten aufgeteilt werden: Großrussland, Weißrussland, das Baltikum, die Ukraine und die Krim mit Kiew als Zentrum, das Dongebiet, das Kaukasusgebiet sowie Russisch-Mittelasien. »Der Kaukasus wird von rassenmäßig völlig verschiedenartigen Bevölkerungsteilen wie auch nationalen Einheiten bewohnt.« Kulturell fortschrittlichste Nation wären die Georgier, »die auf eine jahrhundertealte eigene kulturelle Tradition und

Eigenstaatlichkeit verweisen können«. Die eroberten Gebiete würden nach »geschichtlichen und volklichen Gegebenheiten« in Reichskommissariate aufgegliedert und Kaukasien würde »ein Föderativstaat mit einem deutschen Bevollmächtigten« werden. Hitler ernannte Rosenberg am 20. April zum »Beauftragten für die zentrale Bearbeitung der Fragen des osteuropäischen Raumes«.[213] Im Amt wurde am 29. Mai in einer Beratung über die Aufteilung der sowjetischen Gebiete Stabsleiter Arno Schickedanz als Reichskommissar für den Föderativ-Staat Kaukasus genannt.[214] Er kannte Rosenberg vom Studium her in München. Im Amt war Schickedanz für das Personalwesen und Osteuropa zuständig. Rosenberg forderte in einer Ansprache vor engen Mitarbeitern am 20. Juni, dem Tag vor dem Überfall auf die Sowjetunion, für Kaukasien »große Umsicht und vorsichtigen Umgang mit den verschiedenen Völkerschaften«.[215] In einer Besprechung mit Hitler in dessen Hauptquartier »Wolfsschanze« in Ostpreußen am 16. Juli 1941 meinte er, Schickedanz werde seine Aufgabe sicher sehr gut erfüllen.[216] Am folgenden Tag wurde Rosenberg zum Reichsminister für die besetzten Ostgebiete ernannt.[217]

In Teilen der sowjetischen Bevölkerung wurde die deutsche Besetzung wegen der damit verbundenen Befreiung von kommunistischer Herrschaft zunächst begrüßt. Die Bereitschaft zur Kollaboration war groß. »Die meisten nicht-russischen Kollaborateure setzten sich mit den Deutschen in der Hoffnung in Verbindung, mit ihrer Hilfe das russische Joch abzuschütteln und die Selbständigkeit und Freiheit für ihre Völker zu erreichen.«[218] Eine ähnliche Stimmung erfasste die Emigrantenkreise. »Hitlers Überfall auf die Sowjetunion war für tausende von Emigranten russischer, ukrainischer, kaukasischer oder turktatarischer Herkunft der Anlaß, sich bei deutschen Dienststellen als Freiwillige zu melden, um in geplanten eigenen nationalen Legionen am Krieg teilzunehmen.«[219] Sie erhofften sich dadurch die Unabhängigkeit ihrer Länder. Die deutschen Vorstellungen dazu waren anders. Unterstaatssekretär Ernst Woermann vom Auswärtigen Amt betonte in einem Runderlass an einige Auslandsmissionen vom 26. August 1941, dass an der »Mitarbeit dieser Emigranten bei der Neuordnung Rußlands [...] bis auf weiteres grundsätzlich kein Interesse« bestehe und »diesen Kreisen gegenüber Zurückhaltung geboten« sei. »Die Aufrechterhaltung des Kontaktes mit

Emigranten, an denen ein informatorisches Interesse besteht, ist nach wie vor erwünscht.«[220] Zentrum der georgischen Emigration war Paris, wo Noe Jordania lebte. In Berlin wirkte für die georgische Sache weiter Wladimir Achmeteli als Chef der Kaukasischen Vertrauensstelle. Sein Neffe Michael Achmeteli leitete das »Institut für Altertumsforschung«, das nach seiner Dienststelle im Landhaus Oppenheim in der Straße Am Großen Wannsee 43–45 meist als »Wannsee-Institut« bezeichnet wurde. Sein Tätigkeitsfeld war die Erstellung von Publikationen über die Sowjetunion für Partei- und Staatsbehörden. Es wurde am 22. November 1940 dem Reichssicherheitshauptamt zugeordnet.[221] Alexander Nikuradse war Leiter des zum Ostministerium gehörigen Instituts für Kontinentaleuropäische Forschung.

Graf Friedrich-Werner von der Schulenburg hatte nach seiner Rückkehr aus Moskau im Auswärtigen Amt die Leitung des sogenannten Russland-Gremiums übernommen. Im Frühjahr 1942 versuchte er Interessen verschiedener Emigrantengruppen bei einer Zusammenkunft ihrer Vertreter in Berlin abzustimmen. Dabei geriet er in den Kompetenzkonflikt zwischen Auswärtigem Amt und Ostministerium. Hitler bestimmte dazu am 10. Juli, dass Verhandlungen mit dem Ausland nur der Reichsminister des Auswärtigen zu führen habe. Für mit Deutschland im Krieg befindliche Länder wäre das Amt nicht zuständig. »Hinsichtlich der kaukasischen Gebiete stehe folgendes außer Zweifel. Nach der Eroberung dieser Gebiete habe der zuständige Militärbefehlshaber für sie die volle Verantwortung nach den vom Führer gegebenen Richtlinien. Würden aus den kaukasischen Völkern später mehr oder minder vom Deutschen Reich abhängige Gebiete geschaffen, so habe das Auswärtige Amt mit diesen nicht das Geringste zu tun. Auch die Vorbereitung der Schaffung solcher Gebilde sei nicht Sache des Auswärtigen Amts, sondern Sache des Reichsministers für die besetzten Ostgebiete. Sollten indessen aus den kaukasischen Gebieten späterhin unabhängige Staaten entstehen, so könne das Auswärtige Amt alsdann mit ihnen diplomatische Beziehungen aufnehmen. Soweit bereits jetzt die Bildung von Regierungen in diesen künftigen unabhängigen Staaten erwogen und erörtert werde, ginge dies das Auswärtige Amt nichts an.«[222] Schulenburg erklärte Rosenbergs Vertreter Alfred Meyer am 25. Juli zur Heranziehung kaukasischer Emigranten durch das Auswärtige Amt: »Zweck dieser Maßnahme sei lediglich der gewesen, die in der Emigration zweifellos starken Aufbaukräfte zur Mitarbeit [...] heranzuziehen und sie in sogenannten Arbeitsausschüssen zusammenzufassen. Dieser Gedanke habe sich bereits jetzt als richtig und zweckmäßig erwiesen.« Das Ostministerium solle die Idee weiterführen. Meyer sagte dies zu.[223] In Hitlers Anordnung zur Kompetenzabgrenzung zwischen Auswärtigem Amt und Ostministerium vom 28. Juli 1942 steht: »Der Bevölkerung der besetzten Ostgebiete und den Repräsentanten dieser Bevölkerung gegenüber wird das Reich durch die Wehrmacht, nach Einführung der Zivilverwaltung durch diese, vertreten. Der letzteren obliegt im Besonderen auch die politische Gestaltung dieser Gebiete.«[224] Armeeführung und Ostministerium hatten sich schon über die Behandlung der kaukasischen Länder im Falle der deutschen Besetzung verständigt.

Den Oberkommandos der in der Sowjetunion kämpfenden deutschen Armeen waren Vertreter des Auswärtigen Amtes zugeteilt worden. Werner Otto von Hentig war der Vertreter bei der zur Heeresgruppe Süd gehörenden 11. Armee. Nach seinem Bericht vom 15. Oktober 1941 nähere sich die Armee dem Kaukasus. Damit würden Fragen zur propagandistischen Behandlung der Gefangenen und zur Haltung gegenüber den kaukasischen Volksgruppen entstehen. Es werde nicht genügen, sie nur zum Kampf gegen den Bolschewismus aufzurufen. »Die Völker wollen [...] wissen, was man mit ihnen weiter plant.« Sie wollten wissen, ob sie für die Deutschen und ihre eigene »Freiheit und Zukunft kämpfen, oder doch schließlich Opfer [...] der Bolschewisten werden«. Einwirkungsmöglichkeiten sollten genutzt werden, um die Bevölkerung des Kaukasus zu gewinnen.[225] Erste »Richtlinien des Reichministeriums für die besetzten Ostgebiete für die Propaganda im Kaukaus« datieren vom 5. Dezember 1941. Darin steht u.a.: »Es ist an die Freiheitsliebe aller Völker des Kaukasus zu appellieren unter Hinweis auf den Kampf, den ihre Vorväter und sie selbst für ihre Freiheit gegen Moskau und die Kommunisten geführt haben.« Die Befreiung durch die deutsche Armee bringe allen Völkern des Kaukasus neue Entwicklungsmöglichkeiten und die Achtung vor der Religion werde wieder hergestellt. Nach von Hitler genehmigten »Richtlinien für die Propaganda unter den kaukasischen Völkern« vom Frühjahr 1942 sehe das Deutsche Reich »in den Völkern des Kaukasus befreundete Völker. Die deutsche Wehrmacht übernimmt den Schutz der kaukasischen Völker und bringt zugleich Befreiung vom bolschewistischen Joch. [...] Die nationalen, kulturellen und wirtschaftlichen Kräfte des Kaukasus sollen frei entwickelt werden. Ihre selbständige nationale und kulturelle Entwicklung soll unter dem Schutz der deutschen Waffen gefördert werden. Die alten Traditionen und Sitten werden geachtet. Den kaukasischen Völkern wird freier Gebrauch ihrer Muttersprache und ein eigenes Schulwesen zugesichert.« Den Kaukasusvölkern solle auf religiösem Gebiet völlige Freiheit gewährt werden. Die Wiedereröffnung der Gotteshäuser erfolge mit dem Einmarsch der deutschen Truppen. Eine weitgehende Selbstverwaltung unter deutscher Garantie werde die nationale Entwicklung sichern. Das Kollektivsystem werde aufgehoben. »Wirtschaftsleben und Handel sollen größte Freiheit genießen. Das individuelle Handwerk wird wieder aufblühen.« Eine für Aufrufe vorgesehene Parole würde lauten: »Es lebe das freie Kaukasien im Bündnis und unter dem Schutz des Großdeutschen Reiches Adolf Hitlers!«[226] Freiwillige aus dem Kaukasus sollten in der deutschen Armee dienen.

Gemäß Befehl des Oberkommandos der Wehrmacht vom 22. Dezember 1941 waren Freiwilligenverbände aus sowjetischen Kriegsgefangenen zu formieren. Nachweisbar ist die Bildung von dreizehn georgischen Infanteriebataillonen, von denen vier an der Kaukasusfront eingesetzt wurden. Hauptziel des Kaukasienfeldzuges war das Öl von Baku, aber auch andere Bodenschätze waren wichtig. Nach sowjetischen Angaben hatten die kaukasischen Ressourcen folgende Bedeutung: »Auf den Nordkaukasus und Transkaukasien entfielen 86,5 Prozent der gesamten sowjetischen Erdöl-, 65 Prozent der Erdgas- und 56,5 Prozent der Manganerzförderung. Das Gebiet um Baku lieferte fast drei Viertel des gesamten in der UdSSR geförderten Erdöls. Der Kaukasus gehörte auch zu den ertragreichsten landwirtschaftlichen Gebieten.« Nach dem Verlust der Ukraine, Weißrusslands, des Baltikums und des Donez-Beckens hatte »die Verteidigung des Kaukasus für den Sowjetstaat lebenswichtige Bedeutung«.[227] Das wusste Hitler auch und deshalb drängte er auf die Eroberung dieses Raumes. Die von ihm selbst ausformulierte Weisung Nr. 41 vom 5. April 1942 bestimmte als Ziel der Sommeroffensive, »die den Sowjets noch verbliebene lebendige Wehrkraft endgültig zu vernichten und ihnen die wichtigsten kriegswirtschaflichen Kraftquellen so weit als möglich zu entziehen«. Es bestehe die Absicht, »auf dem Südflügel der Heeresfront [...] den Durchbruch in den Kaukasus-Raum zu erzwingen«. Im Südabschnitt bestehe das »Ziel, den Feind vorwärts des Don zu vernichten, um sodann die Ölgebiete im kaukasischen Raum und den Übergang über den Kaukasus selbst zu gewinnen«. Dazu wurde die Heeresgruppe Süd zweigeteilt. Nach der Weisung Nr. 45 vom 23. Juli war eine der Aufgaben der Heeresgruppe A, im Vorstoß entlang des Kaspischen Meeres den »Raum um Baku in Besitz zu nehmen«.[228] Am 21. August 1942 hissten bayerische Gebirgsjäger auf dem Elbrus, dem mit 5630 Meter höchstem Gipfel des Kaukasus, die Reichskriegsflagge.

Befehlsgemäß hatte das in Kaukasien einrückende deutsche Militär die Einheimischen »wie befreundete Völker zu behandeln« und »durch vorbildliches Verhalten das Vertrauen einer Bevölkerung zu gewinnen, deren Mitarbeit in einem schwer zu kontrollierenden Gebirge militärisch von großer Bedeutung ist und das weitere Vorrücken der deutschen Truppen wesentlich erleichtern kann«. Militärische Maßnahmen sollten der Bevölkerung erklärt werden und es war »insbesondere die Ehre der kaukasischen Frauen zu achten«.[229] Es wurde auch eine »Instruktion für einen Reichskommissar in Kaukasien« entworfen; sie kam aber nicht zur Anwendung.[230] Das Reichskommissariat sollte seinen Sitz in Tiflis haben. Realisiert wurden diese Pläne nicht. Die Militärführung forderte in jener Zeit konkrete Angaben zur politischen Gestaltung Kaukasiens. Involviert waren dabei besonders Generalfeldmarschall Wilhelm List, der Oberbefehlshaber der Heeresgruppe A, Generalmajor Ernst Felix Faeckenstedt, der Chef des Stabes des Oberkommandos der Richtung Transkaukasien vorstoßenden Panzerarmee, und Generalmajor Eduard Wagner, der Generalquartiermeister des Heeres. Nach Meinung Faeckenstedts könnten verzögerte Entscheidungen über das Kaukasusgebiet militärisch und wirtschaftlich negative Folgen haben. »Erwünscht erscheint eine Soforterklärung über die Zukunft der kaukasischen Volksstämme im Sinne uneingeschränkter Freiheit.« Die Vertreter Deutschlands in diesen Gegenden müssten ihrer Aufgabe würdig sein und sollten als Berater auftreten. Sie dürften nicht Bezeichnungen wie »Genosse, Kommissar und Gouverneur« führen. Bis zum Frieden sollte die Verwaltung beim Militär verbleiben und nicht Zivilisten übertragen werden. Nach Wagners Notizen für einen Vortrag bei Hitler hätten sich die für den Kaukasus gegebenen Richtlinien bewährt. Die deutschen Truppen wären überall freundschaftlich begrüßt worden. Er plädierte für folgende Maßnahmen: »Eine öffentliche Erklärung über die politischen Absichten im Kaukasus [und] Garantie voller politischer Selbständigkeit in enger Zusammenarbeit mit dem Großdeutschen Reich auf militärischem und wirtschaftlichem Gebiet.« Es sollten noch keine eigenen Regierungen eingesetzt werden, »die erst organisch gebildet werden müssen. Der Anspruch auf Selbständigkeit muß erst durch bedingungslosen vollen Kampfeinsatz auf deutscher Seite erworben werden.« Die landeseigene Verwaltung würde unter dem Befehl deutscher Kommandanturen stehen. Die lokalen Verwaltungschefs müssten für Ruhe und Ordnung bürgen. Die aufgestellten Legionen würden für die Sicherung ihres Heimatgebietes erweitert und die georgischen, aserbaidschanischen und turkestanischen Legionen zum Kampfeinsatz außerhalb ihres Heimatgebietes verstärkt werden. Im Entwurf einer entsprechenden »Führer-Weisung« steht: »Die Beherrschung und wirtschaftliche Erschließung des Kaukasus ist von entscheidender Bedeutung für die Fortsetzung des Krieges. Sie erfolgt auf der Grundlage der Zusammenarbeit mit den befreundeten Ländern des Nordkaukasus und Transkaukasiens. Die nationale, kulturelle und wirtschaftliche Entwicklung der kaukasischen Völker ist zu fördern. […] Die Einsetzung selbständiger Regierungen kommt vorläufig nicht in Betracht. Es kommt zunächst darauf an, die Grundlagen für die Fortführung der Operationen in jeder Hinsicht sicherzustellen. Diesem Zweck sind alle Maßnahmen unterzuordnen.« Die Bewährung der Legionen im Kampf für die Befreiung ihrer Heimat sei die Voraussetzung für die spätere Selbständigkeit unter dem Schutz des Großdeutschen Reiches. Wilhelm List solle zum Oberbefehlshaber des Kaukasus ernannt werden. »Die Einteilung der Gebiete kaukasischer Länder ist möglichst den überkommenen völkischen Grenzen anzupassen.« Landeseigene Kräfte seien unter deutschem Befehl für Verwaltung und Wirtschaft einzusetzen und Kenner des Landes hinzuzuziehen.[231] Erlassen wurde diese Weisung nicht.[232] Die militärische Situation verhinderte die Ausführung der Planungen. Für Hitler hatte

Die Ruine der Burg Falkenberg im Oberpfälzer Wald ließ Graf Friedrich-Werner von der Schulenburg für sich als Altersruhesitz ausbauen. Sie beherbergt heute ein Hotel, in dem eine Ausstellung an den Diplomaten erinnert.

der Vormarsch Richtung Transkaukasien absolute Priorität. List berichtete darüber persönlich im Hauptquartier »Wolfsschlucht« bei Winniza in der Ukraine. Nach Notizen von Generalstabschef Franz Halder zum 8. September 1942 hätte der mangelnde Fortschritt bei der Heeresgruppe A »den Führer bitter enttäuscht. Schwere Vorwürfe gegen Führung und Generalität insgesamt.«[233] List gab seinen Posten auf. Hitler ordnete am 28. Dezember 1942 den Rückzug an.[234] Die georgischen Bataillone wurden aufgelöst oder beim Küstenschutz am Schwarzen Meer eingesetzt.[235]

Graf Friedrich-Werner von der Schulenburg hatte als Leiter des Russland-Gremiums wenig Möglichkeiten für politische Aktivitäten. Er wollte dennoch Kontakte zu seinem ehemaligen Gastland wiederherstellen. Diese

Überlegungen teilte er mit Ulrich von Hassell, dem ehemaligen Botschafter beim Quirinal in Rom. Beide waren in den Planungen des ehemaligen Leipziger Oberbürgermeisters Carl Goerdeler für eine nichtnationalsozialistische Regierung als mögliche Außenminister vorgesehen. Obwohl am Attentat auf Hitler vom 20. Juli 1944 nicht beteiligt, wurden alle drei in dessen Folge vom Volksgerichtshof zum Tode verurteilt und hingerichtet.

Das Auswärtige Amt ehrte die Opfer aus seinen Reihen mit einer am 20. Juli 1961 enthüllten Gedenktafel in der Eingangshalle der Zentrale in Bonn. Dort waren neben weiteren acht Angehörigen des Auswärtigen Dienstes auch Ulrich von Hassell und Graf Friedrich-Werner von der Schulenburg genannt mit dem Zusatz: »Sie gaben ihr Leben für die Ehre des deutschen Volkes.« Bei einer Feier am 10. Dezember 1975 im Amt anlässlich des hundertsten Geburtstags von Graf Friedrich-Werner von der Schulenburg erwähnte Staatssekretär Walter Gehlhoff die Verbundenheit des Diplomaten mit dem Kaukasus in seinen Bewohnern.[236] In Bayern erinnert an sein Leben und Wirken eine Ausstellung auf Burg Falkenberg im Oberpfälzer Wald. Er hatte sie als Ruine gekauft und sich zum Altersruhesitz ausbauen lassen. Einige Exponate dokumentieren dort auch seine Zeit in den kaukasischen Ländern.

Georgien und Deutschland heute – eine wichtige Partnerschaft

Von Dr. Elguja Khokrishvili, außerordentlicher und bevollmächtigter Botschafter Georgiens in der Bundesrepublik Deutschland

Eine stabile Demokratie, eine aufstrebende Wirtschaft und eine Gesellschaft im Aufbruch – hundert Jahre nach der Gründung der ersten Demokratischen Republik und knapp dreißig Jahre nach der Erklärung der Unabhängigkeit von der Sowjetunion am 9. April 1991 ist Georgien heute ein moderner, westlich orientierter Staat. Eine Entwicklung, an der Deutschland großen Anteil hat: Als erster Staat der Europäischen Gemeinschaft überhaupt hat die Bundesrepublik Deutschland am 23. März 1992 die Wiederherstellung der staatlichen Eigenständigkeit Georgiens völkerrechtlich anerkannt. Mit der Eröffnung der Botschaft in Tbilisi am 13. April 1992 erfolgte die Aufnahme der diplomatischen Beziehungen zu Georgien.

Auch für die darauf folgenden Reformen und die Umwandlung einer sowjetisch geprägten Gesellschaft und Verwaltung in einen modernen europäischen Rechtsstaat hat Deutschland sowohl politisch, technisch als auch finanziell wesentliche Unterstützung geleistet. In den drei Jahrzehnten von 1990 bis 2018 ist zwischen Deutschland und Georgien eine bilaterale Partnerschaft entstanden. Diese trug maßgeblich dazu bei, dass Georgien am 27. Juni 2014 ein Assoziierungsabkommen mit der EU unterzeichnen konnte, und dass den Bürgerinnen und Bürgern Georgiens seit März 2017 eine visafreie Einreise in den Schengen-Raum möglich ist. Bei ihrem zweiten Staatsbesuch* in Georgien am 23. und 24. August 2018 versicherte die deutsche Bundeskanzlerin Angela Merkel erneut die standhafte Unterstützung Deutschlands

* Das erste Mal war die Bundeskanzlerin unmittelbar nach dem »August-Krieg« 2008 nach Georgien gereist.

bei der Aufrechterhaltung der territorialen Integrität und Souveränität Georgiens. Sie bekräftigte, dass Deutschland sich weiterhin für die Europäische und Euro-atlantische Integration Georgiens einsetzen wird.

Prominentes Zeichen des von der georgischen Bevölkerung angestrebten und gelebten Wandels ist die im Jahr 2018 erfolgte Auszeichnung der Hauptstadt Tbilisi zur »Metropole des Jahres« durch ein namhaftes internationales Magazin – die zugleich den bisherigen Spitzenreiter Berlin auf den zweiten Platz verweist. Georgien begeistert Menschen aller Generationen durch seine lebendige, inspirierende Einheit aus Moderne und Tradition, wie sie sich im historisch faszinierenden, kulturell pulsierenden Zentrum, der Hauptstadt Tbilisi, zeigt.

Die Außenpolitik Georgiens

Erheblichen Anteil an dieser Entwicklung hat eine nach allen Seiten offene Außenpolitik. Seit dem 27. Juni 2014 ist Georgien assoziierter Partner der Europäischen Union mit dem Ziel der Vollmitgliedschaft. Unter allen Mitgliedsländern der »Eastern Partnership« ist Georgien Vorbild und Vorreiter in vielerlei Hinsicht – nicht zuletzt hinsichtlich der konsequenten Eliminierung von Korruption.

Seit 2004 wird das georgische Militär nach NATO-Standards reformiert und ausgebildet. Beim NATO-Gipfel in Bukarest wurde die Aufnahme von Georgien in die NATO, allerdings zu einem unbestimmten Zeitpunkt, in Aussicht gestellt. 2011 wurde dem Land der Status eines Beitrittsaspiranten zugesprochen. Der Beitrag Georgiens zur *NATO Resolute Support Mission* in Afghanistan ist – im Verhältnis zur Einwohnerzahl des Landes – so hoch wie in keinem anderen NATO-Mitgliedsland. Mehrere NATO-Staaten engagieren sich für eine Stärkung der Verteidigungsfähigkeit Georgiens. Dazu dient auch ein »substanzielles NATO-Georgien-Paket«, an dem sich die Bundeswehr beteiligt. Im August nahmen Bundeswehrsoldaten zum zweiten Mal am jährlichen Militärmanöver »Noble Partner 2018« auf einem Militärgelände östlich von Tiflis teil.

Bundeskanzlerin Angela Merkel wurde bei ihrer Kaukasus-Reise am 23. August 2018 vom georgischen Ministerpräsidenten Mamuka Bakhtadze (links) in der Regierungskanzlei empfangen. Hier begrüßt sie den Botschafter Georgiens in der Bundesrepublik Deutschland, Elguja Khokrishvili.

Die Zustimmung dazu und die Befürwortung einer Ausrichtung gen Westen ist dabei in Georgien seit Jahren sogar höher als in manchen EU- und NATO-Mitgliedstaaten: Bei einer Umfrage im Frühjahr 2018 sprachen sich drei Viertel der Bevölkerung des Landes für die Fortsetzung einer euro-atlantischen Integration Georgiens aus.

Ein wichtiger Punkt für Georgien ist dabei, dass die kürzlich vom deutschen Außenminister Heiko Maas vorgeschlagene Initiative zur Neugestaltung der EU-Politik Richtung Osten auf die Bedürfnisse und Erwartungen der Länder der Östlichen Partnerschaft wie Georgien ausgerichtet ist, die – laut Maas – »ebenso europäisch denken und fühlen wie wir«, und dass diese auch eine praktische Umsetzung erfährt. Die klare Hinwendung gen Westen schließt dabei Partnerschaften mit anderen Staaten und Regionen nicht aus. Georgien pflegt einen stabilen und konstruktiven Kontakt zum Nachbarland Türkei, hat Freihandelsabkommen mit China abgeschlossen und steht in engem Austausch mit den Kernländern des Mittleren Ostens.

Die Geschichte lehrt, dass Pragmatismus für ein kleines Land wie Georgien die einzige Chance bietet, unabhängig zu sein und nicht zum Spielball äußerer Mächte zu werden.

Okkupation und Politik der friedlichen Konfliktbeilegung

Seit dem Erringen der Unabhängigkeit Georgiens unterstützt der Kreml die Bestrebungen der separatistischen Gruppen in den georgischen Regionen Abchasien und Zchinwali, sich von Georgien abzuspalten und als unabhängige Staaten anerkannt zu werden. Der »Augustkrieg 2008« endete mit einer Besetzung der beiden Regionen durch Russland, die durch die Russische Föderation fortgesetzt wird. Anstelle eines Rückzugs ihrer Streitkräfte, wie er im durch die EU vermittelten Waffenstillstandabkommen vom 12. August 2008 vorgesehen ist, verstärkt sie ihre illegale militärische Präsenz in den beiden Regionen Georgiens.

Im Gegensatz dazu verfolgt die Regierung von Georgien konsequent und entschlossen einen Kurs der Konfliktlösung und der Annäherung mit aus-

Der georgische Außenminister David Zalkaliani begrüßt die Bundeskanzlerin Angela Merkel bei der Ankunft in Tbilisi am 23. August 2018.

schließlich friedlichen Mitteln. Im April 2018 hat die Regierung die neue Initiative »Ein Schritt in eine bessere Zukunft« vorgestellt, die eine Reihe konkreter Maßnahmen vorsieht. Die Friedens- und Versöhnungsinitiative setzt vor allem auf Mensch-zu-Mensch-Begegnungen, Bildungsprogramme, Angebote zur medizinischen Versorgung und Möglichkeiten zum Aufbau wirtschaftlicher Beziehungen – vom Kleinhandel bis zum Absatz industrieller Produkte, die in den besetzten Regionen hergestellt werden. Sollte der Brückenschlag gelingen und die Angebote aus Tbilisi auf Zuspruch in Abchasien und Zchinvali stoßen, muss mit Gegenreaktionen aus Moskau gerechnet werden. Spätestens dann wird Georgien mehr denn je seine Partner im Westen – wie Deutschland – brauchen. Georgien und Deutschland teilen heute gemeinsame Interessen und streben sowohl nach einer Stärkung der bestehenden Partnerschaft als auch nach langfristiger Sicherheit in der EU und ihren östlichen Nachbarschaften.

Dokumente

Wappen der Republik Georgien

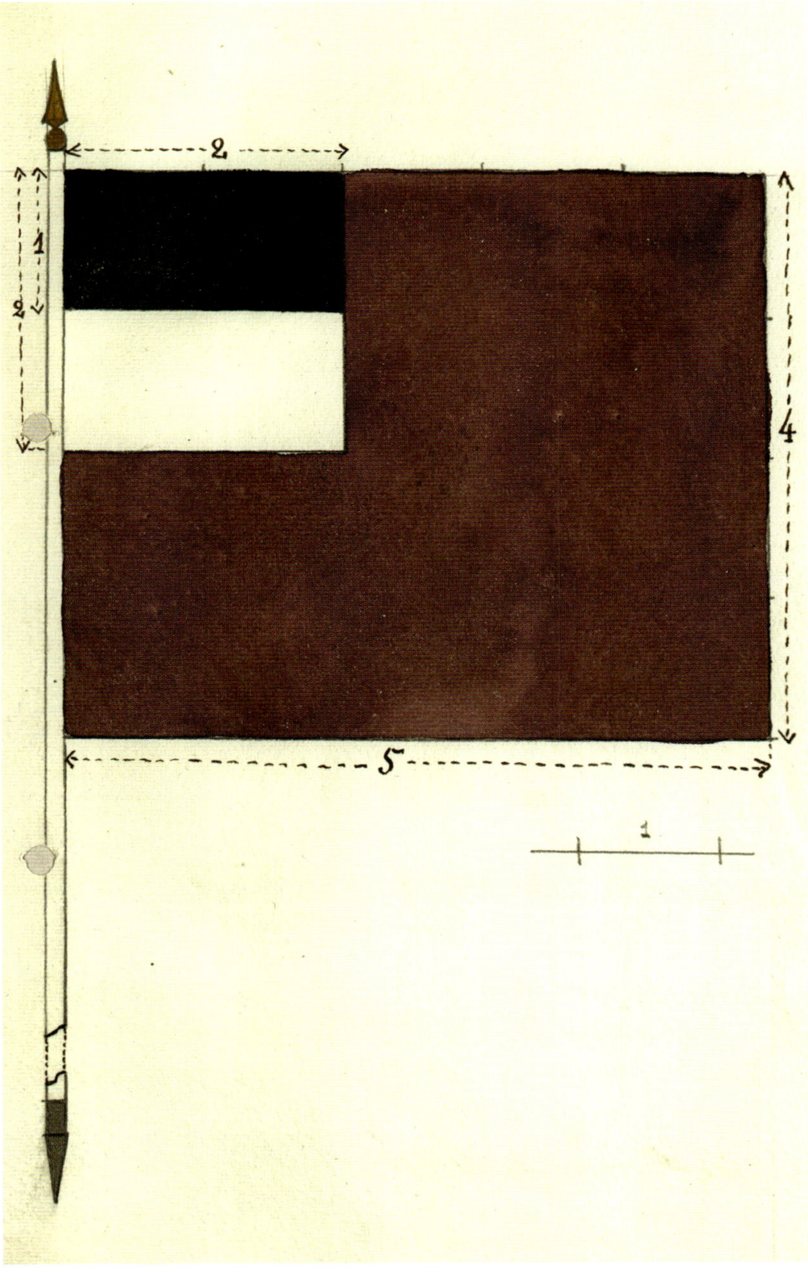

Entwurf der Flagge der Republik Georgien

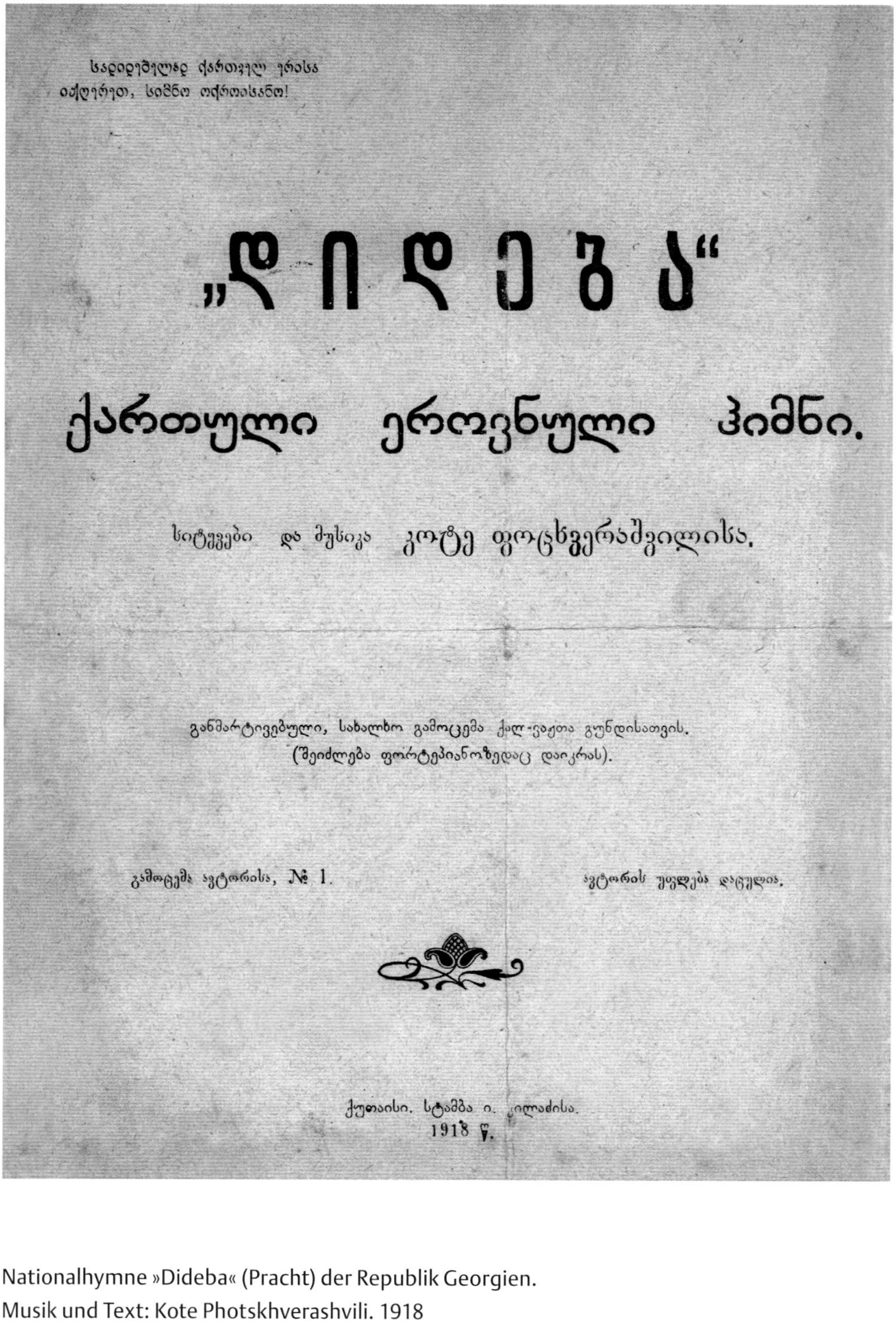

სადიდებლად ქართველ ერისა
იჟღერეთ, სიმნო ოქროისანო!

„დიდება"

ქართული ეროვნული ჰიმნი.

სიტყვები და მუსიკა კოტე ფოცხვერაშვილისა.

განმარტივებული, სახალხო გამოცემა ქალ-ვაჟთა გუნდისათვის.
(შეიძლება ფორტეპიანოზედაც დაიკრას).

გამოცემა ავტორისა, № 1.

ავტორის უფლება დაცულია.

ქუთაისი. სტამბა ი. კილაძისა.
1918 წ.

Nationalhymne »Dideba« (Pracht) der Republik Georgien.
Musik und Text: Kote Photskhverashvili. 1918

Geldscheine der Republik Georgien, 1921

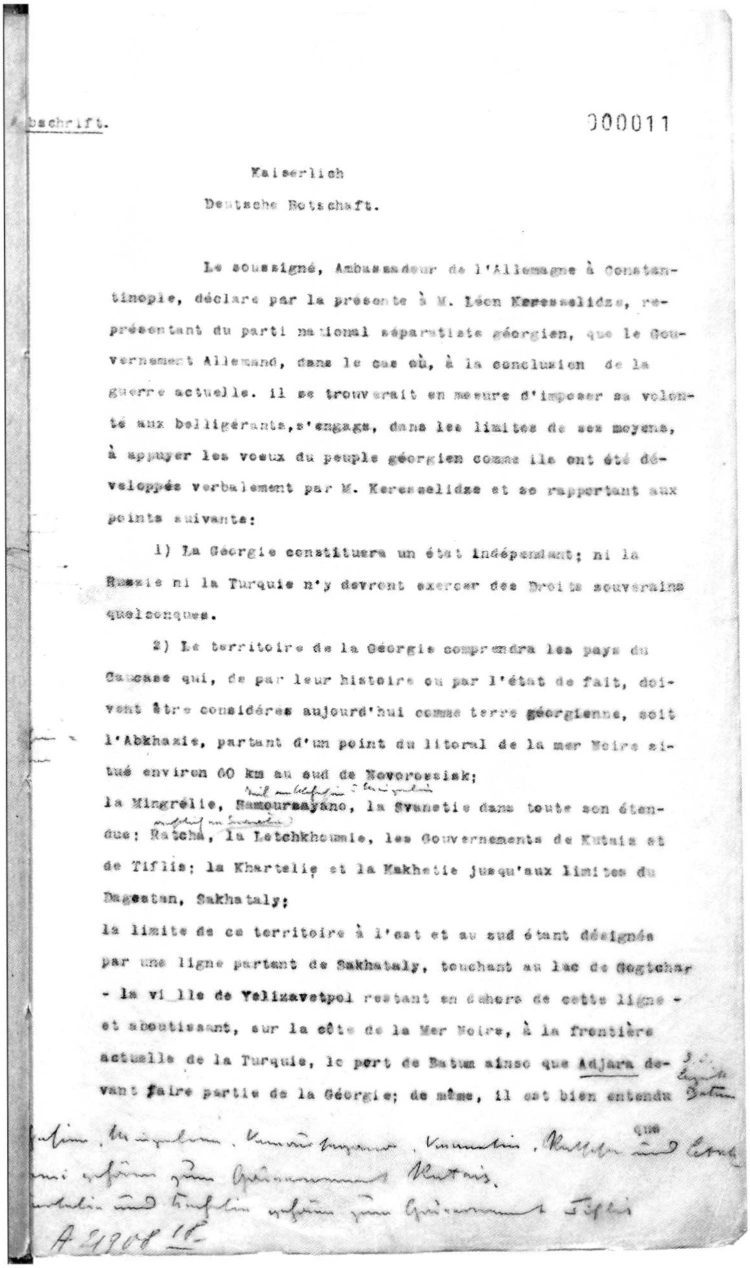

bschrift.

000011

Kaiserlich

Deutsche Botschaft.

Le soussigné, Ambassadeur de l'Allemagne à Constantinople, déclare par la présente à M. Léon Keresselidze, représentant du parti national séparatiste géorgien, que le Gouvernement Allemand, dans le cas où, à la conclusion de la guerre actuelle, il se trouverait en mesure d'imposer sa volonté aux belligérants, s'engage, dans les limites de ses moyens, à appuyer les voeux du peuple géorgien comme ils ont été développés verbalement par M. Keresselidze et se rapportant aux points suivants:

1) La Géorgie constituera un état indépendant; ni la Russie ni la Turquie n'y devront exercer des Droits souverains quelconques.

2) Le territoire de la Géorgie comprendra les pays du Caucase qui, de par leur histoire ou par l'état de fait, doivent être considérés aujourd'hui comme terre géorgienne, soit l'Abkhazie, partant d'un point du litoral de la mer Noire situé environ 60 km au sud de Novorossisk;
la Mingrélie, Samoursayano, la Svanetie dans toute son étendue; Ratcha, la Letchkhoumie, les Gouvernements de Kutais et de Tiflis; la Khartelie et la Kakhetie jusqu'aux limites du Dagestan, Sakhataly;
la limite de ce territoire à l'est et au sud étant désignée par une ligne partant de Sakhataly, touchant au lac de Gogtchar – la vi_lle de Yelizavetpol restant en dehors de cette ligne – et aboutissant, sur la côte de la Mer Noire, à la frontière actuelle de la Turquie, le port de Batum ainso que Adjara devant faire partie de la Géorgie; de même, il est bien entendu que

A 21908 16.

Zusage von Botschafter Hans von Wangenheim zur georgischen Unabhängigkeit vom 14. September 1914. Quelle: Politisches Archiv des Auswärtigen Amtes.

II.

000012

que les régions habitées par des Géorgiens musulmans seront comprises dans les limites du nouvel état.

Constantinople, le 14 septembre 1914.

W a n g e n h e i m

Ambassadeur de l'Allemagne.

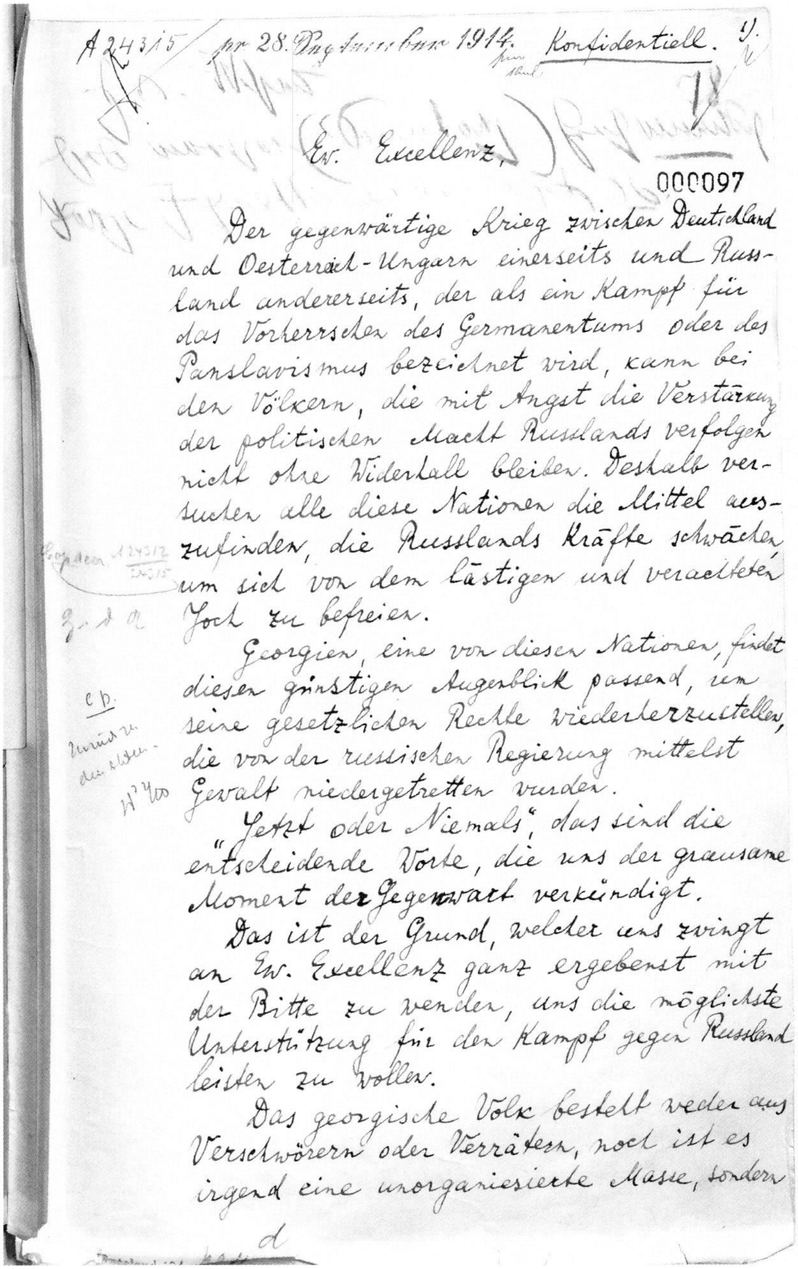

A 24315 pr. 28. September 1914. Konfidentiell.

Ew. Excellenz,

000097

Der gegenwärtige Krieg zwischen Deutschland und Oesterreich-Ungarn einerseits und Russland andererseits, der als ein Kampf für das Vorherrschen des Germanentums oder des Panslavismus bezeichnet wird, kann bei den Völkern, die mit Angst die Verstärkung der politischen Macht Russlands verfolgen nicht ohne Widerhall bleiben. Deshalb versuchen alle diese Nationen die Mittel auszufinden, die Russlands Kräfte schwächen um sich von dem lästigen und verachteten Joch zu befreien.

Georgien, eine von diesen Nationen, findet diesen günstigen Augenblick passend, um seine gesetzlichen Rechte wiederherzustellen, die von der russischen Regierung mittelst Gewalt niedergetretten wurden.

„Jetzt oder Niemals", das sind die entscheidende Worte, die uns der grausame Moment der Gegenwart verkündigt.

Das ist der Grund, welcher uns zwingt an Ew. Excellenz ganz ergebenst mit der Bitte zu wenden, uns die möglichste Unterstützung für den Kampf gegen Russland leisten zu wollen.

Das georgische Volk besteht weder aus Verschwörern oder Verrätern, noch ist es irgend eine unorganiesierte Masse, sondern

Denkschriften des Georgischen Nationalkomitees über die zukünftige Gestaltung Kaukasiens von September 1914. Quelle: Politisches Archiv des Auswärtigen Amtes.

000098 19 2/

eine einheitliche Nation, die auf einer 23 Jahr-
hundert alte Existenz zurückblicken kann
und trotz seines schweren Schicksals mit
seinem Dasein nicht aufgehört hat.

Unter Georgien versteht man den grössten
Teil des Transkaukasiens mit den Städte Tiflis,
Kutais, Batum, Poti u.a. Das Land ist sehr
fruchtbar und reich mit Naturschätzen und
Mineralien (Petroleum, Kupfer, Mangan,
Kohle u.s.w.).

Die Georgier gehören zu den ältesten
Nationen der Welt. (Die Sage z.B. über die
Argonauten Fahrt nach Kolchis, d.h. gegen-
wärtiges Westgeorgien und viele andere sind
die Urkunden unserer Vorgeschichte, worauf
wir hier nicht näher eingehen wollen).

In Georgien leben ca. 2½ Millionen Georgier,
von denen der grösste Teil sich zu der Griechisch-
Katholischen Religion (seit J. 362) gehören;
es sind aber auch ca. 300.000 Mohammedanern
und ca. 40.000 Römisch-Katholiken vorhanden.

Von Urzeiten her war Georgien als tapferes
und freiheitliebendes Volk bekannt, das
ununterbrochen mit seinen Nachbarn, die
das reiche Land erobern wollten Krieg
geführt hat. 12tes Jahrhundert n. Ch. war
für uns die goldene Zeit, die Zeit der
höchsten Kultur, der Entwickelung der
Wissenschaft und Literatur, dessen übrig-
gebliebene Literaturschätze vieler Gelehrten
und Forschern in Erstaunen setzen.
Die Tapferkeit unseres vorletzten Königs

000099 80 3/.

Heraklius II (1762-1798) war selbst Friedrich dem Grossen gut bekannt und von ihm geschätzt. Dieser König Heraklius II, nachdem er vorausgesehen hat, dass sein Land allein zu schwach war, fortwährende Kriege gegen die Türkei und Persien zu führen, hat zuerst seine Beziehungen mit dem Oesterreichischen Hof zu knüpfen versucht, dann mit den Papst, aber da die beiden Versuche erfolglos blieben, war er gezwungen die Annäherung an Russland zu suchen.

Diese Annäherung an Russland trug unwillkürlich zur Ausführung der Absichten der russischen Monarchen bei, die seit Peter dem grossen nach Erweiterung seiner südlichen Grenzen strebten. So kam der Vertrag von Jahre 1783 zwischen Heraklius II und russischen Kaiserin Katherina II zu Stande, nach welchem Georgien unter das Protektorat Russlands gestellt wurde, aber unter der Beibehaltung seiner politischen Freiheit und voller Selbständigkeit in der inneren Verwaltung. Dieser Vertrag, der einen völkerrechtlichen Charakter trägt, wurde in das russische Reichsgesetzbuch eingetragen und ist im Bd. XXI. zu finden.

Die Russischen Kaiser, die feierlich geschworen haben die Grundsätze dieses Vertrages auf ewige Zeiten zu respektieren und innezuhalten, haben bald das Wort gebrochen und Georgien in 4 russischen Gouvernements aufgeteilt.

000100 81 41.

Als durch dieser Treubruch das selbständige Königreich trotz Protestes unsererseits aufgelöst wurde, begann sofort die bekannte Russifikationspolitik. Bald durch Favoritismus, bald mit Waffen in der Hand, bald durch Russeneinwanderung nach Georgien oder durch die Abschaffung der georgischen Sprache aus Schulen und Kirchen, gab sich die russische Regierung alle Mühe in den Georgiern den Trieb zur Selbständigkeit auszurotten.

Diese Politik dauerte ein ganzes Jahrhundert und musste unvermeidlich eine tiefergreifende Empörung des georgischen Volkes hervorrufen, die sich wiederholt in verschiedenen Aufständen und Proteste äusserte. Solche sind z. B. die National-Aufstände von J. 1804, 1812, 1844, 1878, wo sich der georgische Adel mit dem Volke vereinigt, verzweifelt kämpfte um ihr unglückliches Vaterland aus den Krallen des russischen Doppeladlers loszureissen.

Noch unlängst, während der russischen Revolutionszeit vom J. 1905 zeigte sich dieser georgische Patriotismus und Versuch zur Befreiung von der Fremdherrschaft. In den schwierigen Tagen des Jahres 1905 war die ganze kaukasische Verwaltung gezwungen, sich von den aufständischen Organisationen der Georgier zu beugen und die russische Truppen erlitten ganze Reihe von Misserfolge gegenüber die in den zahlreichen Gebirgsgegenden des Kaukasus den Guerilakrieg führenden Abteilungen.

5)

000101 82

Während in Russland die Revolution aufgelöscht wurde, war die Verwaltung in Kaukasus noch in den Händen der Georgier.

Die russische Regierung musste ernste Schritte mit zahlreichen Truppen begleitet für die Erstickung des Aufstandes vornehmen, worüber seinerzeit auch viel in europäischen Zeitungen geschrieben wurde. Das ganze Land wurde vollständig entwaffnet, ~~und~~ ganze Städte und Dörfer geplündert und eingeäschert und die Bewohner zum Teile hingerichtet, zum Teile nach Sibirien geschickt. Selbst diese „Russifikationsversuche" und die 100 Jahrige Knechtschaft haben die natürliche Tapferkeit und die Eigenschaften des kühnen Kriegers in uns nicht vertilgen können.

Das georgische Volk ist seinen traditionellen Idealen treu geblieben, es ist politisch gut organisiert und wartet nur auf passenden Augenblick die Waffen zu ergreifen, wenn ihm die Hoffnung auf eine gewisse Hilfe von auswärts gesichert wird. Diese Zeit der allgemeinen Kriegsfeuer scheint uns die beste Gelegenheit dazu zu geben. Wenn bis jetzt die Proteste unseres Volkes wegen verschiedenen ungünstigen Umstände leider unhörbar blieben*) und ohne grosse Aufmerksamkeit angehört wurden, so hoffen wir, dass die jetzt lautwerdende Klage gegen die barbarische Herrschaft und Selbstwillkür der russischen Regierung ein Echo finden wird.

*) Im Jahre 1907 versuchten wir auch friedlich die Aufmerksamkeit Europas auf uns zu lenken, indem wir eine Petition an die Haager Konferenz einreichten. Eine Kopie davon erlauben wir uns dieser Zuschrift beizufügen.

000102 83 6).

Jetzt wird uns nichts mit Russland versöhnen kö-
nen. Keine Versprechungen, keine Gaben werden
das entblössten Schwert friedlich in die Scheide
legen. Es wiederholt sich nicht mehr das Bild
von 1876, als die georgische Generäle (Amilachvari,
Tschavtschawadse, Eristow), genährt mit verschie-
denen Hoffnungen seitens Russland, die nie er-
füllt wurden, wie die Helden mit ihren Soldaten
den Sieg der Russen über die Türken in Kaukasus
verschafft haben.

Die Mohamedanische Stämme des Kaukasus,
die durch Agenten des panislamistischen Klubs
in der Türkei instruirt sind, warten auch nur
auf einen Ruf um gegen die gehassten Russen
loszugehen.

Also ist der Aufruhr des ganzen Kaukasus
als gesichert zu betrachten, fals wir mit den
Waffen, Munition und dazu benötigten
Mittel von auswärts unterstützt werden.

Im Jahre 1904 während des russisch-japanischen
Krieges hat die georgische Nationalpartei von einer
Macht eine derartige Unterstützung bekommen.
Leider scheiterte damals der Versuch die Waffen
einzuführen in Folge der Unerfahrenheit und durch
ganz besondere schwierige Verhältnisse. Heute
ist die Lages eine ganz andere. Seitens der
Türkei ist keine Befürchtung mehr zu erwarten
unseren Plan zu vereiteln, welcher nur seinen
Vorteile dienen kann.

Ueber die Beschaffung der Waffen und deren
Einfuhr in dem Kaukasus kann ~~[illegible]~~ mündlich
mit Ew. Excellenz ausführlich besprochen werden.

000103 84 7/.

Der Aufstand im Kaukasus wird, erstens, die dort liegende Armeecorps von dem Kriegsschauplatze zurückhalten.

Zweitens, wird derselbe eine weitere Mobiliesirung in Kaukasus unmöglich machen und drittens sich als gutes Beispiel für die anderen unterdrückten Völker in Russland dienen, die auch die Gelegenheit nicht verpassen dürften, sich von dem russischen Joch zu befreien.

Ausserdem ist nicht zu vergessen, dass für die russischen Revolutionselemente, die von den starken Repressions-Massregeln nicht vernichtet wurden, sondern in breiten Volksschichten glimmern, eine Funke zur Anzündung des Revolutionsfeuer genügen wird.

Dies alles wird Russland eine weitere Kriegsführung unmöglich machen, wie es bei dem Japanischen Krieg der Fall war; die russische Regierung wird sich gezwungen sehen, rasch den Frieden mit Deutschland und Oesterreich-Ungarn zu unterzeichnen um einen weiteren Zerfall seiner Macht zu vermeiden.

Gelingt das alles, so werden Deutschland und Oesterreich-Ungarn unbedingt als eine der Bedingungen des Friedensvertrags die Neutraliesirung des Kaukasus zu stellen brauchen, nicht nur im Interesse der Kaukasischen Völker oder benachbarten den letzten Staaten, sondern auch im eigenen Interesse.

Die Anzündigung des neutralen Kaukasus wird:

000104 85 8/.

1) den weiteren unersättlichen und abenteuerlichen Eroberungsgedanken Russlands im nahen Osten für immer ein Ende machen,

2) der Türkei den gefährlichen Nachbarn beseitigen,

3) Persien von der aufgezwungenen russischen Vormundschaft befreien,

4) als zuverlässige Bürgschaft für den dauernden Frieden im nahen Osten dienen

5) Ein breites Feld für die Handelwirtschaftlichen Beziehungen für Europa und besonders für Deutschland öffnen, dessen Einfluss ungestört sich im ganzen Kaukasus und in Klein Asien wird verbreiten können.

Die kaukasischen Völker selbst werden seinen Unterstützern in der Befreiung von der gehassten Herrschaft ewig dankbar und verpflichtet bleiben.

Fürst Georg Matschabelli

M. Tsereteli

Berlin den 24 September 1914.

1)

65

000081

Das Projekt der Neutralisierung des Kaukasus und seiner zukünftigen politischen Organisation. (Zur Ergänzung der von uns eingereichten Zuschrift vom 24. d. M. 1914).

Für die Neutralisierung des Kaukasus sind folgende Mächte und Nationen interessiert:

1) Deutschland und Oesterreich-Ungarn, erstens, um das Bestreben des russischen Imperialismus zu beseitigen, der vom schwarzen Meere durch die Dardanellen nach dem Mittelländischen Meere durchzubrechen und zusammen mit Frankreich und England dasselbe zu beherrschen plant; zweitens um das Eindringen des russischen Einflusses und der russischen Herrschaft in Klein-Asien, Mesopotamien und Persien zu verhindern, wo die deutsche wirtschaftliche Entwickelung an Boden gewonnen hat; und drittens, um neue Märkte für die Deutschlands Handel und Industrie zu erobern.

2). Türkei und Persien, deren Existenz seitens Russland direkt bedroht ist, nachdem Russland im vergangenen Jahrhundert diese beiden Staaten geschwächt hat; seit kurzem noch hat die russische Regierung dem ganzen Nord-Persien seine Vormundschaft aufgezwungen und ist geneigt das ganze türkische Armenien unter verschiedenen Vorwände einzuverleiben.

3). Die kaukasischen Völker selbst, die wie es schon in der Zuschrift vom 24/II. erwähnt wurde, seit mehr als einem Jahrhundert von der russischen Regierung politisch unterdrückt und wirtschaftlich ruiniert sind. Deshalb streben diese Völker sich von der russischen Herrschaft zu befreien und sich politisch selbständig zu machen.

Wie bekannt, ist der Kaukasus von vielen verschiedenen Nationen bevölkert, die aber in drei grosse Gruppen aufgeteilt werden können, welche die zukünftigen politischen Organismen des neutralen kaukasischen Bundesstaates bilden könnten:

1). Königreich Georgien
2) Armenisch-Tatarische Kantonen
3) Föderation der Bergvölker.

Das Königreich Georgien hat 23 Jahrhundert lang bis zum Jahre 1801 als selbständiger Staat existiert und stand nur vorübergehend unter dem Protektorate Persiens oder der Türkei; es hat ein geschlossenes Teritorium mit festen Grenzen und ist mit 2½ Millionen Georgiern bevölkert.

Dieses Teritorium besteht jetzt aus den Gouvernements Tiflis, Kutais, den Bezirken Batum, Suchum und den Teilen ~~der~~ Bezirke Kars und Zakatali, ~~die~~ wo auch die mohamedanischen Georgier wohnen.

Das ganze Gebiet grenzt westlich an die schwarze Meerküste, angefangen von der jetzigen

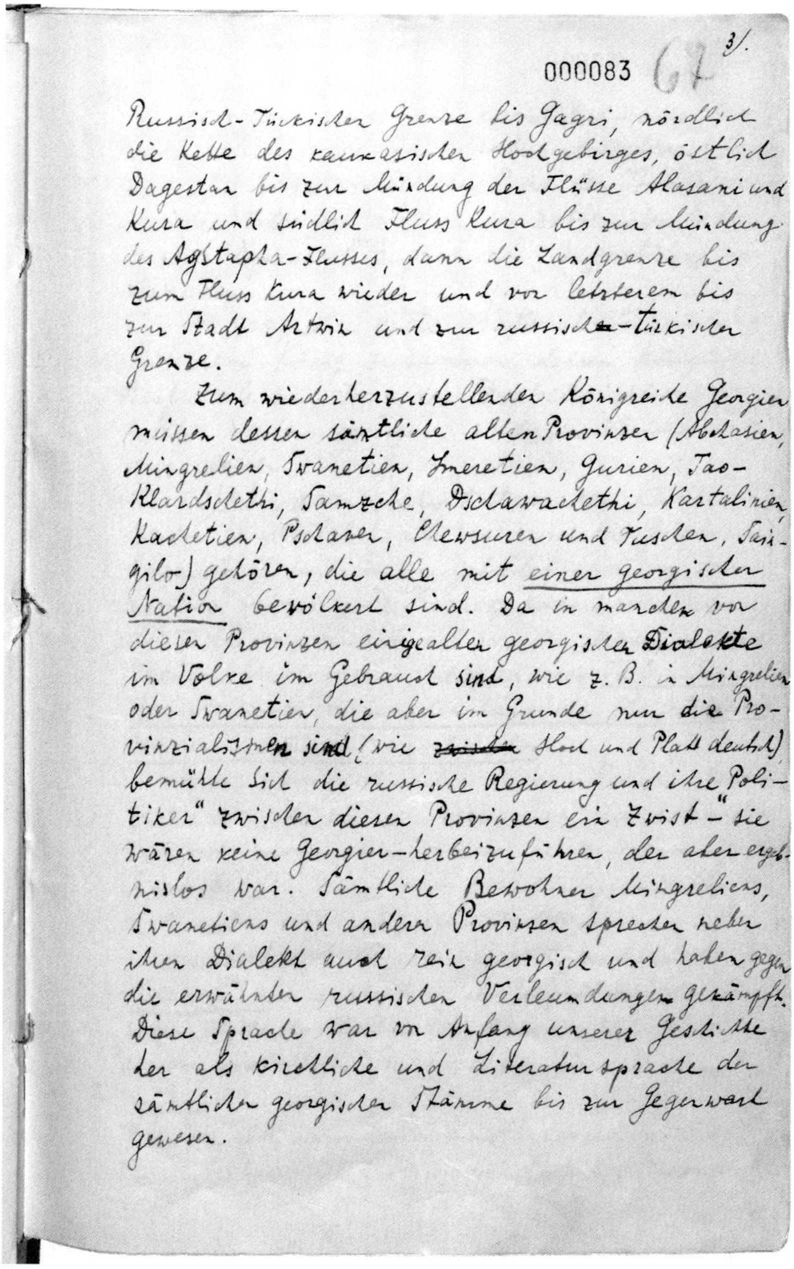
000083 67 3/.

Russisch-Türkischen Grenze bis Gagri, nördlich die Kette des kaukasischen Hochgebirges, östlich Dagestan bis zur Mündung der Flüsse Alasani und Kura und südlich Fluss Kura bis zur Mündung des Agstapha-Flusses, dann die Landgrenze bis zum Fluss Kura wieder und von letzterem bis zur Stadt Artwin und zur russisch-türkischen Grenze.

Zum wiederherzustellenden Königreiche Georgien müssen dessen sämtliche alten Provinzen (Abchasien, Mingrelien, Swanetien, Imeretien, Gurien, Tao-Klardschethi, Samzche, Dschawachethi, Kartalinien, Kachetien, Pschawen, Chewsuren und Tuschen, Saigilo) gehören, die alle mit <u>einer georgischen Nation</u> bevölkert sind. Da in manchen von diesen Provinzen einige alten georgischen Dialekte im Volke im Gebrauch sind, wie z. B. in Mingrelien oder Swanetien, die aber im Grunde nur die Provinzialismen sind (wie ~~zwischen~~ Hoch und Platt deutsch) bemühte sich die russische Regierung und ihre Politiker" zwischen diesen Provinzen ein Zwist – "sie wären keine Georgier – herbeizuführen, der aber ergebnislos war. Sämtliche Bewohner Mingreliens, Swanetiens und anderer Provinzen sprechen neben ihren Dialekt auch rein georgisch und haben gegen die erwähnten russischen Verleumdungen gekämpft. Diese Sprache war von Anfang unserer Geschichte her als kirchliche und Literatursprache der sämtlichen georgischen Stämme bis zur Gegenwart gewesen.

000084 68 41.

Georgien muss eine konstitutionelle Monarchie werden. Mit Hilfe Deutschlands und Oesterreich-Ungarns wird ein nicht einheimischer Prinz*) den Thron besteigen, um die Intrigen zwischen den zahlreichen Erben unserer Dynastie der Bagrationen (Bagratiden) zu vermeiden.

Die georgische erste National-Versammlung mit dem König zusammen, dessen königliche Rechte als eine Form der Staatseinrichtung des Landes vorausgesetzt werden müssen, wird die Verfassung ausarbeiten.

2). Die armenisch-tatarischen Kantonen werden hauptsächlich aus zwei russischen Gouvernements Elisavetpol und Baku gebildet; von den Gouvernements Erivan und dem Bezirk Kars werden ihnen die Teile angegliedert, die von den Armeniern und Tataren bewohnt sind; die anderen Teile dieser Bezirke mit der vorwiegenden türkischen Bevölkerung werden der Türkei zurückgegeben.

Es ist unmöglich diese beiden Nationen territorial zu trennen, da sie sehr verwachsen durcheinander wohnen. Infolgedessen müssen sie zusammen einen Staat bilden, aber mit vollständigen kulturellen, nationalen und religiösen Autonomien.

Als Oberhaupt dürfte ein mohamedanischer Prinz werden**), ebenso wie für die Bergvölkerföderation.

*) Ein westeuropäischer Prinz, um den Einfluss von Europa auf den zukünftigen Staat zu verstärken.

**) Er darf aber unter keinen Umständen sich später als Vasalle des türkischen Sultans oder Schahes von Persien werden.

000085 64 5/

die auch meistens mohammedaner sind.
Die Verfassung für das betreffende Land wird auch eine einberufene Versammlung ausarbeiten, entsprechend seinem Kulturstande.

3/. Den dritten Staat sollen sämtliche Bergvölker der kaukasischen Hochgebirgszone vom Schwarzen bis zum Kaspischen Meere bilden, d.h. die Tscherkesen, Tschetschenen, Kabardiner, Inguschen-Osetinen u. Lesgier. Sie werden auch ihren Fürsten wählen und eigene Verfassung ausarbeiten.

Eine besondere Komission bestehend von Vertreter Deutschlands, Oesterreich-Ungarns, Türkei und der ebengenannten kaukasischen Staaten werden die Landesgrenze feststellen, damit später keine Streitigkeiten entstehen können.

Jeder von diesen drei Staaten des Kaukasischen Bundes wird souverän soweit seine Souveränität den Interessen sämtlicher Staaten des Kaukasus entspricht und soweit es gemeinschaftliche Verträge zwischen diesen Staaten gestatten. Alle drei Staaten werden miteinander verbunden sein in den Fragen, die ihnen allen in gleicher Weise betreffen dürften, z.B. Einheit des Geldwesens, das gemeinschaftliche Zollsystem, gemeinschaftliche Flotte in den beiden anschliessenden Meeren (Schwarzes und Kaspisches), allgemeine Kriegsführung u.s.w.
Dies alles wird eine besondere Verwaltungsfunktion entscheiden, in welcher alle diesen Staate vertreten werden.

6/.

000086 70

Bemerkungen:

Im Falle des Ausbruches eines russisch-türkischen Krieges muss die Türkei versprechen:

a) Die Kampffelder auf dem georgischen Gebiete ohne eine dringende Notwendigkeit nicht zu zerstören und möglichst zu schonen; Georgien sichert seinerseits die Hilfe mit Proviant und Militär zu; die Türkei muss aber bei der Einfuhr von Waffen nach Georgien beistehen.

b) Nach dem Kriege darf die Türkei keines von den Gebieten beanspruchen, die im Jahre 1878 an Russland angegliedert worden und die mit Georgiern bevölkert sind, wie z. B. Bezirk Batum, ein Teil des Bezirks Kars und die Kreise von Achalziche und Achalkalaki. Jene Gebiete aber, wo der grösste Teil der Bevölkerung Türken sind, wie es schon oben erwähnt wurde, die Teile des Gouvernement Erivan und Kars, werden der Türkei abgegeben.

Falls der russisch-türkische Krieg doch nicht zu Stande kommt und die kaukasischen Völker eine bewaffnete Revolution gegen Russland nicht durchführen können, auch in diesem Falle hoffen wir, dass Deutschland und Oesterreich Ungarn die Neutralisierung des Kaukasus, wegen ihrer grossen Bedeutung fordern werden.

Fürst Georg Matschabeli.

Michael Tseretheli.

Berlin d. 27. XI. 14.

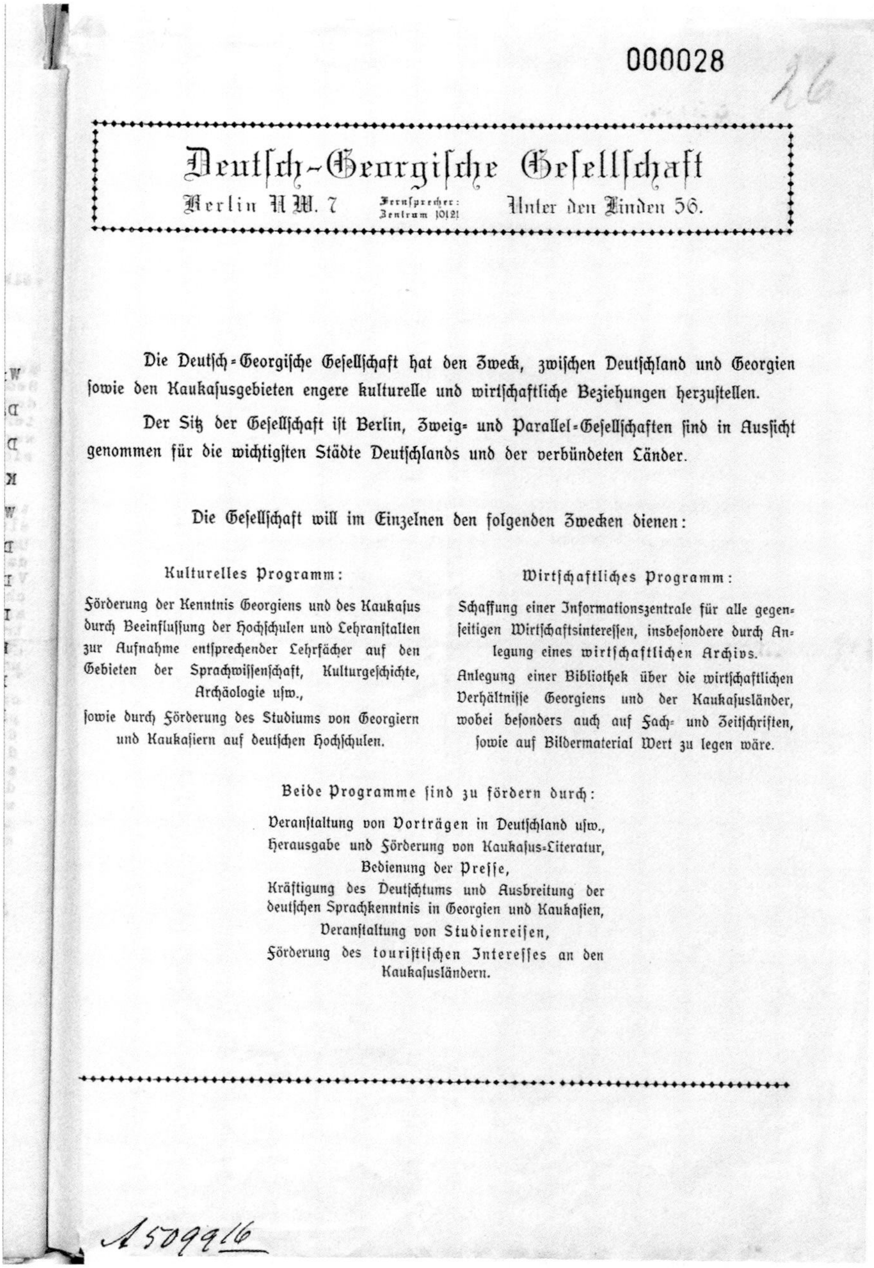

000028

26

Deutsch-Georgische Gesellschaft

Berlin N W. 7 — Fernsprecher: Zentrum 10121 — Unter den Linden 56.

Die Deutsch=Georgische Gesellschaft hat den Zweck, zwischen Deutschland und Georgien sowie den Kaukasusgebieten engere kulturelle und wirtschaftliche Beziehungen herzustellen.

Der Sitz der Gesellschaft ist Berlin, Zweig= und Parallel=Gesellschaften sind in Aussicht genommen für die wichtigsten Städte Deutschlands und der verbündeten Länder.

Die Gesellschaft will im Einzelnen den folgenden Zwecken dienen:

Kulturelles Programm:

Förderung der Kenntnis Georgiens und des Kaukasus durch Beeinflussung der Hochschulen und Lehranstalten zur Aufnahme entsprechender Lehrfächer auf den Gebieten der Sprachwissenschaft, Kulturgeschichte, Archäologie usw.,

sowie durch Förderung des Studiums von Georgiern und Kaukasiern auf deutschen Hochschulen.

Wirtschaftliches Programm:

Schaffung einer Informationszentrale für alle gegenseitigen Wirtschaftsinteressen, insbesondere durch Anlegung eines wirtschaftlichen Archivs.

Anlegung einer Bibliothek über die wirtschaftlichen Verhältnisse Georgiens und der Kaukasusländer, wobei besonders auch auf Fach= und Zeitschriften, sowie auf Bildermaterial Wert zu legen wäre.

Beide Programme sind zu fördern durch:

Veranstaltung von Vorträgen in Deutschland usw.,
Herausgabe und Förderung von Kaukasus=Literatur,
Bedienung der Presse,
Kräftigung des Deutschtums und Ausbreitung der deutschen Sprachkenntnis in Georgien und Kaukasien,
Veranstaltung von Studienreisen,
Förderung des touristischen Interesses an den Kaukasusländern.

A 50996

Programm der Deutsch-Georgischen Gesellschaft.
Quelle: Politisches Archiv des Auswärtigen Amtes.

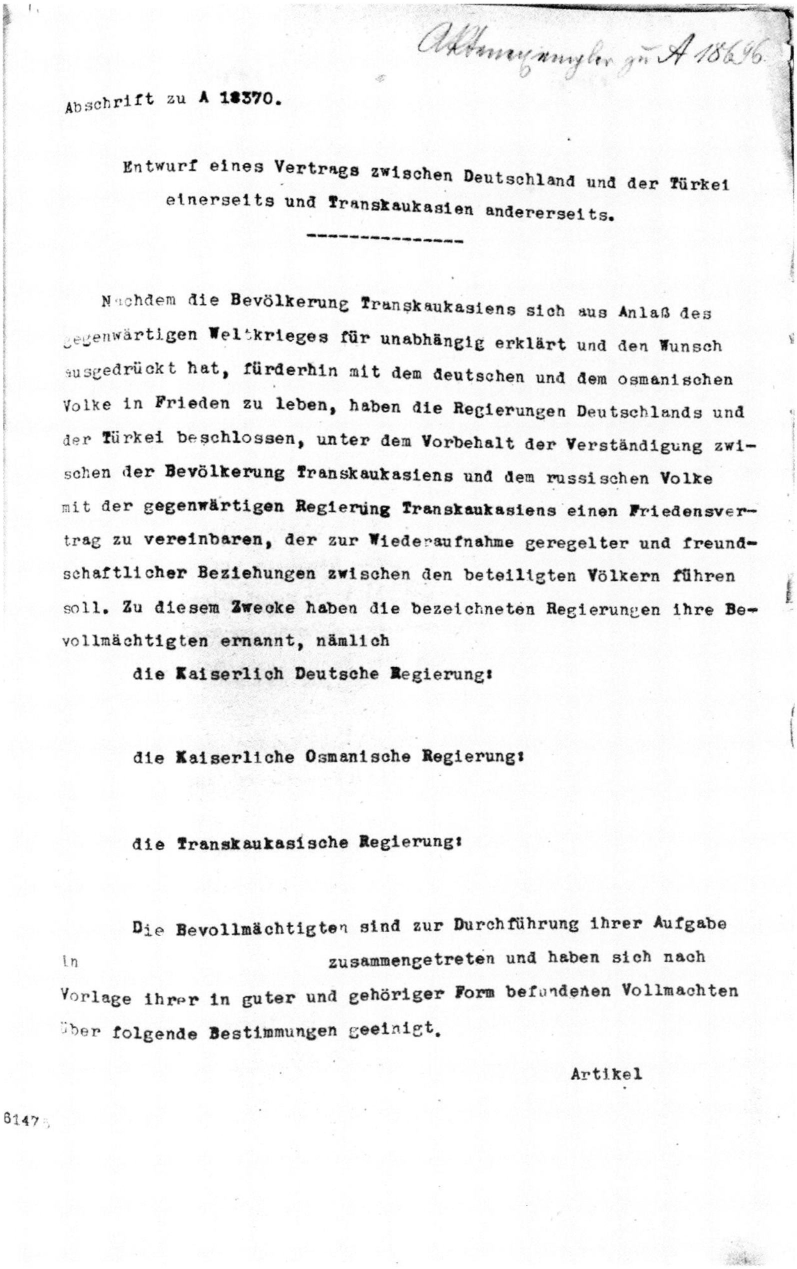

Abschrift zu A 18370.

Entwurf eines Vertrags zwischen Deutschland und der Türkei einerseits und Transkaukasien andererseits.

Nachdem die Bevölkerung Transkaukasiens sich aus Anlaß des gegenwärtigen Weltkrieges für unabhängig erklärt und den Wunsch ausgedrückt hat, fürderhin mit dem deutschen und dem osmanischen Volke in Frieden zu leben, haben die Regierungen Deutschlands und der Türkei beschlossen, unter dem Vorbehalt der Verständigung zwischen der Bevölkerung Transkaukasiens und dem russischen Volke mit der gegenwärtigen Regierung Transkaukasiens einen Friedensvertrag zu vereinbaren, der zur Wiederaufnahme geregelter und freundschaftlicher Beziehungen zwischen den beteiligten Völkern führen soll. Zu diesem Zwecke haben die bezeichneten Regierungen ihre Bevollmächtigten ernannt, nämlich

die Kaiserlich Deutsche Regierung:

die Kaiserliche Osmanische Regierung:

die Transkaukasische Regierung:

Die Bevollmächtigten sind zur Durchführung ihrer Aufgabe in zusammengetreten und haben sich nach Vorlage ihrer in guter und gehöriger Form befundenen Vollmachten über folgende Bestimmungen geeinigt.

Artikel

6147

Deutscher Entwurf eines Friedensvertrages zwischen Deutschland und der Türkei sowie der Transkaukasischen Republik von Mai 1918. Quelle: Politisches Archiv des Auswärtigen Amtes.

Artikel I.

Die Kaiserlich Deutsche und die Kaiserlich Osmanische Regierung erklären sich bereit, der Regierung der Transkaukasischen Republik bei ihren Verhandlungen mit der Russischen Regierung über die Ablösung Transkaukasiens vom Russischen Reiche ihre Unterstützung zu gewähren und nach der Ablösung die Transkaukasische Republik als freien und unabhängigen Staat anzuerkennen. Sie werden der Bevölkerung Transkaukasiens bei der Errichtung des transkaukasischen Staates, bei der Sicherung seiner Grenzen und bei der Regelung seiner Beziehungen zu den Nachbarstaaten ihre Hilfe angedeihen lassen.

Falls die Gruppe der nordkaukasischen Bergvölker ihren Anschluß an die Transkaukasische Republik erklären sollte, werden die Kaiserlich Deutsche und die Kaiserlich Osmanische Regierung keine Einwendungen dagegen erheben, sondern auch wegen der Anerkennung dieses Anschlusses ihre Vermittlung bei der Russischen Regierung eintreten lassen.

Artikel II.

Die Regierung der Transkaukasischen Republik erkennt die Bestimmungen des Friedensvertrages zwischen Deutschland, Österreich-Ungarn, Bulgarien und der Türkei einerseits und Rußland andererseits vom 3. März 1918 als Grundlage ihrer Beziehungen zu dem Deutschen Reiche und zu dem Osmanischen Reiche an, soweit die Bestimmungen ihrer Natur nach auf diese Beziehungen anwendbar sind. Daher werden Deutschland gegenüber die Anlage 2 des Hauptvertrages sowie der deutsch-russische Zusatzvertrag, der Türkei gegenüber die Anlage 5 des Hauptvertrages und der türkisch-russische Zusatzvertrag maßgebend sein.

Artikel III.

3

Artikel III.

Die Transkaukasische Republik wird in Anerkennung des Nationalitätsprinzips sich damit einverstanden erklären, dass die von Türken bewohnten Teile der Bezirke Kars, Ardahan und Batum an die Türkei und die von Persern bewohnten Teile der Provinz Talisch an Persien fallen. Als von Türken bewohnt gilt das Gebiet südlich einer Linie, die von der Mündung des Tschorokflusses seinem nördlichen Ufer, sodann dem Nordufer des Flusses Adzar-Tschat bis zum Treffpunkt der Grenze der bisherigen Bezirke Batum, Ardahan und Georgien folgt. Als von Persern bewohnt gilt der auf dem Südufer des Araxes und der Kura gelegene Teil der Provinz Talisch.

Die Transkaukasische Republik wird demgemäss nach Westen, Süden und Osten folgende Grenzen haben:

Das Ufer des Schwarzen Meeres bis zur Mündung des Tschorokflusses; das Nordufer dieses Flusses und sodann seines Nebenflusses Adzar-Tschat bis zum Treffpunkt der Grenze der bisherigen Bezirke Batum, Ardahan und Georgien; von dort die bisherige Grenze der Bezirke Batum, Ardahan und Kars zum Araxes; weiterhin das Nordufer des Araxes bis zu seinem Treffpunkt mit der russisch-persischen Grenze; sodann das Nordufer des Araxes bis zur Kura und das Nordufer der Kura bis zum Kaspischen Meere; schliesslich das Ufer des Kaspischen Meeres mit den vorgelagerten Inseln.

Die nördliche Grenze Transkaukasiens wird durch Verträge mit den nördlichen Nachbarstaaten festgelegt werden.

Artikel IV.

Die Kaiserlich Türkische Regierung und die Transkaukasische Regierung schliessen mit einander ein ewiges Bündnis ab, in dem sie sich verpflichten, sich für den Fall, dass einer von den beiden

Staaten

Staaten von einer dritten Macht angegriffen werden sollte, dem anderen Staate mit seiner gesamten Heeresmacht Beistand zu leisten.

Artikel V.

Die in dem transkaukasischen Gebiet belegenen Eisenbahnen nebst allem Zubehör werden einer nach transkausischem Rechte begründeten und unter der Aufsicht der Transkaukasischen Regierung stehenden Gesellschaft übertragen werden, der auch das ausschliessliche Recht zustehen soll, mit Zustimmung der Transkaukasischen Regierung neue Bahnlinien anzulegen und zu betreiben.

Von den Anteilen der Gesellschaft entfallen 2/7 auf Transkaukasien, 4/7 auf Deutschland und 1/7 auf die Türkei.

Die transkaukasische Eisenbahngesellschaft erhält von der Transkaukasischen Regierung das ausschliessliche Recht auf die Verwaltung des Hafens von Batum.

Artikel VI.

Die Transkaukasische Regierung verpflichtet sich, die Ausbeutung sämtlicher durch Bergbau zu gewinnender Bodenschätze Transkaukasiens gesetzlich dem Staate vorzubehalten und ausschliesslich einer Gesellschaft zu übertragen, deren Anteile je zur Hälfte Transkaukasien und Deutschland zufallen. Zu diesem Zwecke wird die transkaukasische Berggesetzgebung die erforderlichen Vorschriften wegen Ablösung der bereits in Betrieb befindlichen Bergwerksunternehmungen und der bestehenden Rechte auf die Gewinnung von Bodenschätzen enthalten. Die Ablösung bestehender Bergbaubetriebe und Bergbaurechte soll soweit tunlich durch vertragliche Regelung mit den Betriebsinhabern und Berechtigten erfolgen.

Die Transkaukasische Regierung verpflichtet sich, die Ausfuhr

der

der durch die Bergwerksgesellschaft geförderten Bodenschätze weder durch Verbote noch durch Zölle zu beschränken.

Artikel VII.

Die Transkaukasische Regierung wird in allen Orten des Staates, wo es der Kaiserlich Deutschen Regierung erforderlich erscheint, deutsche Konsuln zulassen. Die deutschen Konsuln, desgleichen die am Sitz der Transkaukasischen Regierung zu errichtende deutsche diplomatische Vertretung sollen ausser ihren sonstigen Befugnissen das Recht haben, die Interessen der in Transkaukasien angesessenen deutschen Kolonisten, auch wenn diese transkaukasische Staatsangehörige sind, zu vertreten.

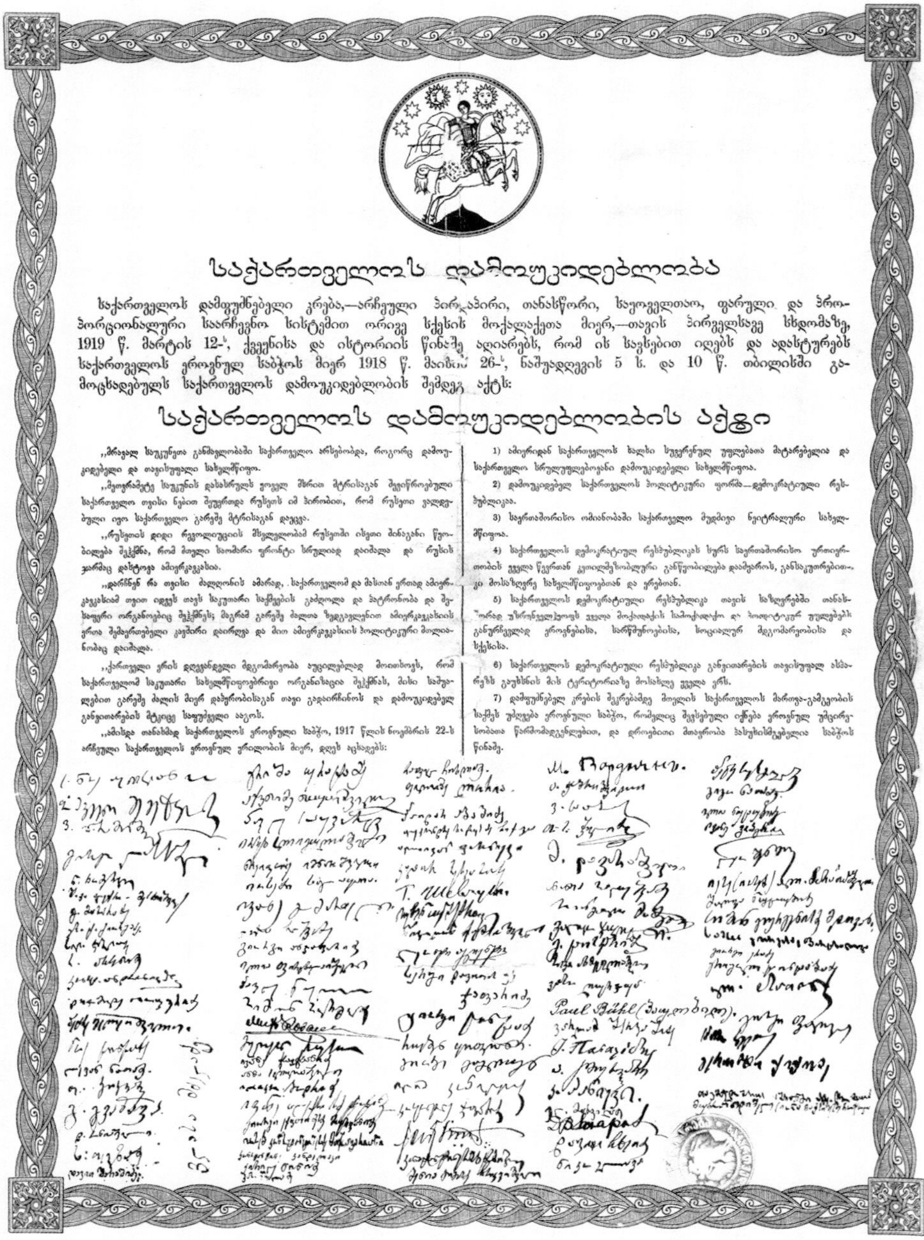

საქართველოს დამოუკიდებლობა

საქართველოს დამფუძნებელი კრება,—არჩეული პირდაპირი, თანასწორი, საყოველთაო, ფარული და პროპორციონალური საარჩევნო სისტემით ორივე სქესის მოქალაქეთა მიერ,—თავის პირველსავე სხდომაზე, 1919 წ. მარტის 12-ს, ქვეყნისა და ისტორიის წინაშე აღიარებს, რომ ის სავსებით იღებს და ადასტურებს საქართველოს ეროვნულ საბჭოს მიერ 1918 წ. მაისის 26-ს, ნაშუადღევის 5 ს. და 10 წ. თბილისში გამოცხადებულს საქართველოს დამოუკიდებლობის შემდეგ აქტს:

საქართველოს დამოუკიდებლობის აქტი

„მრავალ საუკუნეთა განმავლობაში საქართველო არსებობდა, როგორც დამოუკიდებელი და თავისუფალი სახელმწიფო.

„მეთვრამეტე საუკუნის დასასრულს ყოველ მხრით მტრისაგან შევიწროებული საქართველო თვისი ნებით შეუერთდა რუსეთს იმ პირობით, რომ რუსეთი ვალდებული იყო საქართველო გარეშე მტრისაგან დაეცვა.

„რუსეთის დიდი რევოლუციის მსვლელობამ რუსეთში ისეთი შინაგანი წყობილება შექმნა, რომ მთელი საომარი ფრონტი სრულიად დაიშალა და რუსის ჯარმაც დასტოვა ამიერკავკასია.

„დარჩნენ რა თვისი ძალღონის ამარად, საქართველომ და მასთან ერთად ამიერკავკასიამ თვით იდვეს თავს საკუთარი საქმეების გაძღოლა და პატრონობა და შესაფერი ორგანოებიც შექმნეს; მაგრამ გარეშე ძალთა ზედგავლენით ამიერკავკასიის ერთა შემაერთებელი კავშირი დაირღვა და მით ამიერკავკასიის პოლიტიკური მთლიანობაც დაიშალა.

„ქართველი ერის დღევანდელი მდგომარეობა აუცილებლად მოითხოვს, რომ საქართველომ საკუთარი სახელმწიფოებრივი ორგანიზაცია შექმნას, მისი საშუალებით გარეშე ძალის მიერ დაპყრობისაგან თავი გადაირჩინოს და დამოუკიდებელ განვითარების მტკიცე საფუძველი ააგოს.

„ამისდა თანახმად საქართველოს ეროვნული საბჭო, 1917 წლის ნოემბრის 22-ს არჩეული საქართველოს ეროვნულ ყრილობის მიერ, დღეს აცხადებს:

1) ამიერიდან საქართველოს ხალხი სუვერენულ უფლებათა მატარებელია და საქართველო სრულუფლებოვანი დამოუკიდებელი სახელმწიფოა.

2) დამოუკიდებელ საქართველოს პოლიტიკური ფორმა—დემოკრატიული რესპუბლიკაა.

3) საერთაშორისო ომიანობაში საქართველო მუდმივი ნეიტრალური სახელმწიფოა.

4) საქართველოს დემოკრატიულ რესპუბლიკას სურს საერთაშორისო ურთიერთობის ყველა წევრთან კეთილმეზობლური განწყობილება დაამყაროს, განსაკუთრებით—კი მოსაზღვრე სახელმწიფოებთან და ერებთან.

5) საქართველოს დემოკრატიული რესპუბლიკა თავის საზღვრებში თანასწორად უზრუნველჰყოფს ყველა მოქალაქის სამოქალაქო და პოლიტიკურ უფლებებს განურჩევლად ეროვნებისა, სარწმუნოებისა, სოციალურ მდგომარეობისა და სქესისა.

6) საქართველოს დემოკრატიული რესპუბლიკა განვითარების თავისუფალ ასპარეზს გაუხსნის მის ტერიტორიაზე მოსახლე ყველა ერს.

7) დამფუძნებელ კრების შეკრებამდე მთელის საქართველოს მართვა-გამგეობის საქმეს უძღვება ეროვნული საბჭო, რომელიც შევსებული იქნება ეროვნულ უმცირესობათა წარმომადგენლებით, და დროებითი მთავრობა პასუხისმგებელია საბჭოს წინაშე.

Georgische Unabhängigkeitserklärung mit deutscher Übersetzung

DIE UNABHÄNGIGKEIT GEORGIENS

Die Gründungsversammlung Georgiens – gewählt in direkter, gleicher, allgemeiner, geheimer und verhältnismäßiger Wahl durch Bürger beider Geschlechter – bekennt sich gleich in ihrer ersten Sitzung am 12. März 1919 vor dem Lande und der Geschichte dazu, dass sie den folgenden, am 26.05.1918 um 5 Uhr und 10 Minuten nachmittags vom Nationalrat erklärten Unabhängigkeitsakt in vollem Umfang anerkennt und bekräftigt:

UNABHÄNGIGKEITSAKT GEORGIENS

Im Laufe vieler Jahrhunderte bestand Georgien als ein unabhängiger und freier Staat. Ende des 18. Jahrhunderts schloss sich Georgien, von allen Seiten vom Feinde eingeengt, Russland freiwillig unter der Voraussetzung an, dass Russland sich verpflichtete, Georgien vor äußeren Feinden zu schützen. Der Verlauf der Großen Russischen Revolution schuf eine solche Ordnung in Russland, dass die ganze Kriegsfront aufgelöst wurde, und auch die russische Armee Transkaukasien verließ.

Auf sich selbst gestellt, nahmen Georgien und mit ihm Transkaukasien die Führung ihrer Angelegenheiten in die eigenen Hände und schufen dafür auch entsprechende Organe. Infolge des Einflusses externer Kräfte löste sich der Bund transkaukasischer Völker auf, womit auch die politische Einheit Transkaukasiens auseinanderfiel. Der heutige Zustand des georgischen Volkes erfordert unbedingt, dass Georgien seine eigene staatliche Organisation aufbaut, sich hierdurch vor der Eroberung durch externe Mächte bewahrt und sich die feste Grundlage einer unabhängigen Entwicklung schafft.

Dementsprechend erklärt der Nationalrat Georgiens, gewählt durch die Nationalversammlung Georgiens am 22. November 1917, heute Folgendes:

1) Von nun an ist das georgische Volk Träger seiner souveränen Rechte, und Georgien ist ein gleichberechtigter unabhängiger Staat.
2) Die Staatsform Georgiens ist die einer demokratischen Republik.
3) Im Falle eines internationalen Krieges bleibt Georgien dauerhaft neutral.
4) Die Demokratische Republik Georgien ist gewillt, mit jedem Mitglied der internationalen Gemeinschaft ein gutnachbarschaftliches Verhältnis zu begründen, insbesondere mit den benachbarten Staaten und Völkern.
5) Die Demokratische Republik Georgien gewährleistet innerhalb ihrer Grenzen allen Bürgern die gleichen bürgerlichen und politischen Rechte, ungeachtet von Nationalität, Religion, sozialem Stand und Geschlecht.
6) Die Demokratische Republik Georgien eröffnet jedem auf seinem Territorium lebenden Volk freie Entfaltungsmöglichkeiten.
7) Bis zur Einberufung der Gründungsversammlung werden die Führungs- und Verwaltungsaufgaben von Georgien vom Nationalrat übernommen, der mit den Vertretern nationaler Minderheiten besetzt wird, und die Übergangsregierung ist dem Rat gegenüber rechenschaftspflichtig.

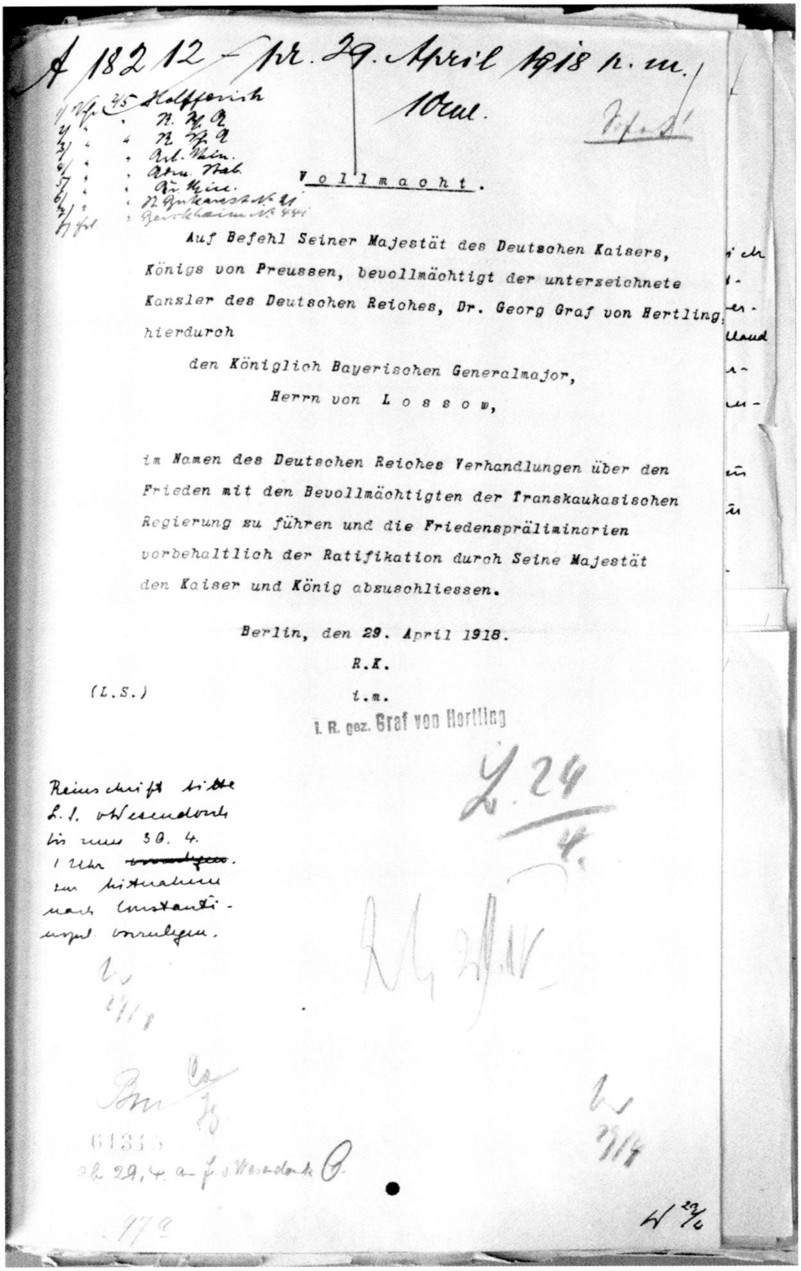

A 18212 – pr. 29. April 1918 p. m.

Vollmacht.

Auf Befehl Seiner Majestät des Deutschen Kaisers, Königs von Preussen, bevollmächtigt der unterzeichnete Kanzler des Deutschen Reiches, Dr. Georg Graf von Hertling, hierdurch

den Königlich Bayerischen Generalmajor,

Herrn von Lossow,

im Namen des Deutschen Reiches Verhandlungen über den Frieden mit den Bevollmächtigten der Transkaukasischen Regierung zu führen und die Friedenspräliminarien vorbehaltlich der Ratifikation durch Seine Majestät den Kaiser und König abzuschliessen.

Berlin, den 29. April 1918.

R.K.

(L.S.) i.m.

I. R. gez. Graf von Hertling

Abschrift der Vollmacht von Otto von Lossow vom 29. April 1918.
Quelle: Politisches Archiv des Auswärtigen Amtes.

Abschrift zu A 23625.

000072

Provisorisches Abkommen

zur vorläufigen Regelung der Beziehungen zwischen Deutschland und Georgien.

Zwischen der Kaiserlich Deutschen Regierung einerseits, vertreten durch den Königlich Bayerischen Generalmajor v o n L o s s o w

und der

Georgischen Regierung andererseits, vertreten durch den Minister des Äußern, Herrn A k a k i T s c h e n k e l i ,

ist in der Absicht, die Beziehungen zwischen den beiden Völkern vorläufig zu regeln, Folgendes vereinbart worden:

Artikel I.

Die Georgische Regierung erkennt die Bestimmungen des Friedensvertrages zwischen Deutschland, Österreich-Ungarn, Bulgarien und der Türkei einerseits und Rußland andererseits vom 3. März 1918 als Grundlage ihrer Beziehungen zu dem Deutschen Reiche an, soweit die Bestimmungen ihrer Natur nach auf diese Beziehungen anwendbar sind. Daher werden Deutschland gegenüber die Anlage 2 des Hauptvertrages sowie der deutsch-russische Zusatzvertrag maßgebend sein.

Artikel II.

Für die Dauer des Krieges wird die Georgische Regierung der Deutschen Regierung gestatten, die auf georgischem Gebiet gelegenen Eisenbahnen für Transporte von Truppen und Kriegsmaterial der vier verbündeten Mächte zu benutzen. Zu diesem Zweck wird in Tiflis eine unter deutscher Leitung stehende Militärkommission eingesetzt werden,

84842.

Vertrag vom 28. Mai 1918 zwischen Otto von Lossow und Akaki Tschchenkeli und Erklärung von Otto von Lossow vom 28. Mai 1918. Quelle: Politisches Archiv des Auswärtigen Amtes.

000073

werden, die im Benehmen mit der Georgischen Regierung den Betrieb der genannten Eisenbahnen regeln soll. Dieser Militärkommission können Mitglieder der vier verbündeten Mächte angehören. Die an den Durchfuhrlinien liegenden Bahnhöfe sowie der Hafen von Poti werden von deutschen Wachkommandos und Kommandanten besetzt.

Artikel III.

Eine deutsche diplomatische Vertretung wird am Sitz der Georgischen Regierung eingerichtet und desgleichen eine georgische diplomatische Vertretung in Berlin eingesetzt werden.

Artikel IV.

Die Georgische Regierung wird in allen Orten des Staates, wo es der Kaiserlich Deutschen Regierung erforderlich erscheint, deutsche Konsuln zulassen.

Für die georgischen Konsuln wird seitens der Deutschen Regierung entsprechend verfahren werden.

Artikel V.

Vorstehendes provisorisches Abkommen, das mit dem Tage seiner Unterzeichnung in Kraft tritt, wird, sobald wie möglich, durch einen zwischen den beiden Parteien zu vereinbarenden Staatsvertrag ersetzt werden, der die Beziehungen zwischen Deutschland und Georgien festsetzen wird, sofern nicht Teile dieses Abkommens durch einen allgemeinen Vertrag ersetzt werden, zwischen den vier verbündeten Regierungen einerseits und der Georgischen Regierung andererseits.

Zu Urkund dessen haben die Bevollmächtigten dieses Abkommen eigenhändig unterschrieben.

Ausgefertigt in zweifacher Urschrift.

P o t i , den 28. Mai 1918.

gez. von Lossow. (Siegel)

gez. A. Tschenkeli. (Siegel)

zu A S 2574 18/2

342

000121

Poti, den 28 Mai 1918.

Ganz geheim !

Herr Minister,

Euerer Exzellenz beehre ich mich folgende Erklärung abzugeben :

Ich verpfliche mich, mich dafür einzusetzen, daß die Kaiserlich Deutsche Regierung sich bereit erklärt, Georgien bei seinen Verhandlungen mit der Russischen Regierung über die Ablösung Georgiens vom russischen Reiche ihre Unterstützung zu gewähren und nach der Ablösung Georgien als freien und unabhängigen Staat anzuerkennen sowie Georgien bei der Sicherung seiner Grenzen und bei der Regelung seiner Beziehungen zu den Nachbarstaaten ihre Hilfe angedeihen zu lassen.

Die Grenzen Georgiens sollen in nachstehender Weise umschrieben werden :

Von

rrn
aky T s c h e n k e l i ,
n ster der Auswärtigen Angelegenheiten
n Georgien

P o t i .

A S 2574 18

Von dem Punkte, wo die Nordgrenze des Gouvernements Kutais das Schwarze Meer trifft, läuft die Grenze längs der Küste dieses Meeres bis zur Südgrenze des Gouvernements Kutais. Sie folgt darauf der Grenze dieses Gouvernements bis zu dem Schnittpunkt mit der Ostgrenze des Bezirks Batum, sodann der Grenze des Gouvernements Tiflis bis zu ihrem Zusammentreffen mit der Nordgrenze des Gouvernements Kutais und läuft dieser entlang bis zum Schnittpunkt mit der Ostgrenze des Bezirks Suchum, der sie bis zum Schwarzen Meere folgt.

Vorstehende Erklärung soll sich auch auf den Bezirk Suchum einschließlich des Kreises Gagry beziehen, und zwar solange als Georgien ein innerhalb Kaukasiens alleinstehender Staat bleibt. Bildet sich dagegen eine Conföderation der Kaukasischen Völker, der sich Georgien anschließt, so soll es den Bewohnern des Bezirkes Suchum einschließlich des Kreises Gagry freistehen über ihre Stellung innerhalb der Kaukasusländer nach eigener Wahl zu entscheiden.

Ich darf ergebenst bemerken, daß mir nach einer Mitteilung der Deutschen Obersten Heeresleitung deutsche

Truppen

000123

Truppen mit dem Ausschiffungsort Poti bereits zugesagt worden sind.

Ich benutze diesen Anlaß, um Euerer Exzellenz den Ausdruck meiner ausgezeichnetsten Hochachtung zu versichern.

000189

Abschrift A. 24036 Ang. 2.
85140.   Berlin, den 8. Juni 1918.

Die Kaiserlich Deutsche Regierung hat beschlossen, den Königlich Bayerischen Generalmajor Freiherrn K r e ß von K r e s s e n s t e i n zeitweilig als ihren diplomatischen Vertreter bei der Regierung der Georgischen Republik, die gegenwärtig die Staatsgewalt in Georgien ausübt, nach Tiflis zu entsenden.

Freiherr K r e ß von K r e s s e n s t e i n ist beauftragt, die deutschen Interessen wahrzunehmen und im Namen der Kaiserlichen Regierung alle Verhandlungen zu führen, die zur Erfüllung dieser Aufgabe erforderlich sind.

Zu seiner Legitimation ist ihm das gegenwärtige Einführungsschreiben ausgestellt worden.

Ich bitte, ihm in allem, was er im Namen meines Kaiserlichen Herrn oder im Auftrage der Kaiserlichen Regierung vorzubringen berufen sein wird, vollen Glauben beizumessen.

193.   gez. Graf von Hertling.

An die Regierung der Georgischen Republik.

Einführungsschreiben von Friedrich Kreß von Kressenstein vom 8. Juni 1918.
Quelle: Politisches Archiv des Auswärtigen Amtes.

Die
völkerrechtliche Stellung
der
Republik Georgien.

Ein Gutachten
von
Professor von Liszt-Berlin.

Als Manuskript gedruckt.

Gutachten von Professor Franz von Liszt zur völkerrechtlichen Stellung Georgiens von Anfang August 1918.

Nach den gegebenen Tatsachen, wie sie auf Grund der in der Tagespresse gebrachten Nachrichten und der mir von georgischer Seite gemachten Mitteilungen als festgestellt angesehen werden können, ist nach unbestrittenen völkerrechtlichen Grundsätzen Georgien heute ein selbständiger, nach allen Richtungen hin unabhängiger Staat, dessen Anspruch auf die förmliche Anerkennung durch die übrigen Mächte nach den Rechtsregeln des Völkerrechtes unzweifelhaft ist.

I. Die rechtliche Lage Georgiens bis zum Ausbruche des Weltkrieges.

Es mag den Anschein haben, als wäre es heute, nachdem der Weltkrieg scheinbar alle Zusammenhänge mit der Vergangenheit zerrissen und völlig neue Zustände geschaffen hat, zwecklose Kraftvergeudung, auf die ältere Geschichte Georgiens und seiner Beziehungen zu Rußland zurückzugreifen. Der kurze Rückblick wird aber erkennen lassen, daß die jetzt errungene Unabhängigkeit nichts anderes bedeutet, als die Wiederherstellung eines rechtlichen Zustandes, der durch Vertragsbruch und Gewalt von russischer Seite zerstört worden ist. Ich folge bei meiner Darstellung der anonym erschienenen Schrift „Georgien und der Weltkrieg“ und der späteren ausführlichen Arbeit von M. v. Tseretheli „Die Rechte Georgiens“ 1917 (Verlag „Der neue Orient“).

Am Ausgange des 18. Jahrhunderts bestand Georgien aus zwei Königreichen und verschiedenen Fürstentümern (in Ost-Georgien das Königreich Quartli und Kacheti; in Westgeorgien das Königreich Imerethi und die Fürstentümer Mingrelien, Guria, Abchasien, Swanethi). Die georgischen Staatengebilde waren klein und schwach, von den mächtigeren Nachbarvölkern, den Persern und Türken, oft und arg bedroht, aber frei und unabhängig. Um ihre nationale Freiheit zu sichern, stellten sie sich seit den Achtzigerjahren des 18. Jahrhunderts unter russischen Schutz. Ost-Georgien ist in dieser Richtung vorangegangen. Grundlegend war der Vertrag, den der Zar Heraklius mit der

Kaiserin Katharina II. von Rußland am 24. Juli (alten Stils) 1783 abgeschlossen hat (abgedruckt bei Tseretheli, S. 3). Der wichtigste der west-georgischen Verträge war der, den Salomon II., König von Imerethi, im Jahre 1804 mit dem Kaiser Alexander I. abgeschlossen hat. Alle diese Verträge sind Schutzverträge. Sie begründen die russische Oberherrlichkeit, die Souveränität Rußlands, sie machen die georgischen Staaten zu russischen Vasallenstaaten und verpflichten Rußland zur Waffenhilfe gegen die äußeren Feinde Georgiens, sie lassen aber die innere Selbständigkeit der Gesetzgebung und der Verwaltung, wie auch des kirchlichen Lebens Georgiens unangetastet.

Alsbald aber setzen die russischen Bemühungen ein, das Protektorat über Georgien zur unmittelbaren staatlichen Herrschaft „umzugestalten". Sie setzen noch im 18. Jahrhundert in Ost-Georgien ein. Da die Verhandlungen Kaiser Paul I. mit dem Sohne des Heraklius, dem Zar Georg XII. (vgl. Tseretheli, S. 9) nicht zum Ziele führten, erklärten die beiden Manifeste Paul I. vom 18. Januar 1801 und Alexander I. vom 12. September desselben Jahres die Angliederung Ost-Georgiens an Rußland. Die Proteste der georgischen Vertreter in Petersburg verhallten ungehört. Ähnlich war die Entwicklung in den übrigen georgischen Staaten. Überall wurde der Widerstand des georgischen Volkes gebrochen, die ihm durch die Verträge zugesicherte Autonomie beseitigt, die russische Verwaltung in allen Zweigen des Volkslebens eingeführt. Um 1914 waren die sämtlichen Gebiete Georgiens zu russischen Gouvernements geworden.

Über die rechtliche Beurteilung dieser Sachlage kann man verschiedener Meinung sein. Am weitesten gehen die georgischen Nationalisten, die die von Rußland gebrochenen Verträge von 1783, 1804 usw. als auch für Georgien nicht mehr bindend erachten und daher auf die Rechtslage vor 1783 zurückgreifen und Georgien für einen völlig unabhängigen vollsouveränen Staat erklären. Dabei stützen sie sich auf zwei Tatsachen, die in die ersten Jahre dieses Jahrhunderts hineinfallen. Einmal auf ein Gutachten von Nys in Brüssel vom November 1906, das die bewaffnete Auflehnung der Georgier gegen Rußland für rechtmäßig erklärte (Georgien und der Weltkrieg, S. 69) und auf das diesem Gutachten entsprechende Urteil des schweizerischen Bundesgerichtes, das das Begehren Rußlands um Auslieferung von drei an dem Aufstand beteiligten Georgiern ablehnte. Dann aber auf die Behandlung der Petition, die das georgische Volk im Jahre 1907 an die Haager Friedenskonferenz richtete. Wie von georgischer Seite behauptet wird, hat die Haager Konferenz lediglich aus formellen Gründen von einer sachlichen Behandlung der Frage abgesehen. Die Schwäche dieser Argumentation erhellt von anderen Gründen abgesehen, schon aus der Tatsache, daß, wie Tseretheli, S. 83 hervorhebt, die georgische Behauptung selbst auf bloßen Gerüchten beruht. Ferner ist von georgischer Seite die Auffassung vertreten worden, daß, da die Verträge von 1783 und den folgenden Jahren niemals rechtmäßig aufgehoben worden seien, mithin noch rechtlich weiter bestehen, Georgien ein halbsouveräner Staat unter russischer Oberherrschaft

2

geblieben sei. So viel ich sehen kann, wird von den georgischen Schriftstellern diese zweite Ansicht vielfach neben der ersten vertreten, obwohl sie dieser in der Begründung widerspricht.

Beiden Ansichten gegenüber kann auf die gerade im gesamten Gebiet des öffentlichen Rechtes so bedeutungsvolle „normative Kraft des Faktischen" hingewiesen werden; auf die Recht vernichtende und Recht begründende Wirkung der Tatsachen. Durch die Macht der Tatsachen wäre Georgien aus einem wenigstens im Innern selbständigen Staat zu einem Teil des russischen Reiches geworden; seine früheren Königreiche und Fürstentümer seien 1914 nichts anderer gewesen als russische Gouvernements.

Es ist glücklicherweise nicht nötig, auf diese Frage hier einzugehen. Denn nicht um die Rechtslage Georgiens im Jahre 1914, sondern um die im Jahre 1918 handelt es sich an dieser Stelle. In diesen wenigen Jahren aber haben die Verhältnisse sich völlig verändert.

II. Die rechtliche Lage Georgiens im Jahre 1918.

Der Weltkrieg hat dem georgischen Volk die lang ersehnte Befreiung von der russischen Herrschaft gebracht. Heute ist die russische Staatsgewalt völlig aus den Gebieten Georgiens verschwunden. Die russischen Truppen haben bis auf den letzten Mann das Land verlassen und mit ihnen die russische Beamtenschaft. An die Stelle der russischen Verwaltung ist überall die georgische getreten. Zunächst verlangte die im November 1917 gebildete Federativrepublik der Georgier, Armenier, Tataren und der Bergvölker (die transkaukasische Republik) nichts anderes als die Autonomie im Rahmen der russischen Gesamtrepublik. Aber seit der zweiten russischen Revolution und insbesondere seit dem Frieden von Brest-Litowsk erstrebte sie die völlige Loslösung von Rußland. Am 22. April 1918 erklärte sie ihre Unabhängigkeit, schon am 27. April traf auf telegraphischem Wege die Mitteilung ein, daß die Türkei die Unabhängigkeit Transkaukasiens anerkannt habe. Die am 15. Mai 1918 in Batum eröffneten Verhandlungen zwischen einer türkischen und einer deutschen Delegation einerseits, den Vertretern der Georgier, Armenier und der Muselmanen andererseits führten zunächst zu der Erkenntnis, daß die kaukasischen Abgeordneten sich über die Errichtung eines gemeinsamen transkaukasischen Staates nicht einigen konnten. Darauf erklärte die georgische Delegation am 26. Mai Georgien als unabhängige Republik. Am 28. Mai folgten die Armenier in Eriwan diesem Beispiel. In dem vorläufigen Vertrag vom 4. Juni 1918 wurde außer diesen beiden Republiken auch die von Aserbeidschan (mit Baku als Hauptstadt) anerkannt. Die genaueren Vereinbarungen über die Grenzen usw. sollten durch eine weitere Konferenz in Konstantinopel festgesetzt werden. An die Sowjetregierung sollte das Ersuchen gerichtet werden, die Loslösung des kaukasischen Gebietes gutzuheißen (vgl. die Mitteilungen des Nieuve Rotterdamsche Courant vom 17. Juli 1918).

So ist Georgien zum selbständigen, vollsouveränen Staat geworden. Durch die Macht der Tatsachen, auf die die russische Herrschaft sich gestützt hatte, ist diese Herrschaft zertrümmert worden. Georgien ist heute bereits eine „selbstherrliche Gebietskörperschaft", auf die eigene Kraft gestellt und durch die eigene Kraft gehalten.

Nach den Rechtsregeln des Völkerrechts ist ein Staat entstanden, sobald die drei Merkmale des Staatsbegriffes, Staatsvolk, Staatsgebiet und Staatsgewalt gegeben sind, sobald also die auf einem abgegrenzten Stück der Erdoberfläche angesiedelte Menschenmenge Verbandsorgane herausgebildet hat, die das Zusammenleben der Glieder im Inneren regeln und nach außen hin den einheitlichen Willen der Gesamtheit darstellen, sobald eine Staatsgewalt entstanden ist, die die Ruhe und Ordnung innerhalb des Staates aufrecht zu erhalten und das Land gegen äußere Feinde zu verteidigen die Kraft hat (vergleiche auch Artikel 35 der Kongoakte von 1885). Diese Voraussetzungen treffen bei der Republik Georgien zu.

Die Legitimität der Entstehung eines neuen Staates ist nicht zu prüfen. Zumeist wird sie ja auf Kosten und gegen den Willen des Mutterlandes erfolgen. Georgien aber würde eine solche Prüfung nicht zu scheuen haben. Denn die Unabhängigkeitserklärung steht durchaus im Einklang mit den Grundsätzen, die die bolschewistische Regierung wiederholt und in feierlicher Form festgelegt hat. Schon der Kongreß der Räte im Juni 1917 hat das Recht der Völker Rußlands auf freie Selbstbestimmung verkündet. Der zweite Kongreß der Räte im Oktober desselben Jahres hat dieses „unveräußerliche Recht der Völker" noch entschiedener und bestimmter bestätigt. In Ausführung dieses Beschlusses hat der Rat der Volkskommissäre in dem Erlaß vom 2./15. November 1917 erklärt, seiner Tätigkeit in der Frage der Nationalitäten Rußlands folgendes Prinzip zu Grunde legen zu wollen:

2. Das Recht der Völker Rußlands auf freie Selbstbestimmung bis zur Abtrennung und Bildung eines selbständigen Staates.

Indem das georgische Volk von diesem Recht Gebrauch macht, bewegt es sich durchaus im Rahmen der von der russischen Sowjet-Republik aufgestellten Grundsätze. Es kann also keine Rede davon sein, daß es damit Ansprüche Rußlands oder auch nur die nationale Empfindlichkeit des russischen Volkes verletzt habe.

III. Die Anerkennung Georgiens durch die Mächte.

1. Von der Entstehung eines Staates ist die Anerkennung durch die übrigen Staaten zu unterscheiden. Diese setzt voraus, daß ein Staat da ist,

aber sie ist mit diesem Dasein noch nicht gegeben, sondern tritt als ein neues zu ihm hinzu. Die Anerkennung bedeutet die Aufnahme des Staates in die Staatengemeinschaft des Völkerrechts, sie ist die Erklärung des anerkennenden Staates, mit dem anerkannten Staat als gleichberechtigtes Glied der Staatengemeinschaft nach den Rechtsregeln des Völkerrechts zusammenleben und verkehren zu wollen. Sie setzt den Willen des anerkannten Staates voraus, diese Regeln als für sich verbindlich zu befolgen. Die Anerkennung hat, wie man sich auszudrücken pflegt, nicht konstitutiven, sondern nur deklaratorischen Charakter. Sie begründet nicht etwa die Existenz des anerkannten Staates, sondern setzt diese voraus. Dennoch ist sie rechtsbegründend, insoweit sie die Aufnahme in die Völkerrechtsgemeinschaft vollzieht.

Diese Auffassung kann als die in der heutigen staatsrechtlichen und völkerrechtlichen Literatur allgemein herrschende bezeichnet werden. Zuletzt hat sie wohl Fleischmann in seiner als Manuskript gedruckten Denkschrift über die „Alandfrage" zum Ausdruck gebracht.

Ich hebe folgende Stellen (Seite 26, 27) hervor:

„Finnland ist unabhängig geworden mit dem Augenblick, wo es sich von Rußland ablöste und soweit es die Kraft in sich trug, als selbständiger Staat in seinen Grenzen herrschaftlich zu wirken . . . .

Die Anerkennung durch die Staatenwelt trägt nur deklaratorischen Charakter; sie setzt nichts fest; sie kann nur feststellen. Sie gibt nur ein schätzbares Beweismittel im positiven Sinne; das Ausbleiben der Anerkennung vermag aber an der Staatlichkeit nichts mehr zu ändern. Das ist heute auch die in der Wissenschaft vorwiegende Ansicht."

Über die Entstehung des polnischen Staates habe ich mich in den „Polnischen Blättern" 1917, Seite 279, in demselben Sinne ausgesprochen.

Die Anerkennung kann in verschiedenen Formen stattfinden. Als förmliche Anerkennung ist sie die ausdrückliche Erklärung des älteren Mitgliedes der Staatengemeinschaft, den neuentstandenen Staat anzuerkennen. Sie ist dann als „empfangsbedürftigere Willenserklärung" von den zur völkerrechtlichen Vertretung berufenen Organen des anerkennenden Staates den entsprechenden Organen des anerkannten Staates zu übermitteln. Man unterscheidet von dieser förmlichen juristisch-diplomatischen Anerkennung die Anerkennung eines Staates „als de facto bestehend".

Diese kann auf verschiedene Weise erfolgen. So durch diplomatische Noten, durch Sendung und Empfang von ständigen Gesandten, durch Abschluß von Verträgen usw. Die Rücksicht auf das Mutterland oder auf andere Staaten der Staatengemeinschaft, den Wunsch, gewisse zwischen den beiden Staaten noch schwebende Fragen vorher zu regeln oder die weitere Entwicklung überhaupt abzuwarten, können das ältere Staatswesen bestimmen, mit der förmlichen Anerkennung einstweilen noch zurückzuhalten. Aber auch diese zweite Form der Anerkennung ist Anerkennung. Der Zusatz „de facto" bezieht sich nicht auf die Anerkennung, sondern auf das Bestehen des anerkannten Staates, dessen tatsächliche Existenz sie bejaht, während sie die rechtliche noch in Schwebe läßt. Ganz anders steht es mit der Anknüpfung bloß tatsächlicher Beziehungen zwischen einem Staatsteile, dessen Zugehörigkeit zum Mutterlande gelockert, aber noch nicht gelöst ist. Auch provisorische Zustände können in Erwartung eines Definitivums zur Anknüpfung eines gegenseitigen Verkehrs führen. Die weltgeschichtlichen Ereignisse vollziehen sich in Raum und Zeit, und die bestehenden Staaten können sich veranlaßt sehen, den Zuständen, die durch die langsam, Schritt für Schritt, vor sich gehende Entstehung eines neuen Staatswesens geschaffen werden, im eigenen Interesse und in dem ihrer Staatsangehörigen ebenso langsam, Schritt für Schritt, sich anzupassen.

Die zwischen dem Deutschen Reich und der Georgischen Republik heute bereits bestehenden Beziehungen fallen aber nicht unter diese Kategorie. Das Deutsche Reich und seine Verbündeten haben vielmehr die Anerkennung Georgiens als eines de facto bestehenden Staates bereits vollzogen, wie das der Staatssekretär v. Kühlmann in der Sitzung des Reichstages vom 24. Juni d. J. ausdrücklich ausgesprochen hat (179. Sitzung, Seite 5609 c). Der Staatssekretär verweist dabei auf die zwischen dem Deutschen Reich und Georgien gewechselten diplomatischen Noten; ich mache aber darauf aufmerksam, daß diese Anerkennung durch das ganze Verhalten des Deutschen Reiches gegenüber der neuen selbständigen Republik stillschweigend ausgesprochen worden ist. So durch die Verhandlungen in Batum, von denen bereits die Rede war, durch die Vereinbarungen, die zu Poti am 28. Mai 1918 getroffen worden sind und die überall von der „georgischen Regierung" sprechen, ohne diese etwa als eine provisorische zu bezeichnen, ja sogar direkt dem „Georgischen Staat" Rechte oder Pflichten zuweisen durch verschiedene mit Georgien abgeschlossene Verträge, ganz besonders aber durch die Entsendung einer Gesandtschaft nach Tiflis (Anfang Juni), die ebenso wie die von Österreich-Ungarn und von Bulgarien bei der „Georgischen Republik" beglaubigt worden ist.

Auch der am 13. März 1918 (also noch vor der Unabhängigkeitserklärung Georgiens) zu Brest-Litowsk unterzeichnete Friedensvertrag mit Rußland weist auf die im Kaukasus neuentstehenden Staatenwesen hin. Artikel IV sagt im dritten Absatz: „Die Bezirke Erdehan, Kars und Batum werden gleichfalls ohne Verzug von den russischen Truppen geräumt. Rußland wird sich in die Neuordnung der staatsrechtlichen und völkerrechtlichen Verhältnisse dieser Bezirke nicht einmischen, sondern überläßt es der Bevölkerung dieser Bezirke, die Neuordnung im Einvernehmen mit den Nachbarstaaten, namentlich der Türkei, durchzuführen." Wie die dem Reichstag von dem Reichskanzler übermittelte Denkschrift Seite 92 hervorhebt, ist „als wichtigster Nachbarstaat" die Türkei ausdrücklich bezeichnet. Rußland ist nicht genannt. Als andere „Nachbarstaaten", die neben der Türkei an der Neuordnung interessiert sein könnten, kommen daher nur die Staaten des Kaukasus in Betracht. Ausdrücklich erwähnt werden diese in der Bemerkung der Denkschrift zum zweiten Absatz des Artikels IV: „Rußland wird alles in seinen Kräften Stehende tun, um die alsbaldige Räumung der ostanatolischen Provinzen und ihre ordnungsmäßige Rückgabe an die Türkei sicherzustellen". Die Denkschrift sagt Seite 93 dazu: „Da hier die russische Regierung keine unbeschränkte Militärhoheit mehr ausübt, hat sie nur zugesagt, alles in ihren Kräften Stehende zu tun, um die Räumung der Provinzen und ihre ordnungsmäßige Rückgabe an die Türkei sicherzustellen. Gegebenenfalls wird die Zusage durch diplomatische Schritte bei den im kaukasischen Gebiet entstehenden neuen Staatengebilden eingelöst werden müssen. „Rußland soll also bei diesen ‚Staatengebilden, zu denen in erster Linie Georgien gehört', diplomatische Schritte unternehmen, um seine Zusage einzulösen. Diese Wendung hat nur dann einen Sinn, wenn die kaukasischen Gebiete als nicht mehr unter der russischen Staatsgewalt stehend, sondern als selbständige Staaten anerkannt werden, denn bei seinen eigenen Gebietsteilen greift der Staat anders ein als durch diplomatische Schritte." Durch die Annahme des Artikels IV hat daher auch Rußland selbst anerkannt, daß Georgien und die übrigen Völker des Kaukasus die russische Herrschaft abgeschüttelt haben und zu unabhängigen Staaten geworden sind.

Wenn das Deutsche Reich bis zum heutigen Tage die förmliche Anerkennung Georgiens noch nicht ausgesprochen hat, so hat das seinen Grund lediglich in der Rücksichtnahme auf Rußland. v. Kühlmann hat das in derselben Rede in Beziehung auf Estland und Livland ausdrücklich ausgesprochen (Seite 5608): „Die Reichsregierung hat sich von Anfang an auf den Standpunkt gestellt, daß es in hohem Grade erwünscht ist, vor endgiltiger diplomatischer Anerkennung staatlicher Gebilde, die sich vom Körper des ehemaligen russischen Reiches losgelöst haben, mit der russischen Regierung der Sowjets in Moskau in einen eingehenden Gedankenaustausch darüber einzutreten, ob und unter welchen Modalitäten die Anerkennung solcher staatlicher Neubildungen erfolgen könnte." Und bezüglich des Staates Georgien hebt es später hervor: „Für seine diplomatische juristische Anerkennung gelten dieselben Grundregeln, welche ich mir vorhin zu skizzieren erlaubte". (Seite 5609.)

An der deutschen Bereitwilligkeit, die förmliche Anerkennung Georgiens auszusprechen, kann daher nicht gezweifelt werden. Ist doch schon im Mai d. J. bei den Verhandlungen in Batum von der deutschen Abordnung die Zusage der Anerkennung gegeben worden. Die russische Einwilligung ist mit Bestimmtheit zu erwarten; ihre Versagung würde im Widerspruch zu den von der Sowjet-Regierung feierlich ausgesprochenen Grundsätzen stehen.

* * *

7

Ich komme daher zu folgenden Ergebnissen:

1. Georgien ist heute bereits ein selbständiger und völlig unabhängiger, mithin souveräner Staat und hat als solcher einen völkerrechtlichen Anspruch auf Anerkennung durch die übrigen Mächte.

2. Die georgische Republik ist vom Deutschen Reich und dessen Verbündeten als ein de facto vorhandenes neues Glied der Staatengemeinschaft bereits ausdrücklich wie durch konkludente Handlungen anerkannt worden.

3. Der förmlichen Anerkennung stehen rechtliche Bedenken nicht im Wege. Sie wäre auch kein „unfreundlicher Akt" gegenüber Rußland, das das freie Selbstbestimmungsrecht der Völker „bis zur Abtrennung und Bildung eines selbständigen Staates" ausdrücklich und feierlich proklamiert hat.

Seeheim an der Bergstraße, den 8. August 1918.

gez.: **Prof. Dr. Franz v. Liszt**
Geheimer Justizrat.

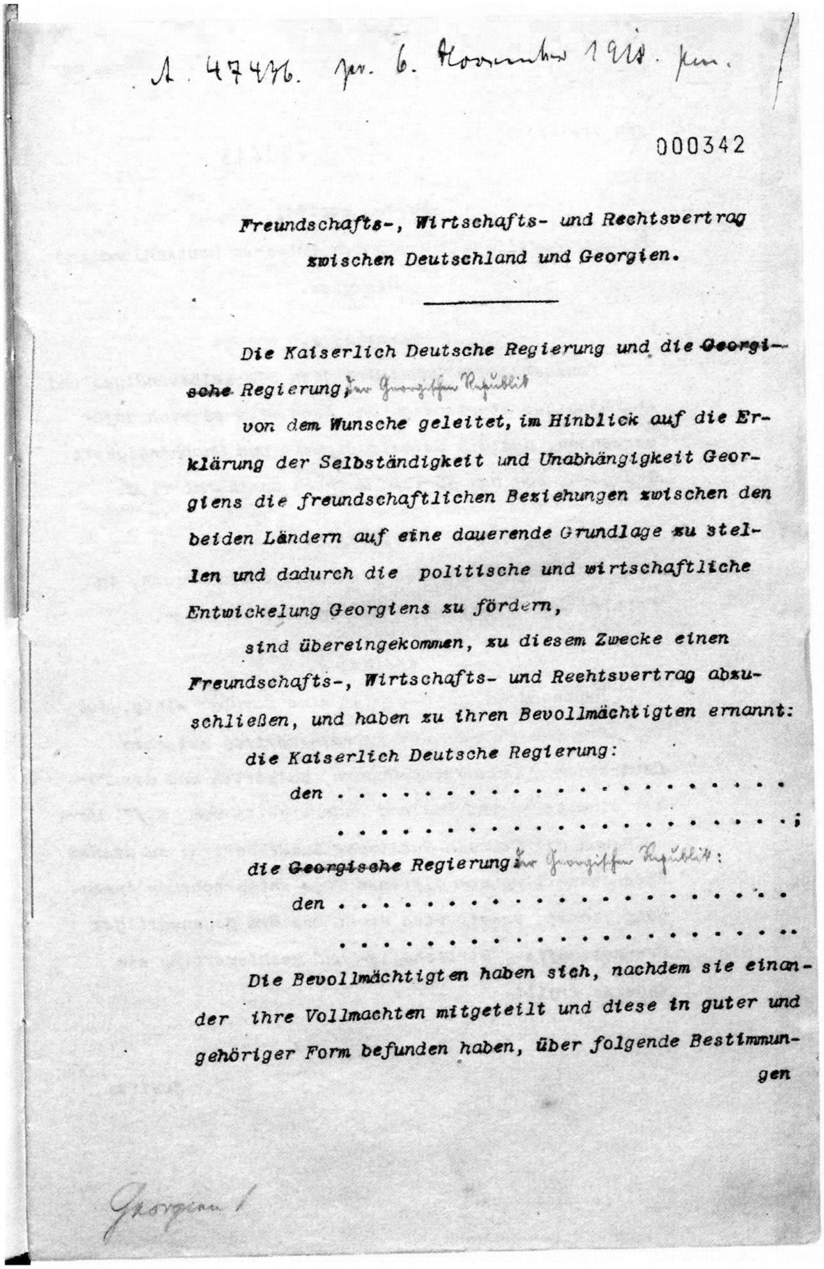

A. 47476. pr. 6. November 1918. pm.

000342

Freundschafts-, Wirtschafts- und Rechtsvertrag
zwischen Deutschland und Georgien.

Die Kaiserlich Deutsche Regierung und die ~~Georgi-sche~~ Regierung der Georgischen Republik

von dem Wunsche geleitet, im Hinblick auf die Erklärung der Selbständigkeit und Unabhängigkeit Georgiens die freundschaftlichen Beziehungen zwischen den beiden Ländern auf eine dauerende Grundlage zu stellen und dadurch die politische und wirtschaftliche Entwickelung Georgiens zu fördern,

sind übereingekommen, zu diesem Zwecke einen Freundschafts-, Wirtschafts- und Reehtsvertrag abzuschließen, und haben zu ihren Bevollmächtigten ernannt:

die Kaiserlich Deutsche Regierung:

den . . . .

. . . . ;

die ~~Georgische~~ Regierung der Georgischen Republik:

den . . . .

. . . .

Die Bevollmächtigten haben sich, nachdem sie einander ihre Vollmachten mitgeteilt und diese in guter und gehöriger Form befunden haben, über folgende Bestimmungen

Georgien!

Entwurf des Freundschaftsvertrages zwischen Deutschland und Georgien vom September 1918. Quelle: Politisches Archiv des Auswärtigen Amtes.

2

gen geeinigt:

000343

Erstes Kapitel.

Freundschaftliche Beziehungen zwischen Deutschland und Georgien.

Artikel 1.

Deutschland erkennt Georgien als selbständiges und unabhängiges Staatswesen an. Auch wird es sich dafür verwenden, daß die Selbständigkeit und Unabhängigkeit Georgiens von den übrigen Mächten anerkannt wird.

Artikel 2.

Deutschland und Georgien sind entschlossen, in Frieden und Freundschaft miteinander zu leben.

Artikel 3.

Deutschland und Georgien sind darüber einig, daß auf ihre Beziehungen der Friedensvertrag zwischen Deutschland, Österreich-Ungarn, Bulgarien und der Türkei einerseits und Rußland andererseits vom 3./7. März 1918 und der Deutsch-Russische Zusatzvertrag zu diesem Friedensvertrag vom gleichen Tage entsprechende Anwendung finden, soweit sich nicht aus dem gegenwärtigen Freundschafts-, Wirtschafts- und Rechtsvertrag ein Anderes ergibt.

Zweites

3

000344

Zweites Kapitel.

Aufnahme der diplomatischen und konsularischen Beziehungen.

Artikel 4.

Die diplomatischen und konsularischen Beziehungen zwischen den vertragschließenden Teilen werden alsbald nach der Ratifikation des Freundschafts-, Wirtschafts- und Rechtsvertrags aufgenommen werden.

Artikel 5.

Jeder vertragschließende Teil wird die Konsuln des anderen Teiles an allen Plätzen seines Gebiets zulassen, soweit nicht bereits vor dem Kriege für einzelne Gebietsteile Ausnahmen bestanden und diese Ausnahmen nach dem Kriege jeder dritten Macht gegenüber gleichmäßig aufrechterhalten werden.

Jeder Teil behält sich vor, aus Gründen der Kriegsnotwendigkeit an gewissen Plätzen Konsuln des anderen Teiles erst nach Abschluß des allgemeinen Friedens zuzulassen.

Artikel 6.

Unter Wahrung der Bestimmungen des Artikel 5 soll zwischen dem Deutschen Reiche und Georgien über die Zulassung der Konsuln, über die Vorrechte und Befreiungen der Konsularbeamten sowie über die konsularischen Amtsbefugnisse tunlichst bald ein Konsularvertrag nach dem Vorbild der in letzter Zeit von Deutschland mit anderen

4

000345

deren Staaten vereinbarten Konsularverträge geschlossen werden.

Bis zum Abschluß des im Absatz 1 vorgesehenen Konsularvertrags regeln sich die Vorrechte und Befreiungen der beiderseitigen Konsularbeamten sowie deren Amtsbefugnisse nach den Bestimmungen des Deutsch-Russischen Konsularvertrags vom 8. Dezember / 26. November 1874; auch sichern sich die vertragschließenden Teile in dieser Hinsicht unter dem Vorbehalt der Gegenseitigkeit die Rechte der meistbegünstigten Nation zu.

Drittes Kapitel.

Anwendung der deutsch-russischen Staatsverträge.

Artikel 7.

Die Verträge, Abkommen und Vereinbarungen, die zwischen Deutschland und Rußland vor der Kriegserklärung in Kraft gewesen sind, bleiben zwischen den vertragschließenden Teilen vorbehaltlich abweichender Bestimmungen des Freundschafts-, Wirtschafts- und Rechtsvertrags bei dessen Ratifikation mit der Maßgabe in Kraft, daß, soweit sie für eine bestimmte Zeit unkündbar sind, diese Zeit um vier Jahre verlangert wird.

Die Deutsche Regierung wird der Georgischen Regierung binnen vier Wochen nach der Ratifikation des Vertrags die im Absatz 1 bezeichneten Verträge, Abkommen und Vereinbarungen ihrem Wortlaut nach mitteilen.

Die

5

000346

Die vertragschließenden Teile behalten sich vor, die Verträge, Abkommen oder Vereinbarungen, die mit den während des Krieges eingetretenen Veränderungen in Widerspruch stehen, durch neue, den veränderten Anschauungen und Verhältnissen entsprechende Verträge zu ersetzen.

Artikel 8.

Die Verträge, Abkommen und Vereinbarungen, an denen außer Deutschland und Rußland dritte Mächte beteiligt sind und in welche Georgien neben Rußland oder an dessen Stelle eintritt, treten zwischen den vertragschließenden Teilen bei der Ratifikation des Freundschafts-, Wirtschafts- und Rechtsvertrags oder, sofern der Eintritt später erfolgt, in diesem Zeitpunkt in Kraft. Auf die mit solchen Kollektivverträgen in Zusammenhang stehenden Einzelverträge zwischen den beiden Teilen finden die Bestimmungen des Artikel 7 über die Verlängerung der Geltungsdauer keine Anwendung.

Wegen der Kollektivverträge politischen Jnhalts, an denen noch andere kriegführende Mächte beteiligt sind, behalten sich die beiden Teile ihre Stellungnahme bis nach Abschluß des allgemeinen Friedens vor.

Viertes

6

000347

Viertes Kapitel.

Wirtschaftliche Beziehungen.

Artikel 9.

Zur Regelung der wirtschaftlichen Beziehungen zwischen Deutschland und Georgien werden die vertragschließenden Teile tunlichst bald in Verhandlungen über den Abschluß eines Handelsvertrags eintreten.

Artikel 10.

Bis zum Abschluß des im Artikel 9 vorgesehenen Handelsvertrags sollen die Bestimmungen der Anlage 2 des Friedensvertrags mit Rußland , soweit sie ihrer Natur nach auf die Beziehungen zwischen Deutschland und Georgien anwendbar sind, zwischen beiden Ländern mit folgenden Maßgaben gelten.

§ 1.

Das in Ziffer 2 der Anlage 2 vorgesehene Kündigungsrecht wird im Verhältnis der beiden Länder von der Deutschen und der Georgischen Regierung ausgeübt.

§ 2.

Für den Schutz auf dem Gebiete des gewerblichen Eigentums sollen im Verhältnis der beiden Länder die Bestimmungen der revidierten Pariser Übereinkunft vom 2. Juni 1911 maßgebend sein.

§ 3.

Der Post- und Telegraphenverkehr zwischen beiden Ländern soll unter Zugrundelegung der Bestimmungen des

Welt-

Weltpostvertrags und seiner Nebenabkommen, des Jnternationalen Telegraphenvertrags und des Jnternationalen Funkentelegraphenvertrags stattfinden. Die näheren Festsetzungen erfolgen durch Abkommen, die zwischen den beiderseitigen Verwaltungen abgeschlossen werden.

~~§ 4.~~

~~Die zwischen der Georgischen Regierung einerseits und der Deutsch-Luxemburgischen Bergwerks- und Hütten-Aktiengesellschaft Bochum i.W. und anderen deutschen Firmen sowie dem Staatssekretär des Deutschen Reichswirtschaftsamts andererseits am 12. Juli 1918 getroffenen Abmachungen über die Georgische Manganerzgesellschaft, die Eisenbahngesellschaft Tschiaturi und die Hafenbetriebsgesellschaft Poti werden bestätigt; auch wird anerkannt, daß die Voraussetzungen erfüllt sind, von denen georgischerseits die Gültigkeit der Abmachungen abhängig gemacht worden ist.~~

~~Von den zur Ausfuhr aus Georgien verfügbaren Mengen von Manganerzen und Manganerzkonzentraten ist ein Viertel nach Maßgabe einer von den beiden vertragschließenden Teilen mit der Russischen Regierung zu treffenden Verständigung für die Versorgung Rußlands entgeltlich zur Verfügung zu stellen.~~

Fünftes

8

000349

Fünftes Kapitel.

Austausch der Kriegsgefangenen und Zivilinternierten.

Artikel 11.

An die Stelle der im Artikel 17 des Deutsch-Russischen Zusatzvertrags enthaltenen Bestimmungen über den Austausch der beiderseitigen Kriegsgefangenen treten die nachstehenden Bestimmungen.

§ 1.

Der bereits im Gange befindliche Austausch der Kriegsgefangenen wird mit möglichster Beschleunigung durchgeführt werden.

§ 2.

Bei der Entlassung erhalten die Kriegsgefangenen das ihnen von den Behörden des Aufenthaltsstaats abgenommene Privateigentum sowie den noch nicht ausbezahlten oder verrechneten Teil ihres Arbeitsverdienstes; diese Verpflichtung bezieht sich nicht auf Schriftstücke militärischen Jnhalts.

§ 3.

Eine aus je einem Vertreter der beiden Teile zu bildende Kommission soll alsbald nach der Ratifikation des Freundschafts-, Wirtschafts- und Rechtsvertrags in . . . . . . zusammentreten, um die Einzelheiten des Austausches, insbesondere die Art und Weise der Heimbeförderung festzusetzen und die Durchführung der getroffenen Vereinbarungen zu überwachen.

§

9

000350

§ 4.

Die nach völkerrechtlichen Grundsätzen zu erstattenden Aufwendungen für die beiderseitigen Kriegsgefangenen werden im Hinblick auf die Gefangenenzahlen gegeneinander aufgerechnet.

Die Kosten der Heimbeförderung der Gefangenen bis zur Grenze ihres Heimatstaats werden von diesem getragen.

Artikel 12.

Auf die Heimkehr der beiderseitigen Zivilangehörigen finden die Bestimmungen des Artikel 18 des Deutsch Russischen Zusatzvertrags mit der Maßgabe Anwendung, daß die im Artikel 11 § 3 des gegenwärtigen Vertrags erwähnte Kommission die Einzelheiten der Heimbeförderung regelt und die Durchführung der getroffenen Vereinbarungen überwacht.

Sechstes Kapitel.

Deutschstämmige Kolonisten in Georgien.

Artikel 13.

zum 31. Dezember 1920

Die deutschstämmigen Kolonisten in Georgien, die in Deutschland eingebürgert werden, sollen ihre Entlassung aus der georgischen Staatsangehörigkeit erhalten, auch wenn sie in Georgien verbleiben.

Artikel 14.

Die gemäß Artikel 13 aus der georgischen Staats-

an-

10

000351

angehörigkeit entlassenen deutschen Kolonisten sollen für die ihnen während des Krieges wegen ihrer Abstammung zugefügten Unbilden eine billige Entschädigung erhalten.

Auch sollen den deutschen Kolonisten auf einen innerhalb eines Jahres nach der Ratifikation dieses Vertrags zu stellenden Antrag Grundstücke oder Rechte an einem Grundstück, Bergwerksgerechtsame sowie Rechte auf die Benutzung oder Ausbeutung von Grundstücken, Unternehmungen oder Beteiligungen an einem Unternehmen, die ihnen nach dem Ausbruch des gegenwärtigen Weltkriegs in Georgien infolge von Kriegsgesetzen veräußert oder sonst durch Zwang entzogen oder auf Grund allgemeiner Gesetze enteignet worden sind, gegen Rückgewährung der ihnen aus der Veräußerung, Entziehung oder Enteignung etwa erwachsenen Vorteile frei von allen inzwischen begründeten Rechten Dritter wieder übertragen werden.

Artikel 15.

Die deutschen Kolonisten werden in der Ausübung von Landwirtschaft, Handel und Gewerbe sowie sonstiger Berufe nicht schlechter gestellt werden als andere Jnländer oder als die Angehörigen der meistbegünstigten Macht; insbesondere werden sie nicht mit höheren Steuern, Abgaben, Auflagen oder Gebühren irgendwelcher Art belastet werden als die anderen Jnländer oder die Angehörigen der meistbegünstigten Macht.

Siebentes

000352

Siebentes Kapitel.

Deutsche Kirchengemeinden, Schulen und wissenschaftliche Anstalten in Georgien.

Artikel 16.

Deutsche Kirchengemeinden, Schulen und wissenschaftliche Anstalten in Georgien sollen dort als zu Recht bestehend anerkannt und zur Verfolgung ihrer Rechte vor Gericht zugelassen werden; auch können sie für ihre Zwecke Grundstücke erwerben.

Der Gründung neuer deutscher Kirchengemeinden, Schulen und wissenschaftlicher Anstalten in Georgien soll kein Hindernis in den Weg gelegt werden. Das Gleiche gilt für die Gründung neuer deutscher Schulen, die von deutschen Unternehmern betrieben werden sollen.

Artikel 17.

Die in Artikel 16 bezeichneten Kirchengemeinden, Schulen und wissenschaftlichen Anstalten sollen hinsichtlich der ihnen zu gewährenden Rechte, insbesondere auch auf dem Gebiete der Besteuerung, nicht ungünstiger als die entsprechenden georgischen Einrichtungen behandelt werden.

~~Unbeschadet der von Georgien ausgeübten Staatsaufsicht soll den Kirchengemeinden, Schulen und wissenschaftlichen Anstalten das Recht zustehen, ihre Verwaltung sowie die Anstellung ihrer Geistlichen, Schulleiter und Lehrkräfte sowie ihres sonstigen Personals, und zwar ohne Rücksicht auf die Staatsangehörigkeit, selbständig zu regeln, den Schulen auch das Recht~~,

~~über~~

12

000353

über ihre Unterrichtssprache, Unterrichtspläne und anderen Schuleinrichtungen nach eigenem Ermessen zu befinden.

Artikel 18.

Alle Rechte und Vergünstigungen, die einer dritten Macht oder deren Angehörigen hinsichtlich der Errichtung, der Unterhaltung und der Besteuerung von Kirchengemeinden, Schulen oder wissenschaftlichen Anstalten aller Art erteilt werden, sollen ohne weiteres auch Deutschland und seinen Angehörigen zustehen. Jn dieser Hinsicht sollen die Zugeständnisse, die dem einen Glaubensbekenntnis gemacht werden, in gleicher Weise für jedes andere Glaubensbekenntnis gelten.

Artikel 19.

Georgien verpflichtet sich, den deutschen Kirchengemeinden, Schulen und wissenschaftlichen Anstalten die ihnen weggenommenen Vermögenswerte zurückzugeben oder, soweit dies nicht möglich ist, zu ersetzen. Auch sind ihnen etwaige andere durch den Krieg entstandene Schäden in gleichem Umfang wie Deutschen zu vergüten.

Artikel 20.

Die Georgische Regierung wird deutschen Jnstituten und Gelehrten die Vornahme von Grabungen in Georgien zu archäologischen Zwecken gestatten, auch ihnen die Hälfte der Funde zur Verfügung stellen. Die deutschen Jnstitute und Gelehrten werden zu solchen Arbeiten und

den-

~~den Veröffentlichungen darüber tunlichst auch georgische Jnstitute und Gelehrte heranziehen.~~

Achtes Kapitel.

Schlußbestimmungen.

Artikel 21.

Dieser Freundschafts-, Wirtschafts- und Rechtsvertrag soll ratifiziert und die Ratifikationsurkunden sollen tunlichst bald in Berlin ausgetauscht werden.

Der Freundschafts-, Wirtschafts- und Rechtsvertrag tritt, soweit darin nicht ein Anderes bestimmt ist, mit seiner Ratifikation in Kraft.

Zu Urkund dessen haben die Bevollmächtigten diesen Freundschafts-, Wirtschafts- und Rechtsvertrag unterzeichnet und mit ihren Siegeln versehen.

Ausgefertigt in doppelter Urschrift in Berlin am . . ~~September~~ Oktober 1918.

République de Géorgie
Ministre
des Affaires Etrangères.

No. 293.

Berlin le 5 novembre 1918

Ausw. Amt L 42318
Eing. 6. NOV. 1918

Monsieur le Secrétaire d'Etat.

Le Gouvernement de la République Géorgienne désirant être en relations étroites et continues avec le Gouvernement Impérial et resserer davantage les liens d'amitié qui se sont si heureusement établis entre les deux Gouvernements et intimmement liés à l'Indépendance de la République et la libération nationale, j'ai l'honneur de nommer en qualité de Représentant du Gouvernement de la République, le citoyen Dr. Jasson de Bakradzé, chargé des intérêts de la République près le Gouvernement Impérial.

Par la présente lettre de créance j'ai l'honneur de l'introduire auprès du Gouvernement Impérial et Le Prier de faire foi à tout ce qu'il aura à présenter au nom du Gouvernement de la République.

Veuillez, Monsieur le Secrétaire d'Etat, agréer l'assurance de ma très haute considération.

A. Tschenkeli

Ministre des Affaires
Etrangères de Géorgie.

Son Excellence
Monsieur le Secrétaire d'Etat
aux Affaires Etrangères d'Allemagne.
Berlin.

Note über die Bestellung von Jason Bakradse zum Vertreter der georgischen Interessen in Deutschland vom 5. November 1918. Quelle: Politisches Archiv des Auswärtigen Amtes.

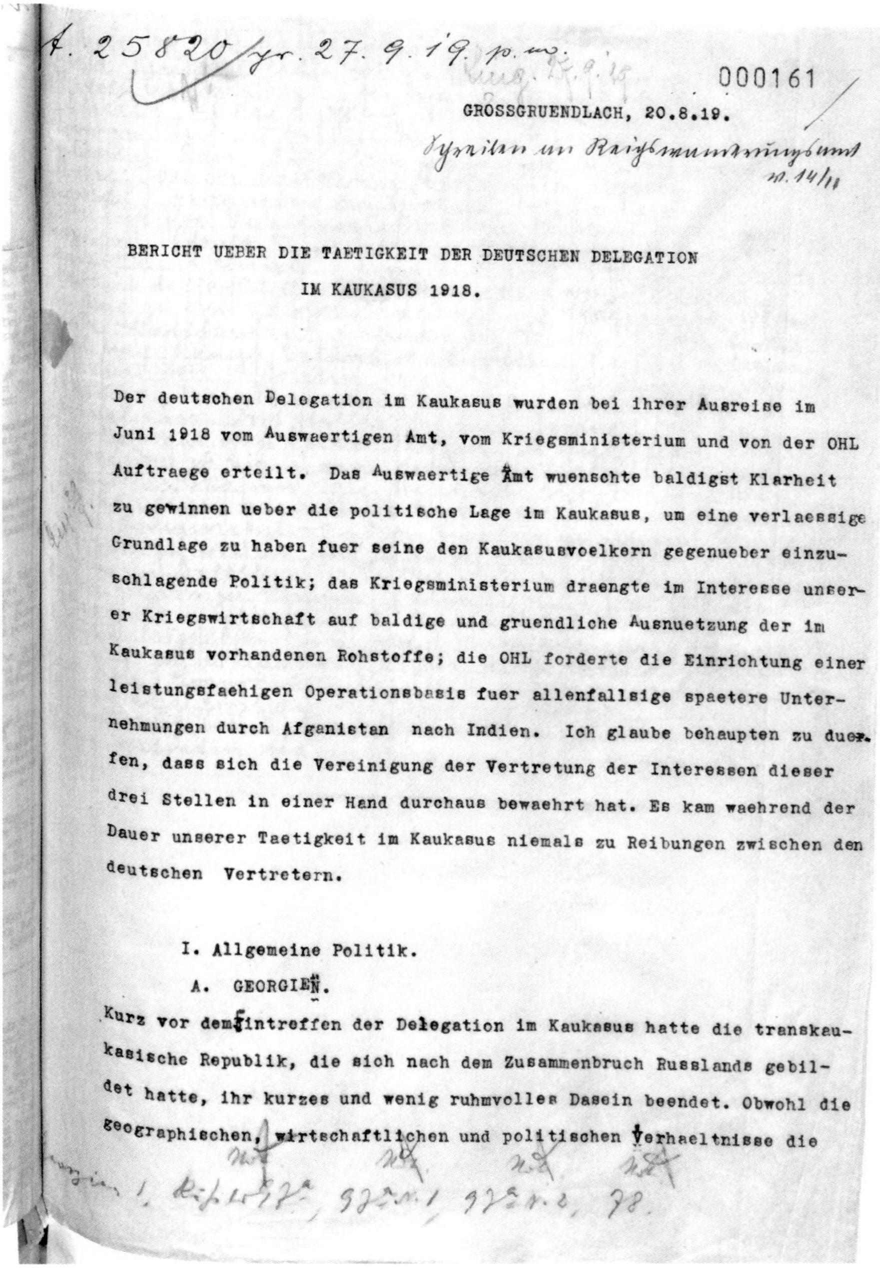

A. 25820 pr. 27. 9. 19. p.m.

000161

GROSSGRUENDLACH, 20.8.19.

BERICHT UEBER DIE TAETIGKEIT DER DEUTSCHEN DELEGATION
IM KAUKASUS 1918.

Der deutschen Delegation im Kaukasus wurden bei ihrer Ausreise im Juni 1918 vom Auswaertigen Amt, vom Kriegsministerium und von der OHL Auftraege erteilt. Das Auswaertige Amt wuenschte baldigst Klarheit zu gewinnen ueber die politische Lage im Kaukasus, um eine verlaessige Grundlage zu haben fuer seine den Kaukasusvoelkern gegenueber einzuschlagende Politik; das Kriegsministerium draengte im Interesse unserer Kriegswirtschaft auf baldige und gruendliche Ausnuetzung der im Kaukasus vorhandenen Rohstoffe; die OHL forderte die Einrichtung einer leistungsfaehigen Operationsbasis fuer allenfallsige spaetere Unternehmungen durch Afganistan nach Indien. Ich glaube behaupten zu duerfen, dass sich die Vereinigung der Vertretung der Interessen dieser drei Stellen in einer Hand durchaus bewaehrt hat. Es kam waehrend der Dauer unserer Taetigkeit im Kaukasus niemals zu Reibungen zwischen den deutschen Vertretern.

I. Allgemeine Politik.

A. GEORGIEN.

Kurz vor dem Eintreffen der Delegation im Kaukasus hatte die transkaukasische Republik, die sich nach dem Zusammenbruch Russlands gebildet hatte, ihr kurzes und wenig ruhmvolles Dasein beendet. Obwohl die geographischen, wirtschaftlichen und politischen Verhaeltnisse die

Bericht über die Tätigkeit der Delegation im Kaukasus vom 20. August 1919.
Quelle: Politisches Archiv des Auswärtigen Amtes.

Georgier, Asserbeidshaner, Armenier und Bergvoelker auf den engsten Zusammenschluss verweisen mussten und die genannten Nationen nur dann lebensfaehige Staatengebilde schaffen konnten, wenn sie Hand in Hand gingen und gemeinschaftlich ihre Interessen gegen Russland und die Tuerkei verteidigten, waren doch die nationalistischen Gegensaetze unter ihnen staerker , als die Interessengemeinschaft. Verschaerft wurden diese Gegensaetze durch den Mangel an Erfahrung und Geschaeftspraxis, unter dem die leitenden Maenner aller dieser Staaten litten und durch die grundsaetzliche Verschiedenheit in der politischen Orientierung der einzelnen Staaten. Waehrend die Georgier engen Anschluss an Deutschland suchten , hatten sich die muhammedanischen Asserbeidshaner voellig den Tuerken in die Arme geworfen. Die Armenier hofften noch immer auf den endgiltigen Sieg der Entente und suchten ueber Persien Anschluss an die Englaender zu gewinnen. Im Nordkaukasus bekaempften sich die Anhaenger einer deutschen und die Anhaenger einer tuerkischen Orientierung.

Die demokratische Republik Georgien war bei unserem Eintreffen noch sehr wenig konsolidiert. An die Spitze der Regierung war eben erst Noe Jordania getreten, ein kluger, gemaessigter Mann, energisch und tatkraeftig bis zum Eigensinn, gebildet, selbstbewusst, von stark ausgepraegtem nationalem Empfinden, trotz eines Sprachfehlers ein ausgezeichneter Redner, getragen von dem Vertrauen der ueberwaeltigenden Mehrheit des Volkes. Er wuchs ueberraschend schnell in seine Stellung hinein , fuer die er weder durch Erziehung noch durch seine fruehere Taetigkeit vorbereitet war. Ihm zur Seite als Minister des Inneren und Vertreter des leider in Europa weilenden Minister des Aeusseren, Tschenkeli stand Noe Ramischwili, ein gleichfalls sehr begabter und kluger, aber wenig energischer und persoenlich ungewandter, nicht ganz aufrichtiger Mann. Als Kriegsminister entwickelte Herr Georgadse ueberraschendes Geschick und Verstaendniss. Leider scheint er aber in der sozialdemokratischen Partei und im Kabinett nicht genuegend Einfluss besessen zu haben, um sich durchzusetzen. Der Finanzminister, Herr Jourouli war ein kleiner Industrieller gewesen und stand seiner ueberaus schwierigen Aufgabe voellig hilflos gegenueber. Es ist sehr bedauerlich, dass es uns nicht gelang , ihm rechtzeitig einen deutschen finanztechnischen Beirat an die Seite zu stellen. Die uebrigen Portefeuilles waren unbedeutenden Persoenlichkeiten anvertraut, die ausnahmslos ihren Posten nicht gewachsen waren.Am Empfindlichsten hat sich dies fuer das Land auf dem so ueberaus wichtigen Gebiet der Landwirtschaft und fuer uns auf dem Gebiet des Eisenbahnwesens fuehlbar gemacht. Waehrend uns die Georgier auf den uebrigen Gebieten nach und nach einen gewissen Einfluss einraeumten, gelang es uns trotz des Vertrages von Poti nicht , auf das Eisenbahnwesen einen entscheidenden Einfluss zu gewinnen. Ich schreibe dies dem Umstande zu, dass die Eisenbahner die einzige straffe sozialdemokratische Organisation in ganz Georgien besassen und dass die georgischen Machthaber befuerchteten, unser Einfluss und unsere Taetigkeit koennte der Regierung diese wichtige Stuetze entfremden und sie weiter nach links draengen. Einzelne Minister, insbesondere der Eisenbahnminister und der Verpflegungsminister waren abgesehen von ihrer Unfaehigkeit auch moralisch nicht einwandfrei und nuetzten ihre Stellung dazu aus, um sich persoenlich zu bereichern.

Die Georgier sind ein ausserordentlich sympathisches und liebenswuerdiges Volk und haben viel europaeische Bildung und Kultur angenommen. Im Grunde ihres Herzen sind und bleiben sie aber doch immer Asiaten und Orientalen. Der orientalische Grundzug ihres Wesens tritt am meisten in die Erscheinung in einem gewissen Grad von Verschlagenheit und Unaufrichtigkeit und in einem schwer zu ueberwindenden Misstrauen.

Den Ministern wurde ihre Aufgabe dadurch ganz ausserordentlich erschwert, dass nicht nur sie selbst jeder Schulung und Vorbereitung fuer ihre Taetigkeit entbehrten, sondern dass auch der ganze Regierungsapparat erst neu geschaffen werden musste, da eine geschulte georgische Beamtenschaft vollstaendig fehlte. Die Russen hatten alle Staatsaemter mitBeamten russischer Nationalitaet besetzt und die Georgier grundsaetzlich vom Verwaltungsdienst fern gehalten. Die in Georgien befindlichen russischen Beamten mussten wegen ihrer politischen Unzuverlaessigkeit entfernt werden -vielleicht ging man hier etwas zu chauvinistisch vor und liess sich nicht nur von politischen, sondern auch von persoenlichen Gesichtspunkten leiten - und konnten nicht durch gleichwertige georgische Beamte und Bedienstete ersetzt werden.

Obwohl sich das Kabinett mit Ausnahme des parteilosen Finanzministers ausnahmslos aus Sozialdemokraten zusammensetzte, hatte es doch eine nicht unbetraechtliche Opposition in der eigenen Partei zu bekaempfen.Es war unvermeidlich, dass die Minister unter dem Druck der Verantwortung und dem Zwang der praktischen, positiven Arbeit, die sie leisten mussten, nach und nach weiter nach rechts rueckten und eine ganze Anzahl von Punkten ihres Parteiprogrammes allmaehlig aufgeben oder modifizieren mussten.Hiebei stiessen sie vielfach in der eigenen Partei auf Widerstand.

Mit den Bolschewiken war man sehr rasch fertig geworden.Als sie das erste Mal eine Versammlung abhielten, schloss sie die rote Garde ein. Es kam zu einem Zusammenstoss , bei dem die rote Garde ausserordentlich energisch und ruecksichtslos vorging und eine betraechtliche Anzahl von Bolschewiken toetete und verwundete. Hiedurch wurde die bolschewistische Bewegung im Keime erstickt und gelangte auch niemals mehr zu irgend welcher Bedeutung.

Auf der anderen Seite erwuchsen der Regierung grosse Schwierigkeiten aus der Politik der nationaldemokratischen Partei. Diese setzte sich hauptsaechlich zusammen aus Angehoerigen der besitzenden .Klassen, aus Kaufleuten , Grossgrundbesitzern, dem gesammten, sehr zahlreichen Adel. Durch die Enteignung des Grundbesitzes ohne Entschaedigung waren diese Staende in die schaerfste Opposition gegen die Regierung gedraengt worden.Sie gingen zwar in der aeusseren Politik und in allen nationalen Fragen mit der Regierung zusammen und zeichneten sich dabei sogar durch einen recht uebertriebenen Chauvinismus aus, bekaempften aber die Regierung auf allen Gebieten der inneren Politik.Die Mehrzahl der Nationaldemokraten verwarf die republikanische Staatsform und strebte die Monarchie an. Ein Teil wollte einen georgischen Prinzen (Fuerst Orbeliani) auf den Tron setzen, ein anderer beabsichtigte einen deutschen Prinzen zu berufen. Der Partei fehlte es an einem faehigen und anerkannten Fuehrer, sie war schlecht organisiert, verfuegte weder ueber Geld noch ueber eine gute Presse und war in sich selbst uneins.Diesen Umstaenden allein duerfte es zuzuschreiben sein, dass die Partei bisher der Regierung nicht gefaehrlich wurde, denn es unterliegt keinem Zweifel, dass die aus grundbesitzenden Bauern bestehende Masse der Bevoelkerung monarchistisch gesinnt ist und nur deshalb sozialdemokratisch waehlte , weil die Sozialdemokraten die Aufteilung des Landes versprachen, waehrend die Nationaldemokraten sich nicht entschliessen konnten , in dieser Beziehung genuegende zeitgemaesse Zugestaendnisse zu machen.

Die Stellung der Delegation wurde durch die innerpolitischen Kaempfe Georgiens ausserordentlich erschwert. Die Nationaldemokraten und mit ihnen weite Kreise der Bevoelkerung glaubten, wir Deutsche kaemen nur, um ihnen in ihrem Kampfe gegen die Sozialdemokratie beizustehen und ihnen wieder zu ihrem Eigentum zu verhelfen. Sie gaben diesen Hoffnungen nicht nur mir gegenueber , sondern auch in der Oeffentlichkeit unverholen Ausdruck und erweckten dadurch von Anfang an bei der regierenden Partei ein lebhaftes Misstrauen gegen das imperialistische und militaristische Deutschland. Trotzdem ich jede Gelegenheit benuetzte, um auch in der Oeffentlichkeit mit allem Nachdruck zu betonen, dass wir Deutsche uns unter keinen Umstaenden in die innere Politik Georgiens mischen wuerden, und trotzdem ich dauernd bemueht war, dies durch unser Verhalten praktisch zu beweisen, konnte ich doch sehr lange Zeit das Misstrauen der Sozialdemokratischen Kreise nicht besiegen. Die zahlreichen Russen und Ententefreunde, die ein Interesse daran hatten , die guten Beziehungen zwischen uns Deutschen und den Georgiern zu trueben, verstaerkten dieses Misstrauen nach Moeglichkeit, insbesondere durch Verbreitung des Geruechtes , Deutschland wolle Georgien annektieren oder sich ein Protektorat ueber Georgien anmassen. Es scheint in die Oeffentlichkeit gedrungen zu sein, dass seinerzeit in Batum und Poti die georgischen Vertreter unter dem Druck des bevorstehenden Einmarsches der Tuerken in Georgien Deutschland das Protektorat ueber Georgien angeboten hatten. Im Hinblick auf die Stimmung der Masse der Georgier hat Deutschland damals sehr wohl daran getan, dieses Anerbieten nicht anzunehmen.

Bei unserem Eintreffen in Georgien stand Georgien noch unter dem Eindruck der Furcht vor einem Einmarsch der Tuerken. Die Georgier aller Parteien haben es jederzeit dankbar anerkannt, dass wir sie vor de n Schrecken einer tuerkischen Invasion bewahrt haben und ihnen trotz unseres Bundesverhaeltnisses zu den Tuerken bei den vielfachen Schwierigkeiten , die auch fernerhin noch zwischen Georgien und der Tuerkei entstanden, treu zur Seite gestanden sind.

- 7 -   000168

Mehr denn je bin ich heute der Ansicht, dass die panturkistischen Kreise und an ihre Spitze Enver niemals ernstlich daran gedacht haben, die von der deutschen OHL und dem General von Seeckt geplante Operation gegen Bagdad wirklich auszufuehren. So wenig Enver seine Armee kannte, so musste er doch wissen, dass sie in den Jahren 1918 und 1919 nicht mehr im Stande war, eine derartig schwierige Operation mit nur einiger Aussicht auf Erfolg auszufuehren. General von Seeckt verfiel in den gleichen Fehler, den wir Deutsche alle zunaechst in der Tuerkei gemacht haben, er ueberschaetzte, die Manoevrirfaehigkeit und Offensivkraft der tuerkischen Truppen und unterschaetzte die Nachschubschwierigkeiten auf den tuerkischen Kriegsschauplaetzen. Die geplante Operation gegen Bagdad musste allein schon an dem Mangel an Transportmitteln scheitern. Den Tuerken kamen die Vorschlaege der OKL sehr willkommen, weil sie ihnen einen Vorwand boten, um im Kaukasus die Kraefte zusammenzuziehen, die notwendig waren, um Cis- und Transkaukasien zu erobern, die armenische Araratrepublik zu vernichten und Turkestan zu unterwerfen. Dass aehnliche Plaene bestanden haben, hat Nuri Pascha mir gegenueber ganz offen zugegeben.

Die Panturkisten hatten sich damals bereits mit dem end-giltigen Verlust der arabischen Provinzen abgefunden und wollten sich - ungeachtet des Brest-Litowsker Vertrages -Ersatz schaffen durch die Eroberung der vorgenannten Gebiete, die nach ihrer Behauptung groesstenteils von Voelkern tuerkischer Nationalitaet bewohnt ~~werden~~ sind. Sie glaubten bei diesen Eroberungszuegen nicht mit ernstlichem Widerstand rechnen zu muessen und die grosse Beute, die in den reichen Laendern winkte, war das beste Mittel um die Kriegsmuedigkeit ihrer Generale und Soldaten zu bekaempfen. Ausserdem hoffte Enver in den fraglichen Gebieten, wenigstens soweit sie muhamedanisch waren, die ihm so dringend noetigen Rekruten zu finden.

Dass es mir nicht gelang, den Botschafter in Konstantinopel und den

General von Seeckt zu dieser Auffassung zu bekehren, hat meine Aufgabe sehr erschwert. Ich gebe ohne weiteres zu , dass den Herrn in Konstantinopel ausserordentlich grosse Schwierigkeiten daraus erwuchsen , dass die deutsche Regierung sich entschlossen hatte , die Absichten der Tuerken auf den Kaukasus zu durchkreuzen. Aber nachdem dieser Entschluss einmal gefasst war und nachdem die verschiedensten Gruende eine loyale Ausfuehrung der Bestimmungen des Brest-Litowsker Vertrages unbedingt notwendig machten, musste der Entschluss auch konsequent durchgefuehrt werden. Dies wurde aber dadurch erschwert, dass Enver unter dem Vorgeben , die Operation gegen Bagdad vorzubereiten , den Einfluss des Generals von Seeckt missbrauchte , um seine kaukasischen Eroberungsplaene zu foerdern.

Waehrend meines Aufenthalts in Prinkipo habe ich Tuerken aller Parteischattierungen getroffen, die Enver und seinen Anhaengern aus dem kaukasischen Abenteuer, wie sie es nannten, den schwersten Vorwurf machten und diesem Abenteuer - vielleicht nicht mit Unrecht - in erster Linie die Schuld an dem Zusammenbruch der Palaestinafront und der ganzen Tuerkei beimassen.

Neben der tuerkischen Frage war es in erster Linie die oeffentliche Unsicherheit in Stadt und Land , die der georgischen Regierung viel zu schaffen machte. Als wir in Tiflis eintrafen ,fanden jede Nacht und oft auch bei Tag ernstliche Schiessereien zwischen der roten Garde und dem zahlreichen Gesindel, das sich arbeitslos herumtrieb, statt. Auf dem flachen Land waren es hauptsaechlich armenische und tartarische Ortschaften, oder tartarische Banden unter Fuehrung von tuerkischen Offizieren, die der Regierung den Gehorsam verweigerten. Das Verdienst sehr rasch Ruhe geschaffen zu haben, gebuehrt den deutschen Truppen. Meist genuegte allein ihr Erscheinen, um die Unterwerfung der unbotmaessigen Ortschaften herbeizufuehren; nur in einzelnen wenigen Faellen mussten sie Gewalt anwenden. Im Grossen und Ganzen haben sich die deutschen Truppen sehr geschickt benommen und sich innerhalb der ihnen eingeraeumten Befugnisse gehalten. In den wenigen Faellen , in denen der Uebereifer oder die Hitze des Gefechtes unsere jungen Offiziere und die Mannschaften verfuehrten, weiter zu gehen als der Zweck erforderte, haben sich die georgischen Behoerden und die oeffentliche Meinung sehr entgegenkommend und verstaendig erwiesen. Derartige Zwischenfaelle konnten ausnahmslos rasch und befr-iedigend beigelegt werden.

Von Anfang an war ich bemueht auf eine Besserung der Beziehungen zwischen Georgien, Asserbeidshan, Armenien und dem Nordkaukasus hinzuarbeiten. Mein Ziel war, zunaechst wenigstens eine Eisenbahn- und Zollgemeinschaft herbeizufuehren. Dieses Ziel konnte ich leider nicht erreichen; ich musste vielmehr manchmal meinen ganzen Einfluss aufbieten, um den Ausbruch offener Feindseligkeiten zu verhueten. Veranlassung zu diesen Zwischenfaellen bot neben dem tiefgehenden, seit Jahrhunderten bestehenden Nationalitaetenhass einerseits der Umstand, dass noch keine endgiltige Festlegung der Grenzen zwischen den einzelnen Staaten und noch keine endgiltige Teilung der russischen Hinterlassenschaft an Staatsgut erfolgt war und andererseits recht haeufig persoenliche Reibungen zwischen den georgischen Ministern und den Vertretern der anderen Staaten . Diese Reibungen waren meist nihht auf schlechten Willen, sondern auf mangelhafte Beherrschung der im internationalen Verkehr ueblichen Formen zurueckzufuehren - auch meine Taetigkeit wurde manchmal dadurch erschwert - und es bestand stets Gefahr, dass bei dem tiefgehenden Hass und Misstrauen der Nationen gegen einander Missverstaendnisse persoenlicher Natur auf das ~~persoenliche~~ politische Gebiet ueberspielten. Ich hatte sehr haeufig und meist mit Erfolg Gelegenheit als Vermittler aufzutreten. Ausserdem wirkte die Anwesenheit der deutschen Truppen sehr maessigend auf die armenischen und asserbeidshanischen Heisssporne. Es ist bezeichnend, dass gerade an dem Tag, an dem nach unseren urspruenglichen Dispo-

000171

sitionen unsere letzten Truppen Tiflis verlassen sollten, starke armenische Kraefte ohne Kriegserklaerung die armenisch-georgische Grenze ueberschritten , um den angeblich armenischen Kreis Bortschalik zu besetzen. Die Armenier hoben die schwachen georgischen Grenzpostierungen auf und rueckten bis auf 40 km an Tiflis heran. Hier erst gelang es den Georgiern , sie nach hartem Kampf zu werfen.Die Vertreter der Entente hatten sich waehrend des Vormarsches der Armenier voellig passiv verhalten. Kaum aber waren die Armenier geschlagen und hatten die Georgier die Oberhand , so forderten sie die Einstellung der Feindseligkeiten und die Annahme ihrer Vermittlung.

Bei dieser Gelegenheit raechte es sich, dass die Georgier unserem Draengen nach Schaffung eines Heeres und nach Reorganisation des Eisenbahnwesens nicht williger nachgekommen waren.

Wir hatten von Anfang an den Standpunkt vertreten, dass eine finanzielle Unterstuetzung Georgiens durch Deutschland und die Zuwanderung deutschen Kapitals zur Erschliessung der Bodenschaetze Kaukasiens nur dann moeglich sei, wenn Georgien durch Einfuehrung der allgemeinen Wehrpflicht und Aufstellung einer zwar kleinen , aber guten regulaeren Armee sich nach innen und aussen sichere. Die Minister konnten sich der Berechtigung unserer Gruende nicht verschliessen, stiessen aber innerhalb ihrer Partei auf heftigen Widerstand. Einesteils war man der Meinung , dass eine demokratische Republik, die frei von allen imperialistischen Zielen sei, keine Kriege fuehren muesse, und deshalb auch kein Heer brauche und andererseits fuerchtete man , die Armee koenne ein Werkzeug in den Haenden der Reaktion werden. Besonders heftigen Widerstand leisteten die Fuehrer der roten Garde, deren Existenzberechtigung aufhoerte, sobald eine regulaere Armee bestand und die doch auf ihre sehr gewinnbringende und einflussreiche Taetigkeit nicht verzichten wollten. (Die rote Garde war eine behoerdlich geduldete und reich subventionierte Raeuber- und Erpresserbande.) Schliesslich wurden die von mir ausgearbeiteten

Entwuerfe eines Wehr- und Militaergesetzes im Parlament mit grosser Mehrheit angenommen , aber der Ausfuehrung und Durchfuehrung der Gesetze wurde, besonders von den aeusseren Verwaltungsbehoerden, ein so starker passiver Widerstand entgegengesetzt, dass die Formierung der Armee nur sehr langsame Fortschritte machte und der unvermutete, hinterlistige Einfall der Armenier die Georgier noch ziemlich wehrlos traf.

Bei der Ausarbeitung der Vollzugsbestimmungen fuer die Organisation der georgischen Armee hat sich mein Chef des Stabes, Major Graf Wolffskeel, den ich dem georgischen Kriegsminister als Berater zur Verfuegung gestellt hatte, ganz vorzueglich bewaehrt.

Die transkaukasische Eisenbahn war von den Russen sehr gut und solid gebaut worden und hatte waehrend des Krieges verhaeltnismaessig wenig gelitten . Die Georgier jagten aber sofort nach ihrer Selbstaendigkeitserklaerung fast alle eingearbeiteten und geschulten russischen Beamten und Bediensteten weg und besetzten die Stellen - vom Minister angefangen - mit Leuten , denen jede Schulung und vor allem jegliche Disciplin fehlte. Wie bei uns trat auch in Georgien nach der Revolution allgemeine Arbeitsunlust ein und die Arbeitszeit wurde stark verkuerzt. Die Folge war, dass die Arbeitsleistung der Eisenbahnwerkstaetten rapid nachliess und der Mangel an brauchbaren Lokomotiven und rollendem Material von Tag zu Tag groesser wurde. Das Massud ging zu Ende, die Lokomotiven mussten auf Kohlenfeuerung umgearbeitet werden. Das Personal war durch die bequeme Massudfeuerung verwoehnt und der koerperlichen Anstrengung der Kohlenfeuerung nicht gewachsen. Durch fortgesetzte Streiks, denen die Regierung machtlos gegenueberstand, wurde die Kohlenbelieferung zeitweise voellig unterbrochen. Die Leistung der Eisenbahn sank ~~zeitweise~~ auf ein Minimum. Wenn ein vollstaendiger Zusammenbruch der georgischen Eisenbahnen vermieden wurde, so ist dies nur der verstaendigen und aufopfernden, unermuedlichen Taetigkeit des Hauptmann Gemoll von den Eisenbahntruppen und seinen Mitarbeitern zu verdanken. Die Leistungen des Hauptmann Gemoll und seiner Mitarbeiter sind um so hoeher zu bewerten, als sie ihren Einfluss nicht an leitender Stelle , sondern nur als Berater unter recht schwierigen Verhaeltnissen ausueben konnten.

Die geringe Leistungsfaehigkeit der Eisenbahnen uebte nicht nur auf die Truppenverschiebungen und die Landesverteidigung einen schlechten Einfluss aus, sondern auch auf die Ein- und Ausfuhr und die Lebensmittelverteilung im Land.

Eine schwere Gefahr fuer Georgien waren die nach vielen Tausenden zaehlenden russischen Offiziere und Beamten Polen, Ukrainer usw.,die nach der russischen Revolution im Kaukasus hatten zurueckbleiben muessen und nach der Selbststaendigkeitserklaerung der kaukasischen Staaten sich beschaeftigungslos und mittellos in Tiflis herumtrieben. Da alle Wege nach Russland verschlossen waren, die russischen Offiziere und Beamten sich auch weigerten in das von den Bolschewiken besetzte Gebiet abzuwandern, war es zunaechst nicht moeglich , diese gefaehrlichen Elemente abzuschieben. Sie befanden sich fast ausnahmslos in einer schweren materiellen Notlage und bildeten ein unzufriedenes, stets zu Putschen geneigtes Element. Sie waren groesstenteils ententefreundlich gesinnt und sahen in der Unterstuetzung , die wir Georgien zu Teil werden liessen eine schwere Schaedigung der Interessen Russlands, fuer das die Rueckeroberung des Kaukasus umso schwieriger werden musste, je mehr durch fremde Hilfe die Widerstandskraft der Kaukasusstaaten gestaerkt wurde. Durch ihre Intriguen und ihre Hetzereien wurde die Taetigkeit der Delegation sehr erschwert. Die georgische Regierung legte aus Gruenden, die ich niemals aufklaeren konnte, den ihr bekannten, russischen Raedelsfuehrern gegenueber eine nicht begreifliche Nachsicht und Schwaeche an den Tag. Mein Anerbieten, die russischen usw. Offiziere und Beamten mit ihren Familien mit deutschen Schiffen nach der Krim zu transportieren, wurde von der georgischen Regierung dankbar angenommen. Es gelang auch einige Tausend Russen abzutransportieren, aber sehr bald verweigerten die deutschen Kommandobehoerden in der Krim die Aufnahme der Rueckwanderer aus dem Kaukasus. Wir hatten das Rueckwandererwesen bereits in grossem Stile organisiert und wurden durch die Massnahmen der deutschen Behoerden in Suedrussland in die groesste Verlegenheit versetzt. Ein grosser Teil der russischen Offiziere trat spaeter in die armenische und in die asserbeidshanische Armee ein und ein Teil liess sich von Denikin anwerben. Im Einverstaendnis mit der georgischen Regierung, die gezwungen war, von zwei Uebeln das kleinere zu waehlen, beguenstigten wir die Werbetaetigkeit Denikins.

Einen dauernden Gegenstand der Beunruhigung bildete fuer die Georgier das wegen seiner Bodenschaetze, seines Tabakbaues und seiner Kuestenentwicklung ausserardentlich wichtige Abchasien. Die Masse der abchasischen Bevoelkerung war demokratisch, zum Teil sogar bolschewistisch gesinnt und wuenschte den Anschluss an Georgien unter Gewaehrung einer gewissen Autonomie. Die sehr reichen muhamedanischen Grossgrundbesitzer wollten dagegen von einem Anschluss an das demokratische Georgien, das ihre Gueter nationalisieren wollte, nichts wissen. Sie suchten, nachdem sie sich vergeblich an uns gewendet hatten, Unterstuetzung von tuerkischer Seite. Den Tuerken kamen die Wuensche der abchasischen Fuersten durchaus gelegen. Wehibs Absicht war, Georgien und Armenien durch Aufwiegelung der Tartaren, der Bergvoelker und der Abchasen einzukreisen, ihnen jede Zufuhr von aussen abzuschneiden, sie auszuhungern und durch Erdrosselung zum Anschluss und zur Unterwerfung unter die Tuerkei zu zwingen. Wehib Pascha und spaeter sein Bruder Essad Pascha schickten bei Nacht auf kleinen Booten mehrere Hundert tuerkische Soldaten, angeblich geborene Abchasen, mit Maschinengewehren unter Fuehrung tuerkischer Offiziere nach Abchasien, um die Aufstandsbewegung gegen Georgien zu stuetzen und zu staerken. Gluecklicher Weise waren diese Unternehmungen der Tuerken so schlecht vorbereitet und so schwaechlich durchgefuehrt, dass die Georgier ihrer leicht Herr wurden. Das Misslingen der türkischen Unternehmungen verschaerfte aber den Gegensatz der Tuerken zu uns Deutschen und den Georgiern sehr wesentlich.

Den wichtigsten Streitpunkt zwischen den Georgiern und den Tuerken bildeten die Gebiete von Achalzik und Abastuman und der suedliche Teil des Kreises Bortschalik. Der Pass von Abastuman ist eine der wichtigsten Einfallspforten nach Georgien. Ein Gegner , der im Besitze dieses Passes ist, kann in wenigen Stunden die grosse Eisenbahnbruecke ueber den Rion erreichen und ist im Besitze dieser Bruecke im Stande Tiflis vom Schwarzen Meere abzuschneiden. Der Besitz von Abastuman ist daher eine Lebensfrage fuer Georgien. Im Frieden von Batum hatten die Tuerken die Raeumung der obengenannten Gebiete zugesagt. Trotzdem weigerten sie sich spaeter unter den nichtigsten Vorwaenden hartnaeckig ihre Truppen aus diesen Gebieten zurueckzuziehen. Ich musste Herrn Jordania vollstaendig Recht geben, dass er die Durchfuehrung der durch den gleichen Batumer Frieden zugesagten türkischen Truppen - und Munitionstransporte nach Elisabethpol und Alexandropol so lange verweigerte , bis auch die Tuerken durch Raemung der von ihnen besetzten, georgischen Gebiete den im Batumer Vertrag uebernommenen Verpflichtungen nachgekommen waren. Die Bewilligung dieser berechtigten und wohlbegruendeten Forderung der Georgier stiess bei Enver und dem General von Seeckt auf einen ganz ausserordentlich hartnaeckigen Widerstand, der sich eben nur erklaeren laesst aus der Absicht der Tuerken, Georgien frueher oder spaeter zu erdrosseln . Ich kann mich auch nicht ganz des Verdachtes erwehren, dass es Enver nicht ganz unwillkommen war, wenn durch die Sperrung der georgischen Eisenbahn, die natuerlich ausschliesslich meinem schlechten Willen zugeschoben wurde, die Vorbereitungen fuer die Bagdader Unternehmung empfindlich geschaedigt wurden. Es bedurfte monatelanger Verhandlungen und vor allem des Misslingens des ersten tuerkischen Angriffes auf Baku bis Enver endlich nachgab.

Die Verhandlungen ueber die Eisenbahntransportfrage haben einen sehr schlechten Einfluss auf unsere Beziehungen zu den Tuerken ausgeuebt. Besonders

der Bruder Envers, Nuri Pascha , ein etwa 28 jaehriger, kluger, aber unerfahrener, fanatischer, auf militaerischem Gebiet voellig ~~unerfah~~-unfaehiger Mann, dessen Fuehrung die tuerkische Jslamarmee anvertraut war, hatte unter der Sperrung des Eisenbahnverkehrs viel zu leiden. Aber auch fuer die Rohstoffversorgung der Mittelmaechte war die Sperrung des Eisenbahnverkehrs von den nachteiligsten Folgen. Die Ausfuhr der grossen Baumwollbestaende aus Asserbeidshan war dadurch auf den wenig leistungsfaehigen Transport mit Landfuhrwerk beschraenkt.
Trotz einer sehr guten Ernte stiess die Versorgung der georgischen Staedte und insbesondere der grossen Stadt Tiflis auf sehr grosse Schwierigkeiten. Irgend welche wirksamen gestzlichen Massnahmen fuer eine planmaessige Verteilung der Lebensmittel und zur Bekaempfung des unerhoerten Lebensmittelwuchers waren nicht getroffen, konnten auch wohl mit dem erst im Entstehen begriffenen Verwaltungsapparat nicht durchgefuehrt werden. Die Lebensmittelpreise erreichten eine ganz ungeheuere Hoehe, was wiederum zur Erhoehung der allgemeinen Unzufriedenheit mit der Regierung beitrug. Die Lebensmittelverteilung im Land litt unter der geringen Leistungsfaehigkeit der Eisenbahn, vor allem aber wollten die Bauern, die im Gelde schwammen, nicht verkaufen, weil sie sich fuer ihr Geld nichts kaufen konnten und es ihnen ganz unmoeglich war ihren Bedarf an Kleidern, Waesche, Tabak, Handwerkszeug usw. zu decken. Der Mangel an allen Gegenstaenden des taeglichen Bedarfs, an Stoffen, Leder, Zwirn, Knoepfen, Glas, Geschirr, Naegeln, Nadeln, Streichhoelzern, Kerzen, Handwerkszeug, Medikamenten, , Papier, , elektrischen Beleuchtungsartikeln usw. war ungeheuer gross. Es ist im hoechsten Grade bedauerlich, dass es trotz aller Antraege und Bitten der Delegation nicht gelang, auch nur einige wenige Waggons mit den genannten Waaren nach Georgien zu bringen. Soweit ich uebersehen kann , lag die Hauptschuld dieses voelligen Versagens unseres Exportes an unserer Hyperorganisation. Nicht nur waere die Einfuhr deutscher Erzeugnisse nach dem Kaukasus

unserer Valuta zu Gute gekommen und haette und die so ueberaus schwierige und kostspielige Rubelbeschaffung erleichtert, sondern es waeren mit einem Male die Anklagen unserer Feinde, dass wir den Kaukasus nur aussaugen , aber ihm nichts bringen, gegenstandslos geworden, unser Handel haette glaenzende Geschaefte gemacht und das deutsche Prestige im Orient haette einen unschaetzbaren Zuwachs erhalten.

Am schlimmsten stand es - und zwar auch noch am Anfang dieses Jahres - um die georgische Finanzwirtschaft. Der Regierungsapparat arbeitete unerhoert teuer, Sparsamkeit und Gewissenhaftigkeit in der Verwaltung oeffentlicher Gelder ist dem Orientalen aller Parteischattierungen etwas voellig unbekanntes - das Bankett, das die Regierung anlaesslich unseres Eintreffens in Tiflis gab , kostete dem Staat 45000 Rubel - , Es gab solange wir in Tiflis waren, ueberhaupt kein Budget, sondern es wurde voellig planlos nach den Beduerfnissen des Tages gewirtschaftet. Den ungeheueren Ausgaben standen , abgesehen von den Zoellen, keine Einnahmen gegenueber. Die Eisenbahn warf nicht nur keine Rente ab, sondern verschlang infolge der Misswirtschaft und der grossen Loehne sehr grosse Summen und Steuern wagte die Regierung noch nicht einzutreiben. Bei der Landbevoelkerung koennen seit Alters die Steuern nur durch die bewaffnete Macht eingetrieben werden und bei der Discip.linlosigkeit und Unehrlichkeit ihrer roten Garde fuerchtet die Regierung mit Recht , dass jeder Versuch zur Steuereintreibung zu den schwersten Ausschreitungen , Unterschlagungen und Aufstaenden fuehren wuerde.

Man lebte also nahezu ausschliesslich von der Notenpresse.

Die Regelung ihrer Finanzen stellt die Georgier noch vor ein ausserordentlich schwieriges Problem , das sie meines Erachtens ohne sehr weitgehende fremde Hilfe ueberhaupt nicht loesen koennen. In der Finanzlage des Landes sehe ich eine schwere Gefahr fuer seine Unabhaengigkeit. Ich halte es nicht fuer ausgeschlossen, dass der drohende Staatsbankerott die Georgier zwingt ,so enge Anlehnung an eine Grossmacht zu suchen,

dass dadurch mehr oder minder ihre Unabhaengigkeit verloren geht.
Das Land ist ohne Zweifel sehr reich, aber seine Reichtuemer muessen meist erst erschlossen werden und dazu sind grosse fremde Kapitalien, fremde Unternehmer, fremde Ingenieure und wahrscheinlich auch fremde gelernte Arbeiter notwendig.

Die Taetigkeit der Delegation im Kaukasus wurde ausserordentlich erschwert durch die schlechten Verbindungen nach der Heimat. Alle diesbezueglichen Antraege, alle Klagen und Vorstellungen hatten keinen Erfolg. Die Einrichtung einer regelmaessigen Postverbindung ist ueberhaupt nicht gelungen , der direkte Funkenverkehr Tiflis - Berlin konnte erst einige Tage vor dem Eintreffen der Englaender in Tiflis aufgenommen werden. Einige Beispiel werden genuegen, um die Schwierigkeiten zu beleuchten, die aus dem schlechten Funktionnieren der Verbindung nach der Heimat erwuchsen. Der Befehl des Auswaertigen Amtes, dass ~~wir~~ sich die deutschen Truppen an den Kaempfen zwischen den Georgiern und Armeniern nicht beteiligen duerften, traf ein , als der Krieg durch einen Waffenstillstand bereits beendet war. Den Befehl der OHL, dass ~~i~~ eine gemischte Kavalleriebrigade nach dem Kaukasus entsendet wuerde, erhielt ich, nachdem fast die ganze Brigade in Poti ausgeschifft war. Es entstanden die schwersten Reibungen daraus, dass keinerlei Vorbereitungen fuer die Unterbringung, die Verpflegung und den Weitertransport der Truppen hatten getroffen werden koennen.

B.) ARMENIEN.

Die Armenier standen uns anfangs ausserordentlich misstrauisch gegenueber. Auch in den gebildeten Kreisen hatte die von der Entente allgemein verbreitete, unwahre Behauptung vollen Glauben gefunden, dass wir Deutsche die Tuerken zu den Armenierverfolgungen veranlasst und sie dabei unterstuetzt haetten . Zum Mindesten war man der Anschauung, ~~da~~

- 18 -

000179

dass die Deutschen nichts getan haetten, um die Armeniergreuel zu verhindern und einzuschraenken. Nur sehr allmaehlig gelang es mir , die Armenier von der Unrichtigkeit ihrer Auffassung zu ueberzeugen. Aber auch dann noch sahen sie in uns die Bundesgenosseb ihrer Totfeinde, der Tuerken und Georgier und misstrauten uns. Jhre Fuehrer konnten sich nicht zu einer ehrlichen und klaren Politik durchringen. Einesteils konnten sie nach Lage der Verhaeltnisse nur bei uns Hilfe und Unterstuetzung finden und andererseits wollten sie es doch nicht ganz mit der Entente verderben, auf deren endgiltigen Sieg sie noch immer rechneten. Durch ihre zweideutige , unaufrichtige Haltung erschwerten sie es uns sehr, ihnen zu helfen.

Die Armenier sind ein unsympathisches, falsches und unzuverlaessiges Volk. Es ist kein Zufall, dass sie von allen ihren Nachbaren, Tuerken, Persern, Tartaren ,Georgiern, Russen gleichmaessig gehasst und missachtet werden. Die duenne Oberschicht der Armenier ist sehr gebildet und intelligent, steht auf einer sehr hohen kulturellen Stufe und ist sehr fleissig, geschaeftsgewandt und kapitalkraeftig. In geistiger und geschaeftlicher Beziehung sind die Armenier ihren Nachbaren weit ueberlegen und deshalb werden sie von ihnen gefuerchtet und gehasst. Der Armenier spielt im Kaukasus eine aehnliche Rolle , wie der Jude in manchen Gegenden Europas. Die grosse Masse des Volkes ist zwar ziemlich arbeitsam, steht aber auf einer sehr tiefen Kulturstufe, ist sehr arm und unbeschreiblich roh. Die Armenier haben kein Recht sich ueber die tuerkischen Greueltaten zu beschweren und damit in der ganzen Welt fuer sich Reklame zu machen. Wo sie die Macht besassen, war ihr Verhalten gegen die Muhamedaner mindestens ebenso tierisch roh und grausam, wie das der Tuerken gegen sie. Die armenischen Massen befinden sich voellig in der Hand eines sehr gefaehrlichen und gewissenlosen Bildungsproletariats. Infolge der Verfolgungen , die die Armenier seit vielen Jahrhunderten erdulden mussten, ist ihr Nationalgefuehl sehr stark entwickelt.

Als wir im Kaukasus eintrafen waren die Armenier auf den Besitz des kleinen und unfruchtbaren Gebirgslandes von Eriwan beschraenkt , da die Tuerken auch ihnen gegenueber die Bedingungen der Vertraege von Brest-Litowsk und Batum nicht einhielten. Ein betraechtlicher Teil der tuerkisch-armenischen Bevoelkerung und die ganze armenische Bevoelkerung der Bezirke Batum, Kars , Ardahan, Achalzik und Achalkalaki, soweit sie nicht von den Tuerken massakriert worden war. hatte sich nach Eriwan und nach Georgien gefluechtet. Zu Hunderttausenden lebten sie hier obdachlos , in der groessten Not und in einem ganz unbeschreiblichen Elend. Seuchen jeder Art wueteten unter den halbverhungerten Fluechtlingen und dezimierten sie. Jede Lebensmittelzufuhr war unterbunden, ein weiteres Ausweichen nach Osten wurde durch die Tartaren verhindert, die Georgier litten selbst Not .

Es unterliegt fuer mich nicht dem geringsten Zweifel, dass - wenn nicht die tuerkische Regierung _so doch ganz sicher die im Kaukasus kommandierenden tuerkischen Generale die feste Absicht hatten, auch noch die letzten Reste des armenischen Volkes vollstaendig zu vernichten. Man wollte die Armenier zunaechst auf einem kleinen Gebiete einkreisen, das sie unmoeglich ernaehren konnte,um sie durch Hunger und Elend zu schwaechen. Um einen Vorwand, sie zusammen mit den Tartaren konzentrisch anzugreifen und vom Erdboden zu vertilgen, waere man dann nicht verlegen gewesen. Dass wir den Tuerken auch hier in die Arme fielen, war ein weiterer Grund fuer ihre tiefe Verstimmung gegen uns.

Unsere Politik war uns durch die Gesetze der Menschlichkeit vorgeschrieben. Als Kulturvolk und als Christen konnten wir nicht mit verschraenkten Armen dabeistehen und untaetig zuschauen, wie die Tuerken eine christliche Nation ausrotteten, ganz abgesehen davon, dass wir nicht neuerdings der Entente wirksames Propagandamaterial gegen uns liefern durften. Meinem oesterreich-ungarischen Kollegen und mir war es vom ersten Tage ab klar, dass wir die Pflicht hatten, uns nach Moeglichkeit

000181

der Armenier anzunehmen, und sie gegen den Vernichtungswillen der Tuerken zu schuetzen, ungeachtet der Frage, ob die Armenier den Mittelmaechten Sympathien entgegenbrachten oder nicht und ob den Mittelmaechten ein direkter oder indirekter Nutzen aus ihrem Eintreten fuer die Armenier erwachsen wuerden.

Es handelte sich fuer uns darum, ein weiteres Vorruecken der Tuerken und die Wiederaufnahme von Feindseligkeiten gegen die Armenier zu verhindern, die Tuerken zur Freigabe des entgegen des Brester- und Batumer Vertrages besetzten Gebietes, ohne dessen Rueckgabe Armenien nicht lebensfaehig war, zu veranlassen. den armenischen Fluechtlingen die Rueckkehr in ihre Heimat und das Einbringen der reifenden Ernte zu ermoeglichen, sie mit Medikamenten, Lebensmitteln, Geld zu versorgen, Vorkehrungen gegen die drohende Hungersnot und zur Bekaempfung der Seuchen zu treffen usw., Infolge des ausserordentlich hartnaeckigen Widerstandes der Tuerken war es nicht moeglich, den Armeniern in dem wuenschenswerten Umfang Hilfe zu leisten. Die Tuerken wurden in ihrer ablehnenden Haltung gestaerkt durch den Widerstand, den General von Seeckt unseren Forderungen entgegensetzte. Durch erlogene und falsche Meldungen war der General ueber die Lage, ueber den Grad der Widerstandsfaehigkeit der Armenier und ueber ihre Absichten getaeuscht worden und glaubte nun aus militaerpolitischen Gruenden von einem Entgegenkommen gegen die Armenier abraten zu sollen. Dagegen hat sich General von Seeckt dadurch ein grosses Verdienst um die Armenier erworben, dass er die Abberufung Wehib Paschas, dieser wilden Bestie in Menschengestalt veranlasste. Trotzdem wir bei unserer Hilfsaktion fuer die Armenier keine sehr grossen positiven Erfolge erzielten, glaube ich doch behaupten zu duerfen, dass es allein dem deutschen Einfluss, der dauernden Ueberwachung der Türken durch uns Deutsche und unseren fortgesetzten Protesten zuzuschreiben ist, wenn heute noch eine armenische Nation existiert. Ich bin fest davon ueberzeugt, dass ohne unser Dazwischentreten den kaukasischen Armeniern das gleiche Schicksal widerfahren waere , wie den tuerkischen Armeniern. Die Armenier beurteilen den Wert unserer Hilfe nur nach den verhaeltnismaessig geringen direkten Erfolgen, die wir erzielt haben, den grossen indirekten Gewinn, den sie uns zu danken haben , stellen sie nicht in Rechnung.

Es waere ein Fehler auf irgendwelche Dankbarkeit der Armenier zu rechnen. Dagegen ist es nicht ausgeschlossen, dass sie ihr wirtschaftliches Interesse und die Enttaeuschungen , die ihnen die Entente ohne jeden Zweifel bereiten wird, spaeter zu einer Annaeherung an Deutschland veranlassen.

Grosse Teile des kuenftigen Armeniens sind sehr reich, aber ausserordentlich schwach bevoelkert. Ich halte es fuer sehr leicht moeglich, dass die Armenier die Einwanderung deutschen Kapitals und besonders deutscher Arbeitskraefte begruessen und beguenstigen werden.

C.) ASSERBEIDSHAN.

Als wir im Kaukasus eintrafen, hatten die Tuerken unter Nuri Pascha in Asserbeidshan bereits festen Fuss gefasst und mit bewundernswerter Energie und Ruecksichtslosigkeit der im Lande herrschenden Anarchie ein Ende gemacht. Nuri Pascha regierte das Land, die asserbeidshanischen Minister waren lediglich Puppen in seiner Hand. Ungeachtet des Aprilabkommens , wonach die wirtschaftliche Ausbeutung des Kaukasus Deutschland und Oesterreich - Ungarn zufiel, beschlagnahmten Nuri und Jamael Hakki Pascha die im Lande befindlichen , reichen Vorraete an Getreide Baumwolle, Seide und Fellen. Unsere Proteste waren wirkungslos. Es hat sich gezeigt, dass es untunlich ist, die wirtschaftliche Ausnuetzung eines Gebietes , das unter dem politischen und militaerischen Einfluss der Tuerken steht, einer anderen Macht zu uebertragen. Solche

Vertraege werden von den Tuerken nicht respektiert und selbst eine Regierung, die den Willen haette, den Vertrag loyal auszufuehren, koennte sich ihren an Ort und Stelle befindlichen Beamten und Offizieren gegenueber nicht durchsetzen.

Unsere Beziehungen zu Asserbeidshan waren anfangs sehr gespannt. Nicht nur waren die Asserbeidshaner durch die Tuerken stark gegen uns verhetzt, sondern es musste auch die Haltung, die uns durch unsere Politik gegen Russland in der Bakufrage aufgezwungen war, die Asserbeidshaner stark gegen uns einnehmen. Sie standen auf dem ohne Zweifel ganz richtigen Standpunkt, dass die Republik Asserbeidshan ohne Baku nicht lebensfaehig sei . Die asserbeidshanische Regierung trat denn auch sofort an mich mit der Frage heran, ob wir ihnen behilflich sein wuerden, Baku zu nehmen und zu halten. Die zurueckhaltende und ausweichende Antwort, die ich auf diese Frage geben musste, war wohl geeignet ihren Argwohn gegen uns zu staerken.

Wir sind leider zwei Monate zu spaet in den Kaukasus gekommen. Die ganze Kaukasus-frage wuerde eine andere , fuer uns wesentlich guenstigere Wendung genommen haben, wenn wir vor dem Eintreffen der Tuerken in Asserbeidshan festen Fuss gefasst haetten. Asserbeidshan ist wegen der vorhandenen und sehr erweiterungsfaehigen Baumwollpflanzungen und wegen der Naphtaqellen in Baku der reichste und wirtschaftlich wichtigste Teil des Kaukasus. Ohne die Beherrschung von Asserbeidshan war auch die Einrichtung der von der OHL geforderten Operationsbasis fuer allenfallsige spaetere Unternehmungen gegen Jndien und die Beherrschung des Kaspischen Meeres ein Ding der Unmoeglichkeit.

Ich liess es mir sehr angelegen sein unsere Beziehungen zu Asserbeidshan zu bessern und das Vertrauen der Asserbeidshaner zu erwerben. Dabei wurde ich unterstuetzt durch die immer mehr und mehr um sich greifende Unzufriedenheit der Asserbeidshaner mit Nuri Pascha und den Tuerken. Besonders nach dem ersten verunglueckten Angriff der Tuerken auf ~~Baku trat ein Stimmungsumschlag der Asserbeidshaner zu unseren Gunsten~~

 000184

Baku trat ein Stimmungsumschlag zu unseren Gunsten ein und ich konnte eine sehr erfreuliche Annaeherung der asserbeidshanischen Minister an uns konstatieren. Die Bestimmungen des Brest-Litowsker ~~Zusatzvertrages~~ Zusatzvertrages hatten jedoch begreiflicher Weise sofort ein Abruecken der Asserbeidshaner und eine starke Abkuehlung unserer Beziehungen zur Folge, die ihren Hoehepunkt erreichte, als ich nach dem Fall von Baku deutsche Truppen dorthin entsenden wollte.

Immerhin bin ich der Ueberzeugung , dass es doch noch gelungen waere, im Laufe der Zeit ein freundschaftliches Verhaeltnis zu den Asserbeidshanern herbeizufuehren, wenn nicht unser Zusammenbruch erfolgt waere.

Die Asserbeidshaner sind im hohen Grade anlehnungsbeduerftig, weil sie nur eine ganz duenne Oberschicht an Gebildeten besitzen und zur Erschliessung der Reichtuemer ihres Landes unbedingt fremde Hilfe brauchen. Dass sie diese Hilfe von den Tuerken nicht erwarten durften, dass diese vielmehr das Land in der schamlosesten Weise aussaugen wuerden, war den gebildeten Asserbeidshanern sehr bald klar geworden. Nuri stuette sich schon zur Zeit unseres Eintreffens lediglich auf die durch seine Imams fanatisierte , ungebildete Bevoelkerung. Aber auch diese fing an in ihrer tuerkenfreundlichen Haltung erschuettert zu werden, als Nuri begann , in groesserem Umfang Asserbeidshaner als Rekruten in die Tuerkische Armee einzustellen.

Die Masse der Asserbeidshaner ist wild, unkultiviert und grausam, aber nicht unsympathisch. Ausser in Baku gibt es keine Industrie im Land. Das Land ist reich und aufnahme-faehig fuer viele Industrieprodukte. Fremdes Unternehmertum findet ein weites Feld der Betaetigung und wahrscheinlich sogar einen Teil des benoetigten Kapitals.

- 22 -

000185

D.) DIE BERGVOELKER.

Der Freiheitsdrang der Bergvoelker ist aus der Geschichte bekannt. Ebenso gross wie ihr Drang nach Unabhaengigkeit ist aber auch ihre Uneinigkeit. Als wir in Tiflis eintrafen, stellte sich ein Herr Tschermoeff, Mitbesitzer der Oelfelder in Grossni, als Praesident der nordkaukasischen Republik vor. Er ist Muhamedaner, vollstaendig tuerkisch orientiert und wuenschte, dass wir den Tuerken die Erlaubnis zur Durchfuhr von Truppen, Waffen und Munition durch Georgien nach dem Nordkaukasus erwirken sollten. Ich verhielt mich ihm gegenueber sehr zurueckhaltend und hatte von Anfang an ernste Bedenken, ob Tschermoeff auch wirklich befugt war, im Namen der nordkaukasischen Republik zu verhandeln . Tatsaechlich hat sich spaeter herausgestellt, dass die von Tschermoeff vertretene Republik nur auf dem Papier bestand und dass die Staemme, die sie bilden sollten, zum Teil sogar im offnen Kampfe unter einander lagen oder mit den Bolschewiken verhandelten.

Die Verhaeltnisse im Nordkaukasus blieben waehrend unseres ganzen Aufenthaltes in Tiflis verworren und unklar. Es fehlte an Persoenlichkeiten, deren Einfluss sich ueber den weiteren Umkreis ihres Dorfes hinauserstreckte. Die Bergvoelker sind gegenwaertig noch voellig unreif fuer die republikanische Staatsform. Sie brauchen einen Diktator, der sich auf eine starke militaerische Macht stuetzt.

Erst gegen Ende unseres Aufenthaltes im Kaukasus scheinen sich die Verhaeltnisse bei den Bergvoelkern etwas konsolidiert zu haben. Den Bemuehungen der ziemlich einflussreichen, gewandten, deutschfreundlichen Herrn Dschabagieff und Kozeff ist es gelungen, eine Art Nationalversammlung einzuberufen, die von nahezu allen Staemmen beschickt wurde und deren Zweck war, eine Einigung und die Wahl einer allgemein anerkannten Regierung herbeizufuehren. Das Ergebnis dieser Verhandlung habe ich nicht mehr erfahren.

Da ihnen der Weg durch Georgien versperrt war, hatten die Tuerken in konsequenter Durchfuehrung ihres Programms zur Einkreisung Georgiens eine groessere Anzahl von Jmams, Offizieren und Soldaten auf unwegsamen Gebirgspfaden in den oestlichen Teil des Nordkaukasus geschickt. Es scheint, dass diese Emissaere zunaechst ziemliche Erfolge erzielten und die Bergvoelker stark gegen uns und die Georgier verhetzten, sich aber durch ihr ungeschicktes , anmassendes Auftreten und ihre grossen Ansprueche mit der Zeit sehr unbeliebt machten . Jedenfalls war gegen das Ende unseres Aufenthaltes in Tiflis auch bei den muhamedanischen Bergvoelkern ein Umschwung zu unseren Gunsten eingetreten.

Ich glaubte nunmehr auch aus der Zurueckhaltung, die mir durch unsere Beziehungen zu Russland auferlegt war, heraustreten und - zunaechst in geringem Umfang - die Nordkaukasier mit Geld, Waffen und Munition unterstuetzen zu sollen. Abgesehen davon, dass der Nordkaukasus ein reiches Getreideland ist und die Oelfelder von Grossni denen von Baku an Ergiebigkeit nicht nachstehen sollen, hatten wir auch aus politischen Gruenden das lebhafteste Interesse daran, dass die Nordkaukasier einen selbstaendigen und lebensfaehigen Staat bildeten. Sie befinden sich im Besitz der wichtigsten Kaukasuspaesse und nur befreundet und verbuendet mit den Bergvoelkern sind die Georgier im Stande, ihr Land gegen Wiedereroberungsversuche der Russen zu verteidigen. Vor allem aber musste verhuetet werden, dass eine Einigung zwischen den Bergvoelkern und den Bolschewiken, die damals noch Wladikawkas besetzt hielten, zu Stande kam, eine Gefahr , die keineswegs ausserhalb des Bereichs der Moeglichkeit lag.

Die Bergvoelker sind zum weitaus groessten Teil noch sehr wilde, unkultivierte , raeuberische Staemme, die den Russen die besten irregulaeren Soldaten geliefert haben. Ausser Wladikawkas gibt es im Nordkaukasus ueberhaupt keine grossen Siedelungen. Um die unruhigen Bergstaemme beherrschen zu koennen, haben die Russen in ihrem Gebiet eine grosse Anzahl von Kosakensiedelungen angelegt; ihr Zurueckdraengen hinter den Terek und die Kuma war die erste Bedingung fuer die Bildung eines

selbstaendigen Bergvoelkerstaates. Als wir den Kaukasus verliessen , war diese Voraussetzung so ziemlich gegeben.
Auch die Bergvoelker sind grossenteils wohlhaben/und fuer gewisse Industrieprodukte sehr aufnahmefaehig.

II.) WIRTSCHAFTSPOLITIK .

Der Kaukasus ist ein an Naturschaetzen sehr reiches Land. Die Mehrzahl dieser Schaetze muss aber erst erschlossen oder zum Mindesten muss ihre Ausbeutung organisiert und modernisiert werden. Trotzdem haetten wir sofort sehr betraechtliche Mengen von Rohstoffen , die fuer unsere Kriegswirtschaft wichtig waren, aufkaufen und ausfuehren koennen, wenn die vom Kriegsministerium entsendete und der Delegation angegliederte Wirtschaftsabteilung besser gearbeitet haette, wenn nicht fast alle Kriegsgesellschaften versagt haetten und wenn die Transportverhaeltnisse nicht so ueberaus schlecht organisiert gewesen waeren.
Der Wunsch und das Beduerfnis zu verkaufen war bei den Kaukasiern anfangs so gross, dass wir in der Mehrzahl der Faelle sehr guenstig haetten abschliessen koennen, wenn unsere Organisation und unsere Ausstattung mit Geldmitteln erlaubt haette , rasch zuzugreifen. Statt dessen vergingen Monate une Monate/bis die Aufkaeufer erschienen , bis sie die Genehmigung zum Abschluss erhielten und bis ihnen die noetigen Geldmittel zur Verfuegung gestellt wurden. Inzwischen waren viel Waren an die rascher zugreifenden Tuerken verkauft worden und die Preise waren enorm gestiegen oder es war X - wie zum Beispiel beim Tabak-aus politischen Gruenden nicht mehr moeglich , die Ware noch laenger fuer uns zurueckzuhalten.
Die Leitung der Erschliessung und wirtschaftlichen Ausbeutung eines so gewaltigen und wichtigen Wirtschaftsgebietes/wie der Kaukasus durfte nih

nicht einem kleinen Generalstabsmajor uebertragen werden, der fuer diese Taetigkeit keine andere Vorbildung besass als einige Kenntnis der russischen Sprache. Nur ein grosser Kaufherr und Unternehmer , der Jahrzehnte lang im Orient gearbeitet hatte, der die Gewohnheiten und Gebraeuche des orientalischen Marktes kannte, der grosszuegig und unabhaengig von Berliner Zentralen diponieren konnte, der die im Lande vorhandenen und auf dem Markt bekannten Kraefte zur Mitarbeit heranzuziehen verstand und ihnen auch etwas verdienen liess,der auf eigene Rechnung und Gefahr arbeitet, waere im Stande gewesen , diese Aufgabe so zu loesen , wie es im Interesse unserer Kriegswirtschaft (nötig und möglich) gewesen waere.Wie koennen grosse Geschaefte zu Stande kommen, wenn der Aufkaeufer genoetigt ist, sich die Genehmigung zu jedem Abschluss in Berlin zu holen und wenn Anfrage und Antwort durchschnittlich 6 Wochen erfordern?

Der Leiter dieser Wirtschaftsstelle musste unabhaengig von der diplomatischen Vertretung des Reiches arbeiten und durfte sich nur an sie wenden, wenn er ihre Hilfe noetig hatte. Seine Mitarbeiter durften nicht Offiziersuniform tragen und diese zum Schaden des Ansehens des Reiches und des Offiziersstandes fuer geschaeftliche Zwecke ausnuetzen, oder durch sie behindert sein in der Ausuebung von Geschaeftspratiken, die im Orient unvermeidlich sind und sich doch mit dem Ansehen der Uniform nicht vertragen.

Ich halte es auch fuer falsch, dass die verschiedenen Einkaufsgesellschaften nebeneinander arbeiteten . Eine kaufmaennische Spitze musste den gesammten Aufkauf nach einheitlichen Gesichtspunkten leiten und dieser Spitze mussten auch die gesammten Mittel zur Verfuegung stehen, um nach Bedarf darueber zu disponieren. Ihr musste gleichzeitig die Rubelbeschaffung obliegen und deswegen auch die Moeglichkeit der Warenein-fuhr nach (dem Kaukasus aus) Deutschland gegeben sein.

Sehr wuenschenswert waere auch gewesen, dass der Leiter der Wirtschaftstelle im Kaukasus mit den Verhaeltnissen in Konstantinopel vertraut war, denn eine wirtschaftliche (Erschliessung) Asserbeidshans waere nur im engsten Einvernehmen mit den Tuerken und insbesondere mit Jsmael Hakki Pascha moeglich gewesen.

Fuer die fruchtbringende Taetigkeit einer solchen Organisation waere allerdings erste Voraussetzung gewesen, dass das Transportwesen auf dem Schwarzen Meer besser organisiert gewesen waere. Ich bin nicht in der Lage, mich ueber die Gruende des voelligen Versagens des Transportdienstes auf dem Schwarzen Meer zu aeussern; ich muss nur mit tiefstem Bedauern die betruebende Tatsache konstatieren, dass es bis zum Schluss unserer Taetigkeit im Kaukasus nicht gelungen ist, diese wichtige Frage in einer auch nur einigermassen befriedigenden Weise zu loesen. Diesen Verhaeltnissen und der geringen Leistungsfaehigkeit der georgischen Bahnen ist es zuzuschreiben, dass nicht einmal die verhaeltnismaessig geringen Bestaende, die aufgekauft worden waren, rechtzeitig abtransportiert werden konnten.

Bezueglich der Einzelheiten in wirtschaftlichen Fragen darf ich auf die einschlaegigen Berichte der zustaendigen Stellen Bezug nehmen, und insbesondere auf den Bericht des Dr. Kind. Dieser hat mit ausserordentlicher Gewandheit, in grosszuegiger Weise und mit vollem Erfolg die Fragen der Manganerzausbeutung bearbeitet. Jordania hat mir zwar vor unserer Abreise noch mündlich die Zusicherung gegeben, dass Georgien die in dieser Richtung abgeschlossenen Vertraege als zu Recht bestehend anerkenne, und sich durch sie gebunden fuehle; eine schriftliche Bestaetigung war aber nicht zu erlangen und es erscheint mir nahezu ausgeschlossen, dass die Georgier unter dem Druck der Entente den eingegangenen Vertragspflichten treu bleiben koennen.

- 29 -

000190

III.) MILITAERPOLITIK.

Die von der OHL befohlene Einrichtung einer leistungsfaehigen Operations-Basis war nur moeglich, wenn es uns gelang die Hand auf Baku zu legen und die ganze transkaukasische Eisenbahn unter einheitliche Verwaltung zu bringen. Infolge des spaeten Eintreffens der Delegation im Kaukasus waren - wie oben bereits erwaehnt - diese Voraussetzungen nicht gegeben. Ich halte es aber nicht fuer ausgeschlossen, dass es mit Geduld im Laufe der Zeit doch noch gelungen waere, das gesteckte Ziel zu erreichen, wenn nicht durch die Bestimmungen des Brest-Litowsker Zusatzvertrages ein voelliger Umschwung in der Lage eingetreten waere.

Es liegt mir natuerlich gaenzlich ferne, irgend eine Kritik - zuder mir auch alle Voraussetzungen fehlen wuerden - an diesem Abkommen zu ueben. Ich will im Folgenden nur die Rueckwirkung des Vertrages auf unsere Taetigkeit darlegen.

Als ich in Tiflis eintraf, hoerte ich zu meinem Schrecken, dass zwei Tage vorher, ohne vorgaengige Abmachungen zwei deutsche Offiziere im Flugzeug nach Baku geschickt worden waren, um mit den Bolschewiken wegen einer Uebergabe Bakus zu verhandeln. Wie zu erwarten war, wurden die Offiziere als Spione angesehen und ihre Mission scheiterte vollkommen. Es ging damals das Geruecht, Nuri Pascha beabsichtige binnen Kurzem Baku anzugreifen. Es war zu befuerchten, dass es bei einer Eroberung der Stadt Baku durch die Tuerken zu grossen Massakres kommen und dass die Naphtaanlagen schweren Schaden leiden wuerden. Ich fuhr baldmoeglichst zu Nuri nach Elisabethpol, setzte ihm die Folgen auseinander, die ein Angriff auf Baku auf unsere Beziehungen zur russischen Sowjetrepublik haben musste und erhielt von ihm das Versprechen, dass er ohne die Genehmigung Envers Baku nicht angreifen wuerde. Wenige Tage spaeter traf Oberstleutnant von Feldmann von der tuerkischen OHL in Tiflis ein und brachte den Befehl Enver Paschas, dass nicht angegriffen werden duerfe.

Nuri versprach , diesem Befehl Folge zu leisten.
Jch setzte mich nun mit dem armenischen Nationalrat in Tiflis ins Benehmen, dem im Interesse der in Baku lebenden Armenier und der grossen Werte, die die Armenier in Baku investiert hatten, gleichfalls sehr viel daran lag, dass die Bakufrage auf friedlichem Wege geloest wurde. Auf mein Ersuchen wurden mehrfach Armenier nach Baku geschickt , um den dortigen armenischen Machthabern mitzuteilen , dass ich mit ihnen zu verhandeln wuenschte. Keinem dieser Boten ist es angeblich gelungen nach Baku hinein zu kommen. Nuri schlug meine Bitte, ueber seine Linien Unterhaendler nach Baku entsenden zu duerfen, glattweg ab.
Ich hoffte nun , dass die Sperrung der Eisenbahn genuegen wuerde, um Nuri einen Angriff auf Baku unmoeglich zu machen . Ich war ueber seine geringe Staerke und ueber seinen Mangel an Munition unterrichtet.
Am 5. August, als gerade Halil Pascha in Tiflis war, wurden wir durch die Nachricht ueberrascht, dass Nuri entgegen seinen Versprechungen und den angeblichen Befehlen Envers Baku angegriffen habe und mit betraechtlichen Verlusten abgewiesen worden sei.
Nachdem einerseits die Anwesenheit von Englaendern in Baku festgestellt worden war und andererseits das Prestige unserer Bundesgenossen unbedingt erforderte, dass der Angriff mit Erfolg wiederholt wurde, endlich der Verkehr und das ganze Wirtschaftsleben in Georgien unter dem voelligen Mangel an Massud schwer litt, hielt ich es fuer noetig , nunmehr Nuri unsere Unterstuetzung anzubieten. Ich hoffte, durch die Zuteilung deutscher Truppen zum Angriffskorps Uebergriffe in der eroberten Stadt verhindern und in Baku festen Fuss fassen zu koennen.
Ich fuhr mit Halil wiederum nach Elisabethpol. Nuri lehnte mein Angebot hoeflich dankend ab mit der Begruendung , dass ihm die von Halil versprochenen Verstaerkungen genuegten. Er erbat sich lediglich Flieger und einige technische Formationen und ersuchte mich , ihm die Erlaubnis zum Transport von Munition durch Georgien zu erwirken.

000192

Auf meine die Bakufrage betreffenden Meldungen und Anfragen in Berlin und bei der OHL erhielt ich keinen Bescheid wohl mit Ruecksicht auf die damals schwebenden Verhandlungen mit den Russen.

Ich war aufs Hoechste ueberrascht als mir ploetzlich gemeldet wurde, in Poti sei der erste Transport einer gemischten Brigade eingetroffen, die dazu bestimmt sei, Baku zu erobern. Weder fuer die Unterbringung und Verpflegung noch fuer den Weitertransport dieser Truppen waren irgendwelche Vorbereitungen getroffen. Vor allem aber musste ich nach den Erfahrungen , die ich gemacht hatte, fuer voellig ausgeschlossen halten , dass die Tuerken und Asserbeidshaner den Transport unserer Truppen durch ihr Gebiet gestatten und sich zur Abloesung ihrer vor Baku stehenden Truppen durch deutsche Truppen bereit finden ladden wuerden. Diese Befuerchtungen wurden auch nicht behoben als ich die Einzelheiten des Brest- Litowsker Zusatzvertrages erfuhr . Auch wenn Talaat im guten Glauben gesprochen haben sollte, als er sich mit den Festsetzungen dieses Abkommens einverstanden erklaerte, so besass er doch gar nicht die Macht, die Asserbeidshaner zur Annahme unserer Intervention zu zwingen, ganz abgesehen von dem nahezu unueberwindlichen passiven Widerstand, den ihm seine eigenen Generale und Truppen entgegengesetzt haben wuerden. Wenn Nuri Pascha und die asserbeidshanische Regierung nicht ehrlich und mit gutem Willen mit uns arbeiten wollten, dann waren die Truppen, ueberdie ich verfuegte , einschliesslich der zum Angriff auf Baku bestimmten nicht einmal stark genug , um die lange und sehr empfindliche Eisenbahnstrecke Tiflis - Baku zu sichern. Die Wegnahme von Baku selbst wuerde auf keine wesentlichen Schwierigkeiten gestossen sein .

Die rasche Einnahme Bakus durch die Tuerken, die wohl in erster Linie auf den Brest - Litowsker Zusatzvertrag zurueckzufuehren sein duerfte, brachte wider Erwarten schnell eine unerwartete Loesung der Bakufrage. Wie richtig aber meine Befuerchtungen bezueglich des Verhaltens der

Tuerken und Asserbeidshaner war, zeigte sich , als ich nach dem Fall von Baku die dort stattfindenden Pluenderungen und die Ermordung zweier Deutschen zum Anlass nahm, um von Nuri Pascha das Einverstaendniss zur Entsendung des Oberstleutnants Frhr. von der Goltz als meines Vertreters und eines deutschen Bataillons zur Wahrung der deutschen Interessen nach Baku zu verlangen. Die Genehmigung zur Entsendung eines Bataillons wurde glatt abgeschlagen und als Goltz mit einem Stabe von etwas ueber 100 Koepfen nach Baku fahren wollte, wurde sein Zug trots dem von Nuri erteilten Einverstaendnisses 3 Tage lang aufgehalten, die Asserbeidshaner rissen die Eisenbahnschienen auf und es bedurfte langer Verhandlungen, bis endlich Goltz mit einem etwas verringerten Stab e seine Reise fortsetzen konnte.

Die Baku betreffenden Bestimmungen des Brester Zusatzvertrages waren meines Erachtens deshalb nicht ausfuehrbar, weil man bei den Verhandlungen die Existenz der Unabhaengigen Republik Asserbeidshan vollstaendig ignoriert und den Einfluss des Grossvesiers auf die ferne von Konstantinopel kommandierenden Generale stark ueberschaetzt hatte. Besass Asserbeidshan auch noch keine Achtung gebietende Armee, so war die Regierung, unterstuetzt durch die Eigenart des Landes und den Fanatismus und die Wildheit der Bevoelkerung doch stark genug, um mit Hilfe selbst nur der moralischen Unterstuetzung der Tuerken die Durchfuehrung des ueber ihren Kopf hinweg und auf Kosten der Lebensinteressen des Landes geschlossenen Vertrages zu verhindern.

IV.) UNSERE KUENFTIGEN BEZIEHUNGEN ZUM KAUKASUS.

Auf die Gestaltung unserer kuenftigen Beziehungen zum Kaukasus wird es von ausschlaggebender Bedeutung sein, wie sich in Zukunft die politischen Verhaeltnisse in den Kaukasus laendern gestalten, ob und bis zu welchem Grade die Republiken unabhaengig oder von einer der uns feindlichen Grossmaechte abhaengig sein werden. Wesentliche Voraussetzungen fuer die Wiederaufnahme wirtschaftlicher Beziehungen zwischen uns und den Kaukasuslaendern sind gegeben. Wir erfreuen uns im Kaukasus der weitgehendsten Sympathien und grossen Ansehens und zwar nicht nur bei den Georgiern. Auch die Asserbeidshaner und die Bergvoelker haben gegen Schluss unseres Aufenthaltes im Kaukasus erkannt, was sie von den Tuerken zu erwarten hatten und haben besonders in wirtschaftlicher Beziehung Anschluss an uns gesucht. Nachdem die Kaukasier Gelegenheit gehabt haben , uns und unsere Arbeit mit jener der Entente zu vergleichen, sind ohne jeden Zweifel die Sympathien fuer uns noch wesentlich groesser geworden. Auch die Armenier werden sich in den hochgeschraubten Erwartungen, die sie auf die Entente gesetzt haben, getaeuscht sehen und werden dann naturgemaess wirtschaftlichen Anschluss an uns suchen.

Dass sich im Kaukasus dem deutschen Handel, der deutschen Industrie, dem deutschen Kapital und Unternehmertum , dem deutschen Landwirt, Jngenieur, Handwerker und selbst dem gelernten deutschen Arbeiter ein weites Feld der Taetigkeit eroeffnen kann, steht ausser jedem Zweifel. Das Klima ist gesund und dem Mitteleuropaeer zutraeglich.

Wir muessen in den naechsten Jahren damit rechnen , dass eine ganz ausserordentlich grosse Anzahl von Deutschen,darunter auch

auch viele Intellektuelle, aus Deutschland auswandern wird. Die deutsche Regierung steht vor der wichtigen und schwierigen Aufgabe, diese Auswanderung in bestimmte Bahnen zu lenken und zu verhindern , dass diese Millionen von Deutschen nach Laendern auswandern , in denen sie eine der unseren gleiche oder hoehere Kultur vorfinden und infolgedessen dem Deutschtum verloren gehen. Die Auswanderung muss meines Erachtens in solche Laender gelenkt werden, in denen es den Deutschen moglich ist , ihre nationale Eigenart zu bewahren. Ein Land, das diesen Anforderungen entspricht, ist - wie wohl die meisten Gebiete des alten zaristischen Russlands - der Kaukasus.

Die schwaebischen Kolonisten, die vor nunmehr 100 Jahren im Kaukasus eingewandert sind , haben sich weitaus zum groessten Teil ihr Deutschtum erhalten , obwohl ihre materielle Lage im zaristischen Russland eine glaenzende war und trotzdem sich das deutsche Reich fast nicht um sie gekuemmert und nichts fuer sie getan hat. Ob sich das Deutschtum (im Kaukasus) auch fernerhin, nach unserem Zusammenbruch, noch erhalten wird, duerfte in erster Linie davon abhaengen , wie sich das deutsche Reich zu den deutschen Kolonisten stellt. Nach unseren Niederlagen und nach der Revolution ist es meines Erachtens mehr denn je erforderlich , dass ueberall , wo es die politischen Verhaeltnisse erlauben, viel engere Beziehungen als bisher zwischen Deutschland und seinen im Ausland lebenden Soehnen angeknuepft und dauernd unterhalten werden, dass das deutsche Reich in erster Linie dafuer sorgt, dass in solchen Laendern eine gute deutsche Presse und gute deutsche Schulen unterhalten werden, dass den amtlichen Vertretungen Mittel zur Foerderung des deutschen Vereinslebens zur Verfuegung gestellt werden usw.

- 35 - 000196

Die deutschen Kolonien im Kaukasus sind reich und koennen weitaus den groessten Teil der Lasten selbst tragen; es ist aber meines Erachtens trotzdem unbedingt notwendig, dass das Reich durch den Zuschuss von Mitteln sein reges Interesse an der Erhaltung des Deutschtums im Ausland praktisch bekundet und sich auch einen gewissen Einfluss sichert. Diese Zuschuesse brauchen keineswegs besonders hoch zu sein.

Um ihren Soehnen den Besuch deutscher Hochschulen zu ermoeglichen, haben die deutschen Kolonisten im vorigen Jahr ein deutsches Gymnasium ins Leben gerufen. Die Kosten fuer das erste Schuljahr wurden auf 30 000 Rubel veranschlagt. Ein Drittel traegt die deutsche Gemeinde Tiflis, ein Drittel der deutsche Nationalrat - die Vertretung saemtlicher deutscher Kolonien im Kaukasus -und das dritte Drittel habe ich aus dem mir zur Verfuegung stehenden Dispositionsfond gegeben. Einen Teil der Lehrer habe ich aus dem Stand der mir unterstellten Truppen abkommandiert. Soll diese Gruendung erhalten bleiben, so ist es dringend noetig, dass sofort nach Eintritt normaler Verhaeltnisse deutsche Lehrer nach Tiflis beurlaubt werden und dass das Reich wenigstens solange einen jaehrlichen Zuschuss von 10 - 15000 Rubel ~~jaehrlich~~ gibt, bis die Gruendung auf festen Fuessen steht. Desgleichen ist meines Erachtens die dauernde finanzielle Unterstuetzung der einzigen im Kaukasus in deutscher Sprache erscheinenden Zeitung ein Gebot der Not-wendigkeit und politischen Klugheit.

Die alten deutschen Kolonien werden fuer die kuenftige deutsche Einwanderung eine grosse Stuetze sein, wenn man versteht, sie fuer diese nationale Frage zu interessieren. Unter den im Kaukasus ansaessigen Deutschen werden sich viel tuechtige Kraefte finden, um die deutsche Einwanderung zu organisieren

– 36 – 000197

und in die gewuenschten Bahnen zu lenken. Von den Georgiern und Asserbeidshanern, wahrscheinlich sogar auch von den Armeniern wuerde eine deutsche Einwanderung in ihre duenn besiedelten Gebiete gerne gesehen und wahrscheinlich auch nach Moeglichkeit erleichtert werden.

Es wuerde den Rahmen dieses Berichtes ueberschreiten, wenn ich auf die Frage unserer kuenftigen Kolonisationspolitik im Kaukasus weiter eingehen wollte. Ich glaubte es aber nicht unterlassen zu duerfen, , das Interesse der massgebenden Stellen auf diese ausserordentlich wichtige und eines eingehenden Studiums wuerdige Frage zu lenken , Ich bin der Meinung ,dass die Frage der Einwanderung in den Kaukasus sofort studiert und so weit vorbereitet werden muesste, dass ihre praktische Aus-fuehrung sofort nach Wiederaufnahme der diplomatischen Bezieh-ungen zum Kaukasus in die Wege geleitet werden koennte.

Kress von Kress

Georgien eignet sich für die Niederlassung von Bauern, Handwerkern, Ingenieuren, Kaufleuten u.s.w., nicht aber für den Erwerb von Grossgrundbesitz. Für diesen käme eher Aserbeidjan in Frage.

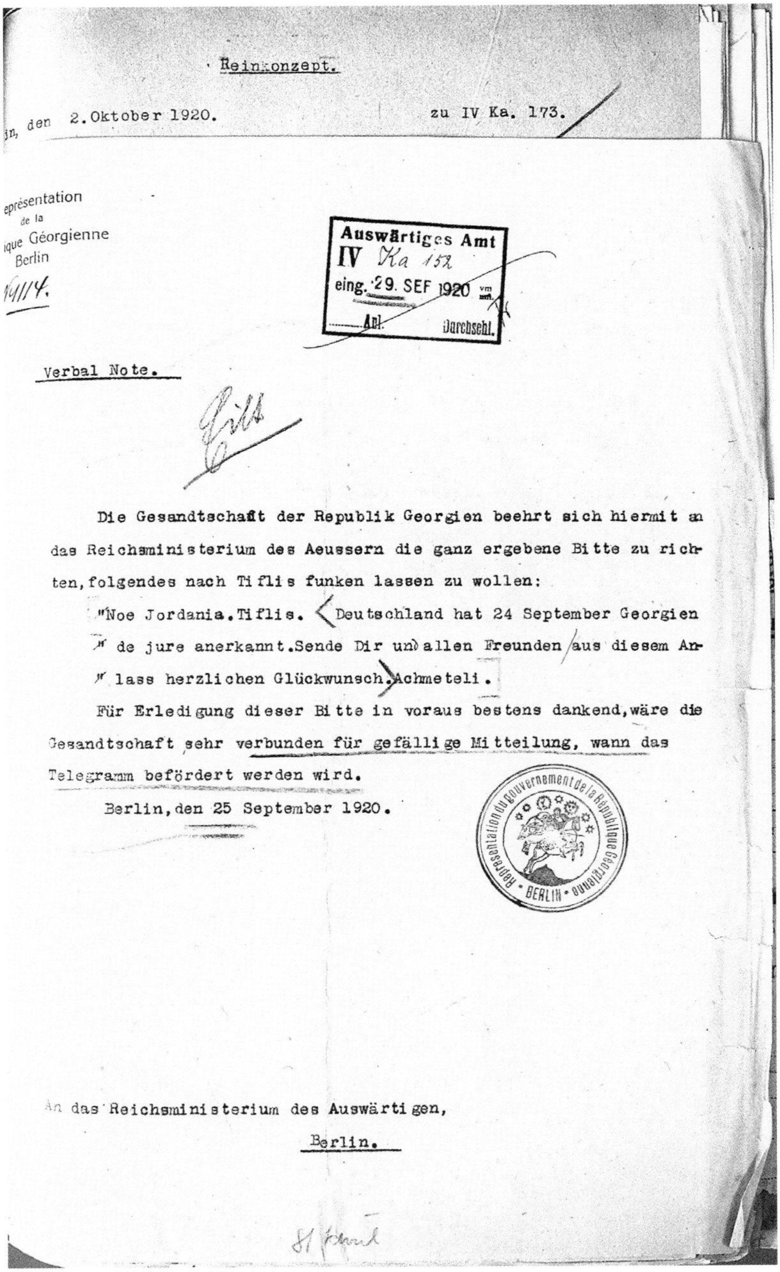

Reinkonzept.

in, den 2. Oktober 1920. zu IV Ka. 173.

Représentation de la République Géorgienne Berlin

1411/4.

Auswärtiges Amt
IV Ka 152
eing. 29. SEP 1920
Anl. Durchschl.

Verbal Note.

Die Gesandtschaft der Republik Georgien beehrt sich hiermit an das Reichsministerium des Aeussern die ganz ergebene Bitte zu richten, folgendes nach Tiflis funken lassen zu wollen:

"Noe Jordania. Tiflis. Deutschland hat 24 September Georgien de jure anerkannt. Sende Dir und allen Freunden aus diesem Anlass herzlichen Glückwunsch. Achmeteli.

Für Erledigung dieser Bitte in voraus bestens dankend, wäre die Gesandtschaft sehr verbunden für gefällige Mitteilung, wann das Telegramm befördert werden wird.

Berlin, den 25 September 1920.

Représentation du gouvernement de la République Géorgienne · BERLIN ·

An das Reichsministerium des Auswärtigen,

Berlin.

Abschrift des Telegramms zur rechtlichen Anerkennung Georgiens durch Deutschland von September 1920. Quelle: Politisches Archiv des Auswärtigen Amtes.

CONSTITUTION OF GEORGIA
ADOPTED BY THE CONSTITUENT ASSEMBLY

February 21, 1921

Chapter I
General Provisions

Article 1

Georgia shall be a free, independent and indivisible State. The permanent and unchangeable form of her political arrangement shall be the democratic Republic.

Article 2

The capital of Georgia shall be Tbilisi.

Article 3

The official language of Georgia shall be the Georgian language.

Article 4

The flag of the Georgian Republic shall be of cherry color with one black and one white stripe. The National Emblem of the Georgian Republic shall be the effigy of George White surmounted by seven luminaries.

Article 5

Every law and obligatory resolution shall be valid only after being promulgated in the regular manner.

Article 6

It shall be impossible to deliver, divide or sell the territory of the state. The enlargement of the territory or the rectification of questionable borders shall be possible only by virtue of law.

Article 7

The administrative division, establishment or alteration of the autonomous boundaries (frontiers) shall be possible only by virtue of law.

Article 8

The Constitution shall be the supreme law of the State. Any law, decree, ordinance or decision in contradiction with the principles or the spirit of the constitution may not be promulgated. Application of the Constitution and implementation of its principles in legislation and governance shall be the obligation of every authority of the State.

Article 9

The laws and decrees passed prior to the establishment of the Constitution shall remain in force if not in contradiction to the Constitution and its principles.

Article 10

The present Constitution remains in force permanently and unremittingly except in cases provided for in the Constitution.

Article 11

The Constitution shall be published by the Constituent Assembly with the signatures of its members after approval and adoption.

Chapter II
Citizenship

Article 12

Georgian citizenship may be acquired by birth, marriage or naturalization.

Article 13

A Georgian citizen may not simultaneously be the citizen of any other state.

Article 14

A Georgian citizen may renounce his nationality only after having fulfilled all his obligations before the state.

Article 15

The detailed conditions of acquisition and loss of citizenship shall be determined by law.

Chapter III
Rights of Citizens

Article 16

All citizens are equal before the law.

Article 17

There shall be no class distinctions.

Article 18

No titles, except academic degrees, shall be conferred. Decorations shall be abolished. The Award of Honor may be conferred during war.

Article 19

Capital punishment shall be abolished.

Article 20

Nobody shall be punished except by way of the judiciary, with the exception of disciplinary punishments provided for by law.

Article 21

All citizens shall be judged by the common form of procedure.

Article 22

Every person enjoys individual inviolability. Nobody can be arrested or deprived of his liberty in any other manner, nor searched except by way of a warrant issued by the court or by the organ of inquiry.

Article 23

The administration can only proceed with an arrest on its own initiative only in the following cases:

a) When the criminal is caught red-handed.

b) When the suspect is indicated on the place of the crime by the victim or by witness.

c) When any object establishing the guilt of the prisoner is found upon this person, or when incontestable signs or traces of the crime are found upon this person or in his place of residence.

Article 24

The arrest of suspects by private individuals shall be lawful when they are caught red-handed and when there is reasonable cause for fear of escape before the arrival of the public officials.

Article 25

Any person arrested by order of the judiciary or administrative forces must be brought before the nearest court within 24 hours; if the court is too far away to bring the suspect before or within that period, it may be prolonged with not more than 48 hours.

Article 26

The court must proceed immediately, and in no case later than 24 hours to interrogate the prisoner. After this the court shall order in writing either for the further detention of the suspect or for the suspects immediate release.

Article 27

In the event that a person has been arrested in violation of the above-mentioned rules, the judicial authorities are obliged to review the case immediately and to give immediate orders for either the release or detention of the individual whose actions are in question.

Article 28

The place of residence of a citizen is inviolable; search shall only be authorized by the Court in cases provided for by law.

Article 29

Private correspondence is inviolable and can only be seized and examined if authorized by a court ruling.

Article 30

Every citizen has the right to select or change his own place of residence; there is no restriction of this right except by order of the Court.

Article 31

Every citizen shall enjoy full liberty of conscience. No citizen shall be prosecuted nor have restrictions brought upon his political or civil rights for reason of his religion or confessions. Everybody has the right to profess his own religion, to change his religion, or not to have any religious creed. No person shall have the right to evade his political or civil obligations by calling upon his religion or convictions except in cases provided by law. The acts of a religious character shall have no impact on a citizens civil rights or position in society.

Article 32

Every citizen has the right to express his opinions and to disseminate them verbally, by the public press, or by any other means without the prior authorization from the government. For any crime committed in such a case one shall only be responsible before the court.

Article 33

The citizens of the Georgian Republic have the right of public assembly without arms, either indoors or in the open air without the permission of the government.

Article 34

The administration has the right to close any meeting if it becomes unlawful.

Article 35

The citizens of the Georgian Republic have the right to form professional or other societies without prior authorization from the government, provided that their objective is not forbidden by law. The dissolution of such societies shall be possible only by order of a court of law.

Article 36

The free development of the intellectual professions, commercial, industrial, and agricultural pursuits shall be guaranteed by the laws of the Republic.

Article 37

The right of individual or collective petition shall be guaranteed.

Article 38

Workers shall have the right to strike.

Article 39

Every citizen regardless of sex shall enjoy equal political, civil, economic, and family rights.

Article 40

Marriage shall be based on equal rights and upon the mutual consent of husband and wife. The form and rules of marriage are determined by law. Children born in or out of wedlock shall have the same rights and duties. The mother shall have the right to seek and ascertain the paternity of a natural child by way of the courts, and this child by way of the courts, shall have the same right to seek and prove the paternity.

Article 41

No political refugees seeking shelter in the Georgian Republic can be extradited.

Article 42

Any official and private person shall be prosecuted for violation of the rights of the Citizens according to the criminal law.

Article 43

In the case of rebellion within the country or in the case of war, parliament shall have the right to temporarily suspend the constitutional guarantees contained in articles 19, 22, 225, 26, 27, 28, 29, 30, 32, 33, and 38; In case of war the guarantees contained in article 21 may also be suspended, provided that military prosecution shall only be conducted in the military zone seized by the army. If the Parliament is not in session the Government shall have the right on its own responsibility to suspend the above mentioned constitutional guarantees. But in this case it shall be obliged to convoke the Parliament immediately and submit its decision.

Article 44

In case of serious epidemics the government shall have the right to suspend temporarily the constitutional guarantees envisaged in articles 22, 25, 26, and 30, in so far as this act is necessary to fight the epidemic.

Article 45

The rights and guarantees enlisted in the Constitution shall not exclude those rights and guarantees not formulated in the Constitution but per se deriving from the principles recognized by the Constitution.

Chapter IV
PARLIAMENT

Article 46

The representative body of the Georgian Republic is the Parliament of Georgia, composed of deputies elected by universal, equal, direct, secret and proportional suffrage. Every citizen, regardless of sex, enjoying all rights and being over 20 years shall have the right to take part in the elections. The Parliament shall be elected for three years.

Article 47

The rules for legislative elections shall be provided in a special law.

Article 48

Members of the Parliament shall not be held responsible for opinions expressed during their term office. The Member of Parliament shall be inviolable. He can neither be arrested nor indicted without consent of the Parliament. An exception is made when he/she is caught in the act and must be brought immediately to the knowledge of the Parliament. A member arrested or indicted shall be released immediately if Parliament requires it.

Article 49

Members of the Parliament shall have the right to refuse to bear witness about facts which may have been entrusted to them in their capacity of deputies. This right shall be invoked even after the expiration of their term in office.

Article 50

Members of the Parliament shall be remunerated according to the law.

Article 51

The cases of incompatibility between the office of deputy and the exercise of a public office or whatsoever profession shall be determined by law.

Article 52

The sovereignty belongs to the entire nation. The Parliament shall exercise this sovereignty within the limits fixed by the Constitution.

Article 53

The Parliament votes on the laws, decrees, and decisions; the manner of their promulgation shall be determined by a special law.

Article 54

The powers of the Parliament shall be the following:

a) Legislation;

b) Supreme administration of the army of the Georgian Republic and in general of all the armed forces;

c) Declaration of war;

d) Ratification of treaties of peace, commerce, or other treaties with foreign states;

e) Amnesty;

f) Approval of the budget;

g) The right to accept internal or external loans.

h) Appointment of officials as provided by the Constitution.

i) General control of the Executive Power.

Article 55

The sessions of the Parliament shall be public; but the Parliament shall have the right, by special decision, to hold entire or partially closed sessions.

Article 56

The Parliament shall decide upon the validity of the election of its members and shall resolve all disputes related to it.

Article 57

All decisions of the Parliament shall be made by a simple majority vote, unless another procedure has been adopted by law or regulation.

Article 58

The openings of the Parliamentary sessions shall require presence of at least half of the total number of deputies.

Article 59

The Parliament shall have the right to interpolate the Government and to question it. Interpellations and questions shall be defined by the rules determined by law or by regulation. Parliament shall have the right to appoint inquiry commissions.

Article 60

The Parliament shall define its regulations and the procedure of discussions.

Article 61

The Parliament shall be convoked annually on the first Sunday of November. The Parliamentary elections shall take place in the autumn, simultaneously in the entire Republic, and in time to enable the newly elected members to be present at the opening of the Parliament.

Article 62

Only by Parliamentary decision can the work of the Parliament be temporarily suspended. Either the government in special circumstances or the Presidium of the Parliament may convoke the parliamentary session during the suspension. The convocation of the session of the Parliament shall be obligatory if one quarter of the number of deputies requires it.

Article 63

The right of initiative shall belong to:

a) A member of the Parliament;

b) 5,000 electors.

Article 64

The Parliament shall be obliged to submit any new law to a public referendum if 30,000 electors require it in writing. The rules of referendum shall be determined by law.

Article 65

The Parliament shall elect its Presidium annually.

Chapter V
Executive Power

Article 66

The Executive power belongs to the Government of the Republic.

Article 67

The Chairman of the Government is elected by the Parliament for the period of one year. The same person can only be elected consecutively twice.

Article 68

The other members of the government – ministers, shall be invited by the Chairman from among the citizens who have the right to take part in parliamentary elections.

Article 69

Members of the Government may not hold any other position or conduct a profession. They may only be members of Parliament or of the Councils of local self-government bodies.

Article 70

The Chairman of the Government is the supreme representative of the Republic. The Chairman appoints the representatives of Georgia to other states and receives accreditation of the representatives of foreign states. If the governmental decision is obstructed, the Chairman shall have the right to recourse the armed forces of the Republic while informing the Parliament immediately. For the implementation of laws the Chairman issues orders and instructions but without the right to suspend or obstruct the implementation of a law. The President of the Government has the right to order revision of certain fields, venue or event of governance according to the law. The Chairman shall have no extraordinary rights except those conferred on him by the Constitution.

Article 71

The Chairman of the Government has a deputy who shall conduct his functions in the Government.

Article 72

The general rights and duties of government are:

a) The supreme implementation of governance of the affairs of the Republic according to its laws.

b) To monitor and ensure implementation of the Constitution and law.

c) To present before the Parliament draft laws and conclusions on drafts presented to it by the Parliament or the People

d) To defend the external interests of the Republic.

e) To safeguard the Republic from external dangers and to defend its independence.

f) To ensure security and order in the interior of the country; if unforeseen circumstances require it, to mobilize the armed forces of the country, for a period not exceeding 21 days. This period can only be prolonged by the consent of Parliament.

g) To manage the finances, to issue money according to law, and to submit annually to the Parliament a budget of revenue and expenses of the State.

h) To report to the Parliament of its work and to submit at least once a year a report about the internal and external situation of Georgia. Also to submit to the Parliament any special reports should the Parliament demand it

i) To implement everything assigned to it by the Parliament or by law.

Article 73

The rest of the governance affairs are divided among the members of the Government. Each of them independently manage a specific sphere with personal responsibility before the Parliament and must resign when by parliamentary decision loses the confidence. A minister may only vote in Parliament if he is a member of the Parliament. The Chairman of the Government shall be responsible before the Parliament for the general politics. The Chairman shall also be obliged to comply with and implement the decisions of Parliament and to change a minister or to reshuffle the entire cabinet should the Parliament require it.

Article 74

Every member of the Government has the right to be present at the sessions of Parliament and at the meetings of special commissions. Parliament, as well as the Commissions, shall be obliged to listen to the Minister if he requires it. On the other hand, the Minister shall also be obliged to appear before, if required by the Parliament or the Commissions, and to present explanations.

Article 75

For a breach of the Constitution the Chairman and the Government shall be responsible before the court. Their responsibility can only be initiated by the Parliament. The members of the Government are judged according to the common rules.

Chapter VI
Judicial Power

Article 76
The Highest Court of Georgia is the Senate elected by Parliament and which shall have the following obligations:

a) To monitor over the strict enforcement of the law.

b) To ascertain justice in the capacity of a court of cassation.

Article 77
Civil, criminal and administrative matters are considered by permanent courts. The organization, jurisdiction, and competence of these courts are determined by law.

Article 78
The judiciary shall be independent and act exclusively under the law. Justice is rendered in the name of the Democratic Republic of Georgia.

Article 79
The verdicts of the courts shall not be annulled, modified or suspended by any legislative, administrative or executive body.

Article 80
The hearings of the courts are public; the consideration of a case in a closed sitting shall be permissible only if the court decides that such circumstances could jeopardize the moral or public security.

Article 81
All serious matters regarding the penal jurisdiction, as well as political matters and offences of the press shall be considered by jury trial.

Article 82
Judges are elected for a fixed period of time. The rules of such elections as well as the conditions to which the judges have to meet are determined by law.

Article 83
Members of the court shall not be transferred to another position against their wish without the court's decision. They can only be temporarily dismissed, if there are criminal proceedings against them. The judges can be dismissed only according to the judgment of the court.

Chapter VII
Finances of the State

Article 84
No tax can be instituted or levied if not previously sanctioned by Parliament. Notice: The right of self-government bodies to levy taxes shall be determined by special laws.

Article 85
Exemption from taxation shall only be permissible by law.

Article 86

Pensions, rewards and other expenses of the State shall be administered only according to the law.

Article 87

Loans of the State or any other financial obligation shall be administered only with the authorization of the Parliament.

Article 88

All revenues and expenses of the State shall be foreseen in the State's budget. The budget shall be submitted to the Parliament for its approval annually.

Article 89

If Parliament does not approve the budget before the new budget year, the Government shall be authorized by Parliament to cover the expenses of the State according to the budget of the previous year until the new budget is approved.

Article 90

No transfer of expenses from one chapter of the budget to another shall be made without authorization of Parliament.

Chapter VIII
Control of the State

Article 91

The State Control shall be applied in the following cases:

a) Rigorous execution of the State budget.

b) All revenues and expenses of the State.

c) The accounts and balance sheets of the Government and its agencies.

d) The finances of the local self-government bodies according to the law.

Article 92

The Controller of the State shall be elected by the Parliament. He/she shall not be the member of the ministerial cabinet; however, he/she shall have all rights of a Minister of State and shall be responsible before the Parliament. He/she shall annually submit a report to the Parliament.

Article 93

The organization of the Control and the rules of its application shall be determined by law.

Chapter IX
State Defense

Article 94

Discharge of military service shall be a duty of every citizen of the Republic according to the law.

Article 95

The aim of the military forces is the protection of the Republic and its territory.

Article 96

The term of military service and the organization of the armed forces shall be determined by law.

Article 97

The number of the recruiting contingent is fixed annually by Parliament.

Chapter X
Local Self-Government

Article 98

The self-government bodies shall be the organs of local administrative bodies simultaneously and shall administer economic, cultural, and educational affairs within the limits of their territory.

Article 99

The organizations of the local self-government, their rights, and duties as well as the manner of their administration are defined by law.

Article 100

The local self-government bodies shall have the right to issue obligatory resolutions according to the law.

Article 101

The local self-government bodies shall be elected on the basis of proportional, equal, and universal suffrage by secret ballot.

Article 102

The resolutions and orders of the local self-government bodies shall be annulled only by the Court.

Article 103

The central bodies of the Government shall be authorized to suspend the resolutions and orders of the local self-government bodies if they contradict with law; such cases shall immediately be brought before court. The manner and conditions of such suspensions shall be determined by law.

Article 104

The local self-government bodies shall comply with the decisions of central bodies of government in matters of general governance.

Article 105

The cases where the resolutions of local self-government bodies shall (must?) be approved by central bodies of government shall be determined by law.

Article 106

The local self-government bodies shall have their own budget according to a special law.

Chapter XI
Autonomous Administration

Article 107

Abkhazeti (district of Soukhoum), Georgian Muslim district (district of Batumi), and Zakatala (district of Zakatala), which are integral parts of the Georgian Republic, shall enjoy the autonomy in the administration of their affairs.

Article 108

The statute concerning the autonomy of the districts mentioned in the previous article shall be drawn in by special legislation.

Chapter XII
Education and Schools

Article 109

The arts, the sciences and education are free. The State shall be obliged to protect and support them in development.

Article 110

Primary education is universal, free and obligatory. The public schools function as a united system where primary school serves as the basis for secondary and high school. Education at school shall be civil at all levels.

Article 111

The State aims to ensure that the poorest children have free food, clothing and school materials. In order to achieve this aim the Government and the bodies of local self-government shall use a certain sum from their budgets annually.

Article 112

Private schools shall act according to the public school laws.

Chapter XIII
Social and Economic Rights

Article 113

The Republic shall ensure that all its citizens have a dignified existence.

Article 114

Forced expropriation or restriction of private enterprise can only take place in accordance with a special law, which determines their manner, and only for the needs of the State, public, and cultural need. The owners of expropriated property shall be compensated if there is no other rule stated in law.

Article 115

The Republic shall have its own commercial and industrial organization. Its aim is to develop this organization and create a single and complete system of social economy.

The Republic shall assist the bodies of local self-government in developing and strengthening similar economic organizations. The government is authorized to socialize the commercial, industrial, and agricultural enterprises which may be suitable for this purpose by enaction of law.

Article 116

The State shall be concerned with the private exploitation of labor of small producers, farmers, workmen and the home-worker. The Republic shall also be concerned with the prosperity of agriculture. The proprietor of lands hall be obliged before society to cultivate the land in order to get the best possible results.

Article 117

The existence of the State is based on labor and it is accordingly a particular obligation of the State to protect it.

Article 118

The legislation of the Republic obliges the local self-government bodies to establish labor exchanges, employment agencies, and similar institutions which shall keep statistics of unemployed persons and assist them in obtaining work. The representatives of worker unions shall not be less than half in the administration of the above mentioned institutions.

Article 119

Unemployed citizens shall receive assistance with employment or insurance.

Article 120

Any citizen who is deprived of the ability to work because of age, illness or other causes and cannot claim the support from his/her heir, guardian, or any private or public institution neither under the law nor the custom, and does not have a means of existence, shall be ensured to have assistance from the State by way of insurance or other methods. This assistance is also given by the State in cases where the heir or guardians are not able to take care of the disabled person.

Article 121

Any citizen who is disabled wholly or partially because of age, injury, or other causes shall receive assistance by way of insurance proportional to his salary. The insurance sum shall be raised by means of a tax levied on the employer.

Article 122

In conjunction with the tax outlined in Article 121, a certain part of the revenue of the Republic shall be annually set aside for the same object.

Article 123

The normal duration of working time for hired people shall not exceed 48 hours per week. The worker shall have a holiday for at least 42 uninterrupted hours per week. Any exceptions about the working time shall be determined by law. The working time for agricultural and seasonal workers shall be proportional to special working conditions under the law.

Article 124

The employment of minors under 16 in establishments is forbidden; the working time for minors from 16 to 18 is 6 hours per day; minors and women shall not be employed for night work.

Article 125

The Republic shall establish the minimum wages and normal working conditions. Special inspection of product and sanitary control independent of the employers shall be established.

Article 126

The protection of female labor shall be the established by the special law. The employment of women at dangerous work for maternity is forbidden; during the time of parturition the female employee is excused from work for at least two months without suspension of salary. The employer is obliged to permit the female employee to have the necessary time for nursing.

Article 127

Any breach of labor laws shall be punishable criminally.

Article 128

Republic and the local self-government bodies are obliged to insure the protection of mothers and children.

Chapter XIV
Rights of National Minorities

Article 129

No obstacle shall be brought to the free social, economic, and cultural development of the ethnic minorities of Georgia, especially to the teaching in their native language and the interior management of their own culture. Everybody shall have the right to write, print, and speak in his/her native language.

Article 130

All local self-government entities (community, city, "eroba") formed by national minorities shall have the right to group and form national unions in order to organize and manage their cultural matters in accordance with the Constitution and the Law. The national minorities which do not have such self-government bodies shall have the right to form the national unions enjoying the rights and authorities stated in this article. Entry to the national union depends on the speaking language. The cultural and educational needs of the national minorities are met by sums levied on the budget of local self-government and central government in proportion to the number interested.

Article 131

Nobody shall be restricted of his or her civil or political right to join the national union.

Article 132

Any national union shall have the right to bring a suit before the court in the case of a violation of minority rights established by the Constitution or law.

Article 133

Any citizen of the Georgian Republic shall have the equal right to enter the civil or military service as well the service of towns and communities.

Article 134

The local self-government bodies with a mixed population are obliged to create a sufficient number of schools and establishments of instruction and general education in proportion to the ethnic composition of its population with the funds at their disposa.

Article 135

Schools of national minority education shall be administered in the native language of the national minorities.

Article 136

In the territory of the local self-government bodies where the proportion of the national minority exceeds 20 per cent of the whole population proceedings in state and public institutions shall be held in the official language together with the native language of the said minority if the minority desires it.

Article 137

Any deputy of non-Georgian origin not knowing the official language sufficiently enough to express his opinions may use his native language in Parliament on condition that he has previously submitted to The Presidium of Parliament an exact translation of his speech. The application of this article shall be regulated by law.

Chapter XV
Officials of the State

Article 138

Any Georgian citizen shall have access to all positions if he/she satisfies the requirements of the law.

Article 139

The officer or official shall be dismissed or punished disciplinary by order of the institution or chief. The rules of the final dismissal are envisaged in law.

Article 140

Every officer has the right of a pension. The conditions of pension for a public officer or his family members shall be envisaged in law.

Article 141

Every officer is responsible before the court under the common rules. Any citizen has the right to punish any officer who commits a crime. Any citizen has the right to be compensated by the State for any loss or damage caused by the illegal acts of the officer. The proceedings and conditions of compensation are envisaged in law.

Chapter XVI
Relations of State and Church

Article 142

The State and the church are separate and independent from each other.

Article 143

No confession or creed enjoys special privileges.

Article 144

It is forbidden to make any levies from the budget of the state or local self-government bodies for the needs of any religious order.

Chapter XVII
Revision of the Constitution

Article 145

The right to initiation of entire or partial revision of the constitution shall have:

a) At least one-half of the members of Parliament.

b) A group of 50,000 electors.

Article 146

A proposal for the revisal of the constitution can only be heard in Parliament six months after the deposition of such a proposal.

Article 147

A proposal or draft of the partial or entire revisal of the Constitution can only be adopted by a majority of two-thirds of the members of the Parliament. This proposal only enters into force after the approval by the people.

Article 148

The abolition of the form of Government of the Democratic Republic of Georgia may not be the subject of the proposal for a revision of the constitution.

Article 149

Until the meeting of the first Parliament, the Constituent Assembly shall act in its place.

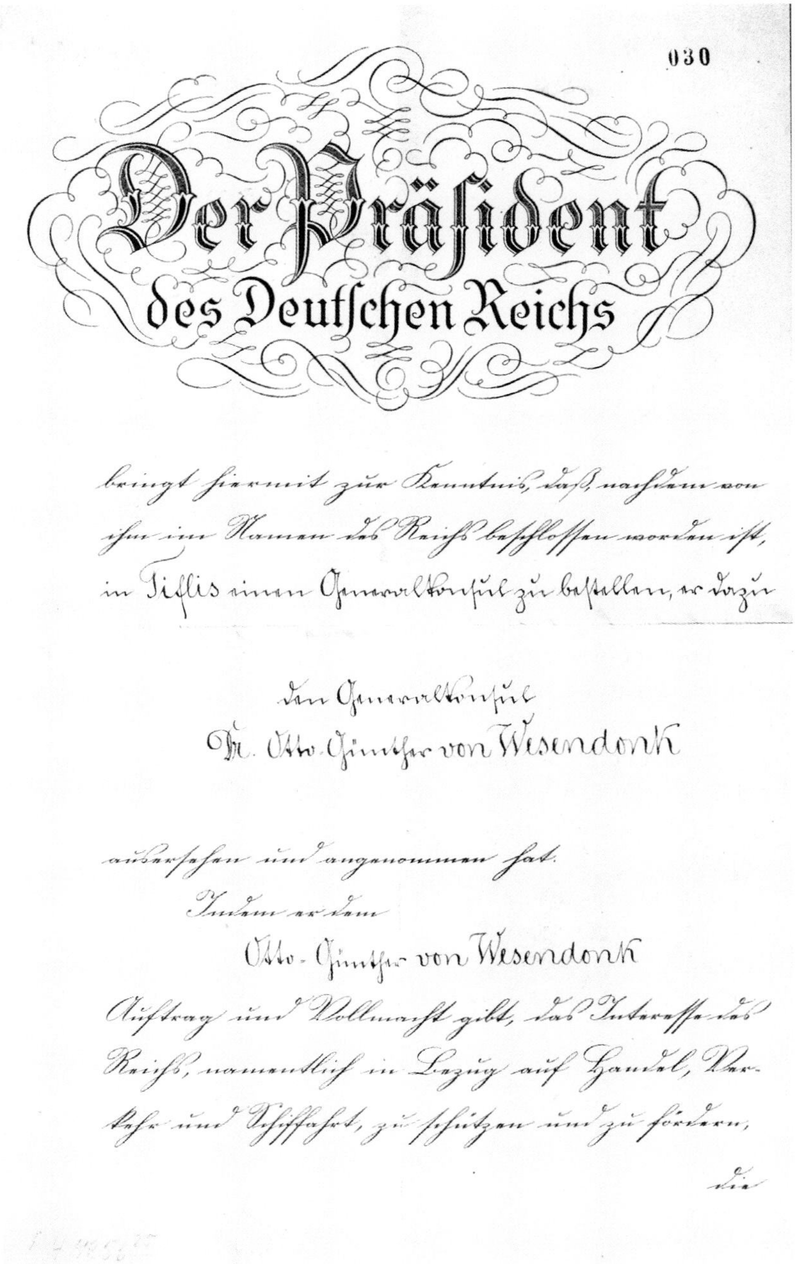

030

Der Präsident des Deutschen Reichs

bringt hiermit zur Kenntnis, daß, nachdem von ihm im Namen des Reichs beschlossen worden ist, in Tiflis einen Generalkonsul zu bestellen, er dazu

den Generalkonsul
Dr. Otto Günther von Wesendonk

ausersehen und angenommen hat.

Indem er dem

Otto-Günther von Wesendonk

Auftrag und Vollmacht gibt, das Interesse des Reichs, namentlich in Bezug auf Handel, Verkehr und Schiffahrt, zu schützen und zu fördern,

die

Bestallungsurkunde von Otto-Günther von Wesendonk vom 27. Dezember 1922.
Quelle: Politisches Archiv des Auswärtigen Amtes.

die Beobachtung der Staatsverträge zu überwachen und den Angehörigen des Reichs, sowie anderer befreundeter Staaten, in ihren Angelegenheiten Rat und Beistand zu gewähren, überhaupt Alles zu tun und auszuführen, was in den Reichsgesetzen und seinen Instruktionen vorgeschrieben ist, ersucht er hiermit, den Genannten

als Generalkonsul des Deutschen Reichs
in Tiflis

zu erkennen, auf die Vorstellungen, welche er in solcher Eigenschaft tun wird, willfährige Rücksicht zu nehmen, ihm alle zur Ausübung seines Amtes etwa dienliche Hülfe und Beistand zu bewilligen, auch ihm alle Freiheiten und Vorrechte, welche dortigen Orts die Generalkonsuln anderer befreundeten Mächte genießen, angedeihen zu lassen, wogegen die Deutsche Reichsregierung dieses

Alles

031

Alles bei vorkommenden Gelegenheiten zu erwidern nicht ermangeln wird.

Berlin, den 27. Dezember 1922.

Ebert

v Rosenberg.

Bestallung

für

den Generalkonsul Dr. Otto Günther von Wesendonk

als

Generalkonsul des Deutschen Reichs

in

Tiflis

für

den Transkaukasischen Bundesstaat (Armenien, Aserbeidschan, Georgien).

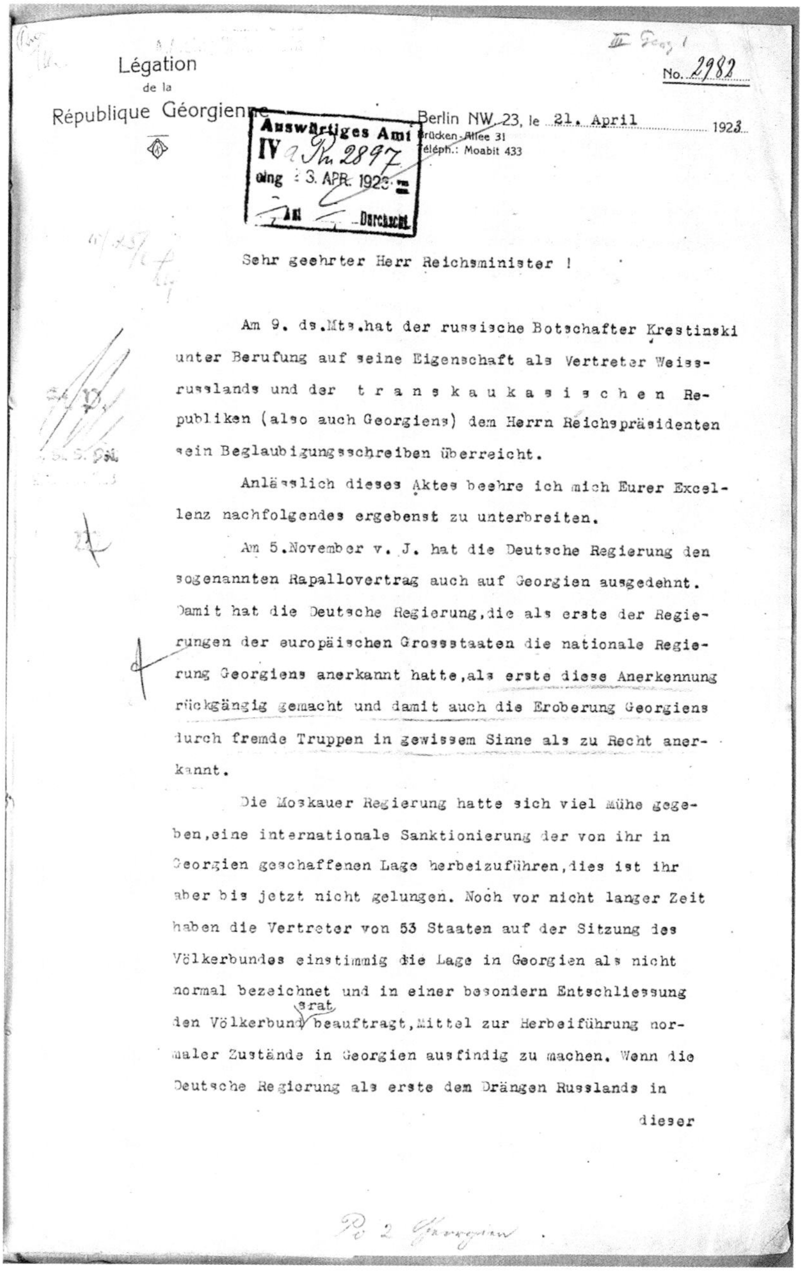

Légation
de la
République Géorgienne

No. 2982

Berlin NW. 23, le 21. April 1923
Brücken-Allee 31
Téléph.: Moabit 433

Auswärtiges Amt
IV a Ru. 2897
eing. 23. APR. 1923
Anl. Durchschl.

Sehr geehrter Herr Reichsminister !

Am 9. ds.Mts.hat der russische Botschafter Krestinski unter Berufung auf seine Eigenschaft als Vertreter Weissrusslands und der t r a n s k a u k a s i s c h e n Republiken (also auch Georgiens) dem Herrn Reichspräsidenten sein Beglaubigungsschreiben überreicht.

Anlässlich dieses Aktes beehre ich mich Eurer Excellenz nachfolgendes ergebenst zu unterbreiten.

Am 5.November v. J. hat die Deutsche Regierung den sogenannten Rapallovertrag auch auf Georgien ausgedehnt. Damit hat die Deutsche Regierung,die als erste der Regierungen der europäischen Grossstaaten die nationale Regierung Georgiens anerkannt hatte,als erste diese Anerkennung rückgängig gemacht und damit auch die Eroberung Georgiens durch fremde Truppen in gewissem Sinne als zu Recht anerkannt.

Die Moskauer Regierung hatte sich viel Mühe gegeben,eine internationale Sanktionierung der von ihr in Georgien geschaffenen Lage herbeizuführen,dies ist ihr aber bis jetzt nicht gelungen. Noch vor nicht langer Zeit haben die Vertreter von 53 Staaten auf der Sitzung des Völkerbundes einstimmig die Lage in Georgien als nicht normal bezeichnet und in einer besondern Entschliessung den Völkerbundsrat beauftragt,Mittel zur Herbeiführung normaler Zustände in Georgien ausfindig zu machen. Wenn die Deutsche Regierung als erste dem Drängen Russlands in

dieser

Po 2 Georgien

Abschiedsbrief von Wladimir Achmeteli vom 21. April 1923.
Quelle: Politisches Archiv des Auswärtigen Amtes.

dieser Frage nachgegeben hat, so nehmen wir uns nicht heraus, an diesem Schritt Kritik zu üben. Zu befürchten ist nur, dass das georgische Volk in der Anerkennung Sowjetgeorgiens einen gegen seine Unabhängigkeit gerichteten Schritt erblicken wird.

Das georgische Volk bewahrt der von ihm erwählten nationalen Regierung die Treue und setzt seinen Kampf für die Befreiung Georgiens von fremder Militärgewalt fort. Nicht zum erstenmal ist Georgien von fremden Truppen erobert worden. Aber jedesmal ist es dem georgischen Volke gelungen, seine Unabhängigkeit wieder herzustellen. Und auch diesmal wird Georgien wieder frei werden. Das wenigstens ist die feste Ueberzeugung aller aufrichtig demokratisch gesinnten Elemente, d.h. der übergrossen Mehrheit des heute unterdrückten georgischen Volkes.

Eure Excellenz werden begreifen, dass unter diesen Umständen meine Regierung sich veranlasst sieht, gegen die Anerkennung der heutigen Machtverhältnisse in Georgien auf's neue formelle Rechtsverwahrung einzulegen.

Indem ich dies auftragsgemäss zur Kenntnis Eurer Excellenz bringe, habe ich die Ehre zu zeichnen

in vorzüglicher Hochachtung

ergebenst

Dr. Achmeteli

An
Seine Excellenz
den Herrn Reichsminister des Auswärtigen

B e r l i n

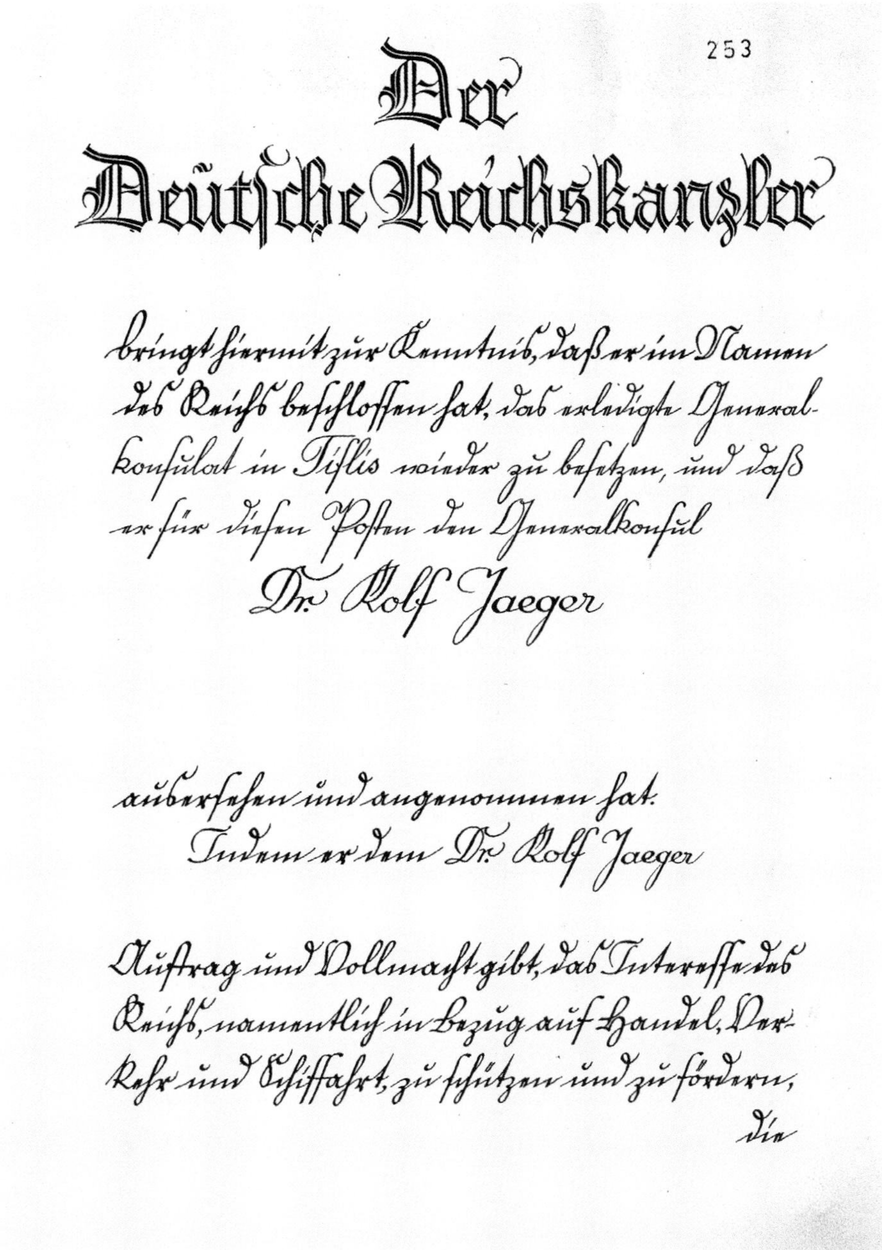

253

Der Deutsche Reichskanzler

bringt hiermit zur Kenntnis, daß er im Namen des Reichs beschlossen hat, das erledigte Generalkonsulat in Tiflis wieder zu besetzen, und daß er für diesen Posten den Generalkonsul

Dr. Rolf Jaeger

ausersehen und angenommen hat.

Indem er dem Dr. Rolf Jaeger

Auftrag und Vollmacht gibt, das Interesse des Reichs, namentlich in bezug auf Handel, Verkehr und Schiffahrt, zu schützen und zu fördern,

die

Bestallungsurkunde von Rolf Jaeger vom 5. Oktober 1936 und sowjetisches Exequatur vom 31. Oktober 1936. Quelle: Politisches Archiv des Auswärtigen Amtes.

die Beobachtung der Staatsverträge zu überwa-
chen und den Angehörigen des Reichs, sowie ande-
rer befreundeter Staaten, in ihren Angelegenhei-
ten Rat und Beistand zu gewähren, überhaupt Alles
zu tun und auszuführen, was in den Reichsge-
setzen und seinen Instruktionen vorgeschrieben
ist, ersucht er hiermit, den Genannten als Ge-
neralkonsul des Deutschen Reichs in Tiflis

zu erkennen, auf die Vorstellungen, welche er
in solcher Eigenschaft tun wird, willfährige
Rücksicht zu nehmen, ihm alle zur Ausübung
seines Amtes etwa dienliche Hilfe und
Beistand zu bewilligen, auch ihm alle Frei-
heiten und Vorrechte, welche dortigen Orts
die Generalkonsuln anderer befreundeter
Mächte genießen, angedeihen zu lassen, wo-
gegen die Deutsche Reichsregierung dieses
Alles

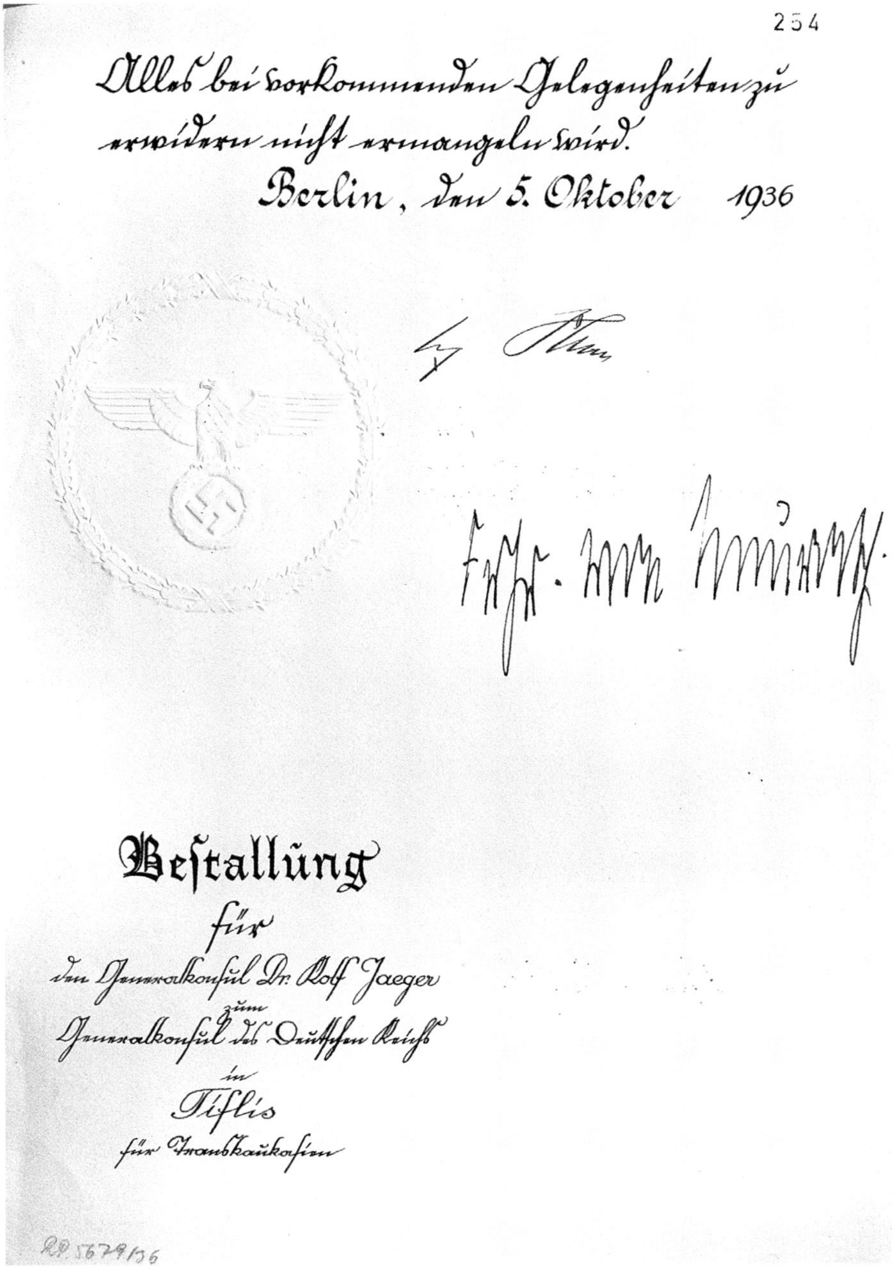

254

Alles bei vorkommenden Gelegenheiten zu erwidern nicht ermangeln wird.

Berlin, den 5. Oktober 1936

Bestallung

für

den Generalkonsul Dr. Rolf Jaeger

zum

Generalkonsul des Deutschen Reichs

in

Tiflis

für Transkaukasien

RP. 5679/36

Настоящий Консульский Патент явлен в Народный Комиссариат по Иностранным Делам и зарегистрирован в Книге Консульских Патентов Народного Комиссариата по Иностранным Делам за № 14 от 29 октября 1936 года.

Москва, " 31 " октября 1936 года.

255

ИМЕНЕМ

Союза Советских Социалистических Республик

Народный Комиссариат по Иностранным Делам Союза Советских Социалистических Республик настоящим свидетельствует, что предъявитель сего г. Рольф Егер признан Правительством Союза, на основании представленного им консульского патента от 5 октября месяца 1936 года, в качестве Генерального Консула Германии в городе Тбилиси (Тифлис).

Консульский округ, в пределах коего г. Рольф Егер выполняет возложенные на него консульские функции, распространяется на город Тбилиси (Тифлис) и Закавказскую Социалистическую Федеративную Советскую Республику.

При выполнении указанных консульских функций, г. Рольф Егер пользуется всеми правами и преимуществами, присвоенными консульским представителям иностранных государств в Союзе Советских Социалистических Республик, в соответствии с действующим в отношении этих представителей законодательством и заключенными Союзом ССР соглашениями и договорами.

Народный Комиссар по Иностранным делам Н. Крестинский

Заведующий Правовым Отделом

„31" октября 1936 г.

№ 127/36

г. Москва

Anhang

Anmerkungen

1 Großes vollständiges Universal-Lexikon, Fünfter Band, Halle/Leipzig 1733, Sp. 1644–1645.
2 Theologische Realenzyklopädie, Band XII, Berlin/New York 1984, S. 390.
3 Lexikon des Mittelalters, Band IV, München/Zürich 1989, Sp. 1283.
4 Michael von Tseretheli: Die Rechte Georgiens, Berlin 1917, S. 2.
5 Der Vertrag vom 4. August 1783 sowie die beiden Manifeste Pauls I. und Alexanders I. vom 18. Januar bzw. 12. September 1801, ebenda, S. 3–7, 32–33 und 36–39.
6 Neues Konversationslexikon, Fünfzehnter Band, Hildburghausen 1867, S. 68.
7 Vier Vorträge über den Kaukasus gehalten im Winter 1873/74 in den größeren Städten Deutschlands von Gustav Radde, Direktor des Kaiserlichen Museums in Tiflis, Gotha 1874.
8 Nachruf von Viktor Hantzsch: Biographisches Jahrbuch und Deutscher Nekrolog, VIII. Band, Berlin 1905, S. 39–45.
9 Artur Leist: Georgien – Natur, Sitten und Bewohner, Leipzig 1885.
10 Artur Leist: Das georgische Volk, Dresden 1903.
11 Joachim Mai: Das deutsche Kapital in Rußland 1850–1894, Berlin 1970, S. 95.
12 GStAPK, III. HA II Nr. 464, Ministerium der Auswärtigen Angelegenheiten, Acta betreffend das königliche Consulat in Tiflis.
13 Ebenda.
14 PAAA, R 252174, Akten betreffend das Bundeskonsulat in Tiflis, Band I.
15 Reichs-Gesetzblatt 1875, S. 145–158.
16 PAAA, R 252174.
17 PAAA, R 252214, Deutsche Konsulate Rußland Nr. 46, Akten betreffend die Kaiserliche Konsular-Agentur in Kedabeg.
18 Bestand Rußland Nr. 97a, Akten betreffend: Russisch-Asien: PAAA, R 11032–11062.
19 Bericht vom 17. November 1904: PAAA, R 11037, Rußland Nr. 97a, Akten betreffend Russisch-Asien, Band 6.
20 Ebenda.
21 Bericht vom 18. Juli 1905, ebenda.
22 PAAA, R 11038, Rußland Nr. 97a, Akten betreffend Russisch-Asien, Band 7.
23 Bericht Schulenburgs vom 5. Juli 1911: PAAA, R 11040, Rußland Nr. 97a, Akten betreffend: Russisch-Asien, Band 9.

24 Russland nebst Teheran, Port Arthur, Peking, Handbuch für Reisende von Karl Baedeker, Siebente Auflage, Leipzig 1912, S. 428.
25 Bericht Schulenburgs vom 14. April 1913: PAAA, R 11040.
26 PAAA, R 141254, Deutsche Konsulate Rußland Nr. 27, Akten betreffend das Kaiserlich Deutsche Konsulat in Tiflis, Band 12.
27 Bericht von Eugen Lorz vom 1. September 1914 und Mitteilung von Adolf Georg Otto von Maltzan von der deutschen Gesandtschaft Peking an Reichskanzler Theobald von Bethmann Hollweg vom 5. September 1914, ebenda.
28 Fritz Fischer: Griff nach der Weltmacht, Düsseldorf 1961, S. 133.
29 Walter Nicolai: Nachrichtendienst, Presse und Volksstimmung im Weltkrieg, Berlin 1920, S. 3.
30 Aufzeichnung Oppenheims vom 8. und Mitteilung Zimmermanns an das preußische Kultusministerium vom 12. September 1914: PAAA, R 20936, Bl. 78–80 und 73–74.
31 Steffi Chotiwari-Jünger: Georgier in Berlin, Berlin 1999, S. 21.
32 Nach einem am 9. September 1914 vom Reichskanzler verschickten Papier; abgedruckt als Anhang 4 bei: Werner Basler: Deutschlands Annexionspolitik in Polen und im Baltikum 1914–1918, Berlin 1962, S. 381–383.
33 Klde/Der Fels, Organ der georgischen Nationalisten, Jahrgang 2, Heft Nr. 17/18, November/Dezember 1935, S. 4.
34 PAAA, Bern 617–620.
35 Telegrammwechsel in: PAAA, R 21008, Der Weltkrieg Nr. 11d geheim, Akten betreffend den Krieg 1914, Unternehmungen und Aufwiegelungen gegen unsere Feinde, Kaukasus, Band 1, Bl. 10, 12, 15–16, 18, 21–22 und 43. Eine Abschrift der von Wangenheim unterzeichneten Erklärung vom 14. September 1914: PAAA, R 7308, Georgien Nr. 1, Akten betreffend: Allgemeine Angelegenheiten Georgiens, Band 1, Bl. 11/12; Bl. 14 ist die zugehörige Karte mit den markierten georgischen Grenzen.
36 Telegramm der Gesandtschaft Bern vom 19. September 1914: PAAA, R 21008, Bl. 60.
37 Ebenda, Bl. 64.
38 Ebenda, Bl. 92/93.
39 Original, ebenda, Bl. 81–86.
40 Felix Guse: Die Kaukasusfront im Weltkrieg bis zum Frieden von Brest, Leipzig 1940.
41 Schreiben Wangenheims an Bethmann Hollweg vom 28. November 1914: PAAA, R 21009, Der Weltkrieg Nr. 11d geheim, Akten betreffend den Krieg

1914, Unternehmungen und Aufwiegelungen gegen unsere Feinde, Kaukasus, Band 2, Bl. 131–134.

42 Abschrift im Haus-, Hof- und Staatsarchiv in Wien; abgedruckt bei: Wolfdieter Bihl: Die Kaukasus-Politik der Mittelmächte, Teil I, Wien-Köln-Graz 1975, S. 235–236.

43 Schreiben Wangenheims an Bethmann Hollweg vom 30. Dezember 1914: PAAA, R 21010, Der Weltkrieg Nr. 11d geheim, Geheime Akten betreffend den Krieg 1914, Unternehmungen und Aufwiegelungen im Kaukasus, Band 3, Bl. 8–11.

44 Siehe dazu ihre Aufzeichnungen vom 9. und 3. April 1915: PAAA, R 21012, Der Weltkrieg Nr. 11d geheim, Geheime Akten betreffend den Krieg 1914, Unternehmungen und Aufwiegelungen im Kaukasus, Band 5, Bl. 6–9 und 55–58.

45 Schreiben Nadolnys an die Sektion Politik des Generalstabs des Feldheeres vom 13. April und an das Auswärtige Amt vom 2. Mai 1915, Instruktion für Schulenburg und Telegramm Wangenheims vom 15. Mai 1915, ebenda, Bl. 71–74, 178–182 und 227–228.

46 Berichte vom 18. Juni und 6. Juli 1915: PAAA, R 21013, Der Weltkrieg Nr. 11d geheim, Geheime Akten betreffend den Krieg 1914, Unternehmungen und Aufwiegelungen im Kaukasus, Band 6, Bl. 230–232 und 274–277.

47 Siehe dazu: Werner Zürrer: Zur Geschichte der Georgischen Legion im Ersten Weltkrieg; in: Militärgeschichtliche Mitteilungen 1/1978, S. 85–104.

48 Telegramm Lossows an die Sektion Politik Berlin des Generalstabs vom 9. Dezember 1916: PAAA, R 21022, Der Weltkrieg Nr. 11d geheim, Geheime Akten Krieg 1914, Unternehmungen und Aufwiegelungen im Kaukasus, Band 15, Bl. 121.

49 Mitteilung des Georgischen Komitees an das Auswärtige Amt vom 12. und Telegramm der Sektion Politik Berlin des Generalstabs an Otto von Lossow vom 15. Dezember 1916, ebenda, Bl. 123–125 und 147/148.

50 Schriftwechsel: PAAA, R R 21016, Der Weltkrieg Nr. 11d geheim, Geheime Akten Krieg 1914, Unternehmungen und Aufwiegelungen im Kaukasus, Band 9, Bl. 187–189 sowie PAAA, R 21017, Der Weltkrieg Nr. 11d geheim, Geheime Akten Krieg 1914, Unternehmungen und Aufwiegelungen im Kaukasus, Band 10, Bl. 10.

51 Alfred Grotjahn: Erlebtes und Erstrebtes, Berlin 1932, S. 166.

52 PAAA, R 21018, Der Weltkrieg Nr. 11d geheim, Geheime Akten Krieg 1914, Unternehmungen und Aufwiegelungen im Kaukasus, Band 11, Bl. 26–28.

53 Florian Herrmann: Das Standardwerk – Franz von Liszt und das Völkerrecht, Baden-Baden 2001, S. 6.

54 Jurij Danilow: Großfürst Nikolai Nikolajewitsch – sein Leben und Wirken, Berlin 1930, S. 274.

55 Bericht vom 26. März 1917: PAAA, R 21023, Der Weltkrieg Nr. 11d geheim, Geheime Akten Krieg 1914, Unternehmungen und Aufwiegelungen im Kaukasus, Band 16, Bl. 82–90.

56 Ebenda, Bl. 20–27.

57 Ebenda, Bl. 29, 36, 47–48, 62 und 68.

58 PAAA, R 11041, Rußland Nr. 97a, Akten betreffend: Russisch-Asien, Band 10.

59 Nach dem Bericht in der »Prawda« vom 18. April 1917: Lenin: Werke, Ergänzungsband 1896–1917, Berlin 1974, S. 407–408.

60 Werner Hahlweg (Hrsg.): Lenins Rückkehr nach Rußland 1917, Leiden 1957, S. 104–105.

61 Lenin: Werke, Band 26, Berlin 1961, S. 239–243 und 254–255.

62 Juri Achapkin (Hrsg.): Die ersten Dekrete der Sowjetmacht, Berlin 1970, S. 35–36.

63 Europäischer Geschichtskalender, Neue Folge, 33. Jahrgang 1917, Zweiter Teil, S. 766–767.

64 George Buchanan: Meine Mission in Rußland, Berlin 1926, S. 252.

65 Telegramm des Botschafters der USA an seinen Außenminister vom 27. November 1918: PRFR, 1918, Russia, Band I, Washington 1931, S. 250.

66 Deutsch-sowjetische Beziehungen von den Verhandlungen in Brest-Litowsk bis zum Abschluß des Rapallovertrages, Dokumentensammlung Band I, Berlin 1967, S. 30–35.

67 Der Bericht Matschabellis über das Treffen und das Protokoll dazu in: PAAA, R 11042, Rußland Nr. 97a, Akten betreffend: Russisch-Asien, Band 11.

68 Telegramm Wesendonks an die Botschaft in Konstantinopel vom 1. März 1918, ebenda.

69 Ebenda.

70 Reichs-Gesetzblatt 1918, S. 484.

71 Telegramm Bernstorffs vom 5. März 1918; abgedruckt: Quellen zur Gesichte des Parlamentarismus und der politischen Parteien, Erste Reihe, Band 8: Der Friede von Brest-Litowsk, Düsseldorf 1971, S. 685.

72 Wiedergegeben als Anlage 14 der im Auswärtigen Amt gefertigten Dokumentensammlung über die Kaukasusländer vom 19. Juni 1918.

73 Werner Zürrer: Kaukasien 1918–1921, Der Kampf der Großmächte um die Landbrücke zwischen Schwarzem und Kaspischem Meer, Düsseldorf 1978, S. 42–53.

74 Telegramm Bernstorffs an das Auswärtige Amt vom 2. April 1918 in: PAAA, R 11043, Rußland Nr. 97a, Akten betreffend: Russisch-Asien, Band 12.

75 Mitteilung vom 13. April 1918 in: PAAA, R 11044, Rußland Nr. 97a, Akten betreffend: Russisch-Asien, Band 13.

76 Zürrer: Kaukasien, S. 49.

77 Wiedergegeben als Anlage 15 der im Auswärtigen Amt gefertigten Dokumentensammlung.

78 Telegrammentwurf in: PAAA, R 11044.

79 Ebenda.

80 Seine Notizen dazu befinden sich im Bestand: PAAA, R 11113.

81 Lossows Telegramme aus Batumi wurden von Bernstorff nach Berlin weitergegeben: PAAA, R 11045, Rußland Nr. 97a, Akten betreffend: Russisch-Asien, Band 14.

82 Telegramm vom 15. Mai 1918, ebenda.

83 Besprechungsprotokolle in: PAAA, R 9018, Österreich Nr. 95 geheim, Geheime Akten betreffend: Beziehungen Österreichs zu Deutschland, Band 5.

84 Die Papiere dazu einschließlich der ersten Berichte Schulenburgs aus Tiflis befinden sich im Bestand: PAAA, R 11113.

85 Bericht in der Kaukasischen Post vom 29. Mai 1918.

86 Die entsprechenden Telegramme an das Auswärtige Amt sind wiedergegeben als Anlagen 18 und 19 in der Dokumentensammlung über die Kaukasusländer.

87 Das Telegramm Lossows wurde am 26. Mai 1918 von Bernstorff nach Berlin durchgegeben: PAAA, R 11046, Rußland Nr. 97a, Akten betreffend: Russisch-Asien, Band 15.

88 Abschriften der Befehle in: PAAA, R 11113.

89 Abschriften der Abkommen und der Verpflichtung in: PAAA, R 7308, Georgien Nr. 1, Akten betreffend: Allgemeine Angelegenheiten Georgiens, Band 1, Bl. 72–87 und 121–123.

90 Aktennotiz Wesendonks vom 6. Juni 1918, ebenda, Bl. 119.

91 Im Auswärtigen Amt wurde auf die Abschrift des von Bernstorff übermittelten Funkspruchs beim Satz zum Abschluß der Verträge notiert: »Hatte keinerlei Vollmacht«, ebenda, Bl. 36–38.

92 Telegramme vom 31. Mai 1918: PAAA, R 11046.

93 Biographische Notizen: PAAA, R 7308, Bl. 200–213.

94 Abschrift in: PAAA, R 11114.

95 Auflistung in: PAAA, R 11113.

96 Wolfdieter Bihl: Die Kaukasus-Politik der Mittelmächte, Teil II, Wien–Köln–Weimar 1992, S. 240.

97 PAAA, R 11047, Rußland Nr. 97a, Akten betreffend: Russisch-Asien, Band 16.

98 Die Protokolle vom 4. Juni 1918: PAAA, R 7308, Bl. 101–118 und 163–168.
99 Telegrammwechsel in: PAAA, R 11047.
100 PAAA, R 7309, Georgien Nr. 1, Akten betreffend: Allgemeine Angelegenheiten der Republik Georgien, Band 2, Bl. 49.
101 »Die Regierung der Republik Georgien autorisiert Sie mit diesem Schreiben, in Verhandlungen mit Deutschland, der Türkei, Österreich-Ungarn und Bulgarien einzutreten, in welcher Stadt oder welchem Ort auch immer, um den Friedensvertrag abzuschließen, und mit den Auswärtigen Großmächten allgemein mit dem Ziel, gute Beziehungen zu ihnen aufzubauen auf der Grundlage einer wirksamen und dauerhaften internationalen Zusammenarbeit, und auch, um dazu im Namen der Regierung Verträge, Abkommen, Erklärungen und andere internationale Akte abzuschließen, deren Ratifizierung durch die Regierung der Republik vorgenommen wird; im Vertrauen darauf ist das vorliegende Schreiben gezeichnet und gesiegelt. / Gegeben zu Tiflis am 26. Mai 1918. Noe Ramischwili / Präsident des Ministerrats«.
102 »Vereinigt mit Russland durch politische Verträge, die in der Absicht geschlossen wurden, Georgien die volle innere Freiheit zu sichern ebenso wie die Unversehrtheit seines Gebiets, sieht Georgen bald seine Rechte verletzt, seine Freiheit beschädigt und seine Autonomie ersetzt durch ein Regime der totalen Annexion. Aber die georgische Nation verzichtet niemals auf seine unverjährbaren Rechte oder auf seine tausendjährige nationale Tradition; sie wartet nur auf die Gunst der Zeiten, um ihre Rechte und politischen Forderungen geltend zu machen. [...] Im Namen meiner Regierung habe ich die Ehre, Euere Exzellenz zu bitten, die Bildung der Republik Georgien Ihrer Regierung zur Kenntnis zu bringen, damit die Anerkennung Georgiens als unabhängiger Staat so schnell wie möglich durch das Deutsche Reich erfolgt.«
103 PAAA, R 7308, Bl. 98–99 und 237.
104 Erich Ludendorff: Urkunden der Obersten Heeresleitung über ihre Tätigkeit 1916–1918, Berlin 1920, S. 488–491.
105 PAAA, R 11048, Rußland Nr. 97a, Akten betreffend: Russisch-Asien, Band 17.
106 Telegramm vom 30. Juli und Stellungnahme vom 2. August 1918 in: PAAA, R 11054, Rußland Nr. 97a, Akten betreffend: Russisch-Asien, Band 21.
107 Verhandlungen des Reichstags, Band 313, Stenographische Berichte, S. 5608/5609 und 5612.
108 Denkschrift vom 30. Juni 1918: PAAA, R 7310, Georgien Nr. 1, Akten betreffend: Allgemeine Angelegenheiten Georgiens, Band 3, Bl. 228–238.
109 Das Zitat befindet sich in seinem Abschlussbericht vom 20. August 1919:

PAAA, R 7317, Georgien Nr. 1, Akten betreffend: Allgemeine Angelegenheiten Georgiens, Band 10, Bl. 161.

110 Abschrift: PAAA, R 7308, Bl. 189.

111 Bericht vom 28. Juni 1918 und Text der Ansprache: PAAA, R 7310, Bl. 320–327.

112 Siehe dazu: Winfried Baumgart: Das »Kaspi-Unternehmen« – Größenwahn Ludendorffs oder Routineplanung des deutschen Generalstabs?; in: Jahrbücher für Geschichte Osteuropas, Neue Folge Band 18, Wiesbaden 1970, S. 47–126 und 231–278.

113 Im Bestand PAAA, R 21431, Der Weltkrieg 15 geheim, Geheime Akten Krieg 1914, Material zu den Friedensverhandlungen, Band 5, befinden sich textlich etwas voneinander abweichende Protokolle der Obersten Heeresleitung und des Auswärtigen Amtes. Die zitierten Passagen sind in beiden Varianten identisch. Die Georgier waren kein junges Volk!

114 Originaltelegramm, ebenda, Bl. 193–197; publiziert als Dokument 5 der »Dokumentation zu den deutsch-russischen Beziehungen im Sommer 1918« von Hans W. Gatzke: Vierteljahrshefte für Zeitgeschichte, 3. Jahrgang 1955, S. 91/92.

115 Franz von Liszt: Die völkerrechtliche Stellung der Republik Georgien, S. 1, 3 und 8.

116 Reichs-Gesetzblatt 1918, S. 1154–1171.

117 PAAA, R 11060, Rußland Nr. 97a, Akten betreffend Russisch-Asien, Band 26.

118 PAAA, R 7315, Georgien Nr. 1, Akten betreffend: Allgemeine Angelegenheiten der Republik Georgien, Band 8, Bl. 342–354.

119 Verhandlungen des Reichstags, Band 314, Stenographische Berichte, S. 6151.

120 Aktennotiz vom 5. Oktober 1918: PAAA, R 7315, Bl. 61.

121 »Beseelt von der lebhaftesten Sympathie für die Republik, die Ihr so würdig vertretet, werden das deutsche Volk und seine Regierung weiterhin den Fortschritt des georgischen Volkes auf dem Weg zu dem von ihm erhofften Ziel mit den wärmsten Wünschen begleiten. Sie werden nicht fehlen, dieses herzliche Interesse an der Festigung und dem Wohlergehen der jungen Republik, das sie ihr von der ersten Stunde an gezeigt haben, durch die Tat zu beweisen.«

122 PAAA, R 7315, Bl. 223–224 und 364–367.

123 Mitteilungen von Lucius vom 6. und 25. November 1918, ebenda, Bl. 20 und 80.

124 Telegramm Kressensteins vom 6. November 1918: ebenda, Bl. 377–380; Abschrift der Note: PAAA, R 7316, Georgien Nr. 1, Akten betreffend: Allgemeine Angelegenheiten der Republik Georgien, Band 9, Bl. 167–168.

125 Ebenda, Bl. 6–10.

126 Die verschiedenen Fassungen des Artikels XII sind wiedergegeben in: Der Waffenstillstand 1918–1919, I. Band, Berlin 1928, S. 36–39.

127 Telegrammentwürfe vom 12. und 14. November 1918: PAAA, R 7316, Bl. 21 und 24.

128 Berichte vom 28. November und 4. Dezember 1918, ebenda, Bl. 176–181.

129 Telegrammwechsel, ebenda, Bl. 83, 103 und 115.

130 Bericht Kressensteins vom 3. Juli 1919: PAAA, R 7317, Bl. 102–114.

131 Bericht über die Tätigkeit der deutschen Delegation im Kaukasus vom 20. August 1919, ebenda, Bl. 161–197.

132 PAAA, R 19097, Persien Nr. 12, Akten betreffend: Beziehungen Persiens zu Deutschland, Band 10.

133 Telegrammentwurf vom 19. Juli 1920 in: PAAA, R 78157, Persien Politik 10, Akten betreffend: Deutsche diplomatische und konsularische Vertretungen in Persien, Band 1.

134 PAAA, R 84107, Abteilung IV, Georgien Politik 10, Akten betreffend: Deutsche diplomatische und konsularische Vertretungen in Georgien, Band 1.

135 PAAA, R 130691, Georgien Nr. 1, Akten betreffend: die Georgische Mission in Berlin.

136 Klde/Der Fels, Organ der georgischen Nationalisten, Jahrgang 2, Heft Nr. 17/18, November/Dezember 1935, S. 4.

137 PAAA, R 7317, Bl. 323–326.

138 Aufzeichnung vom 9. Mai 1920 in: BAB, R 601/150, Nr. 16.

139 PAAA, R 84085, Abteilung IV, Georgien Politik 2, Akten betreffend: Politische Beziehungen Georgiens zu Deutschland, Band 1.

140 Klde/Der Fels, Organ der georgischen Nationalisten, Jahrgang 2, Heft Nr. 17/18, November/Dezember 1935, S. 4.

141 Rheinisch-Westfälische Zeitung vom 31. August 1920.

142 PAAA, R 84098, Abteilung IV, Georgien Politik 5, Akten betreffend: Innere Politik, Parlaments- und Parteiwesen in Georgien, Band 1.

143 The nation, Band XXVIII, Nr. 3 vom 16. Oktober 1920, S. 64–66.

144 PAAA, R 84098.

145 Noe Jordania: Karl Kautsky in Georgien; in: Die Gesellschaft, Internationale Revue für Sozialismus und Politik, Ein Sonderheft der Gesellschaft zu Karl Kautskys 70. Geburtstag, Berlin 1924, S. 131–136.

146 PAAA, R 84098.

147 Karl Kautsky: Georgien – eine sozialdemokratische Bauernrepublik, Wien 1921, S. 44.

148 PAAA, Personalakte Ulrich Rauscher.

149 PAAA, R 84094, Abteilung IV, Georgien/Rußland Politik 3, Akten betreffend: Politische Beziehungen zwischen Georgien und Rußland, Band 1.

150 Bericht vom 9. Februar 1921: PAAA, R 84084, Abteilung IV, Georgien Politik 1, Akten betreffend: Allgemeine auswärtige Politik Georgiens.

151 Ebenda.

152 Lenin: Werke, Band 35, Berlin 1962, S. 419.

153 Lenin: Werke, Band 31, Berlin 1959, S. 123.

154 Jahrbuch des Völkerrechts, IX. Band, Kiel 1926, S. 213.

155 PAAA, R 84085.

156 Siehe dazu die Telegramme Lenins an den Revolutionären Kriegsrat der 11. Armee vom 14. und 15. Februar 1921; deutsch in: Lenin: Briefe, Band VII, Berlin 1970, S. 72–73.

157 PAAA, R 84098.

158 Mitteilungen der deutschen Vertretung in: PAAA, R 84099, Abteilung IV, Georgien Politik 5, Akten betreffend: Innere Politik, Parlaments- und Parteiwesen, Band 2.

159 PAAA, R 84107, Abteilung IV, Georgien Politik 10, Akten betreffend: Deutsche diplomatische und konsularische Vertretungen in Georgien, Band 1.

160 Joseph Bochenski/Gerhart Niemeyer (Hrsg.): Handbuch des Weltkommunismus, Freiburg/München 1958, S. 215.

161 PAAA, R 84099.

162 PAAA, R 84085.

163 PAAA, R 84099.

164 PAAA, R 84085.

165 Protokoll über die Verhandlungen des Parteitages der Sozialdemokratischen Partei Deutschlands vom 18. bis 24. September 1921 in Görlitz, S. 125–126, 323 und 391.

166 PAAA, R 31503, Abteilung IV, Georgien Politik 2, Akten betreffend: Politische Beziehungen Georgiens zu Deutschland, Band 1, Geheimakten, Bl. 4–8.

167 PAAA, R 84136, Abteilung IV, Kaukasus Politik 1, Akten betreffend: Allgemeine auswärtige Politik der Staaten des Kaukasus.

168 Bericht vom 2. Dezember 1921, ebenda.

169 »Die Politik der Sowjetmacht in der nationalen Frage in Rußland«; deutsch in: Stalin: Werke, Band 4, Berlin 1951, S. 309–319.

170 Geschichte der KPdSU, IV. Band, Erstes Buch, Moskau 1973, S. 216–217.

171 Lenin: Werke, Band 32, Berlin 1961, S. 327–329.

172 Lenin: Werke, Band 33, Berlin 1962, S. 110.

173 PAAA, R 84136.

174 PAAA, R 84137, Abteilung IV, Kaukasus Politik 2, Akten betreffend: Politische Beziehungen der Staaten des Kaukasus zu Deutschland.

175 PAAA, R 84086, Abteilung IV, Georgien Politik 2, Akten betreffend: Politische Beziehungen Georgiens zu Deutschland, Band 2.

176 PAAA, Personalakte Otto-Günther von Wesendonk.

177 Vertrag und Notenwechsel in: Deutsch-sowjetische Beziehungen von den Verhandlungen in Brest-Litowsk bis zum Abschluß des Rapallovertrages, Dokumentensammlung Band II, Berlin 1971, S. 697–702.

178 PAAA, Personalakte Otto-Günther von Wesendonk.

179 Aktennotiz vom 12. Februar 1923 in: PAAA, R 84136.

180 Verzeichnis der Mitglieder des diplomatischen Korps in Berlin, November 1920, S. 13.

181 Verzeichnis der Mitglieder des diplomatischen Korps in Berlin, Oktober 1921, S. 16.

182 PAAA, R 130691, Georgien Nr. 1, Akten betreffend die Georgische Mission in Berlin.

183 Verzeichnis der Mitglieder des diplomatischen Korps in Berlin, April 1922, S. 18.

184 PAAA, R 130691.

185 Brief und Gesprächsnotiz in: PAAA, R 84104, Abteilung IV, Georgien Politik 9, Akten betreffend diplomatische und konsularische Vertretungen Georgiens in Deutschland, Band 1.

186 PAAA, R 31503, Bl. 17–19.

187 BAB, R 601/150, Nr. 94.

188 PAAA, R 84087, Georgien Politik 2, Akten betreffend: Politische Beziehungen Georgiens zu Deutschland, Band 3.

189 Der »Vertrag über die Bildung der Union der Sozialistischen Sowjetrepubliken« in Deutsch als Beilage Nr. 2 in: Stalin, Werke, Band 5, Berlin S. 346–350.

190 Deutsch-Sowjetische Beziehungen 1922–1925, Berlin 1978, S. 256–259 und 263–265.

191 PAAA, Personalakte Otto-Günther von Wesendonk.

192 PAAA, R 84138, Abteilung IV Rußland, Kaukasus Politik 5, Akten betreffend: Innere Politik, Parlaments- und Parteiwesen in den Staaten des Kaukasus, Band 1.

193 Berichte vom 11. und 19. Februar 1923, ebenda.

194 Ebenda.

195 PAAA, R 84139, Abteilung IV Rußland, Kaukasus Politik 5, Akten betreffend:

Innere Politik, Parlaments- und Parteiwesen in den Staaten des Kaukasus, Band 2.

196 Das Schwarzbuch des Kommunismus, München 1998, S. 157.

197 PAAA, R 84105, Abteilung IV Rußland, Akten betreffend: Aufstände in Georgien, Band 1.

198 PAAA, R 84106, Abteilung IV Rußland, Akten betreffend: Aufstände in Georgien, Band 2.

199 Berichte Wesendonks vom 27. Oktober 1924 und Schroeders vom 5. August 1925, ebenda.

200 PAAA, R 84161, Abteilung IV, Kaukasus Politik 10, Akten betreffend: Deutsche diplomatische und konsularische Vertretungen im Kaukasus, Band 2.

201 Berichte vom 20. Februar bzw. 10. April 1926, ebenda.

202 PAAA, R 84162, Abteilung IV, Kaukasus Politik 10, Akten betreffend: Deutsche diplomatische und konsularische Vertretungen im Kaukasus, Band 3.

203 PAAA, Botschaft Moskau 84.

204 PAAA, Botschaft Moskau 350.

205 Runderlaß vom 30. Januar 1933: ADAP, Serie C, Band I/1, Göttingen 1971, S. 1.

206 Bericht von Heinrich Wilcke und Begleitschreiben von Carl Dienstmann: PAAA, R 84100, Abteilung IV, Georgien Politik 5, Akten betreffend: Innere Politik, Parlaments- und Parteiwesen in Georgien, Band 3.

207 PAAA, Botschaft Moskau 350.

208 Ebenda.

209 Bericht vom 15. Juni 1936 in: PAAA, Botschaft Moskau 72, Band 10.

210 PAAA, Tiflis II, 1: Akten betreffend: Personalia Generalkonsul Dr. Rolf Jaeger.

211 PAAA, R 104371, Politische Abteilung V, Rußland Politik 10, Akten betreffend: Deutsche diplomatische und konsularische Vertretungen in Rußland, Band 1.

212 Der Prozeß gegen die Hauptkriegsverbrecher..., Band XXVI, Nürnberg 1947, S. 47–58.

213 Denkschrift vom 2. April 1941 sowie Allgemeine Instruktion für alle Reichskommissare in den besetzten Ostgebieten vom 8. Mai 1941 und Erlaß vom 20. April 1941: Der Prozeß gegen die Hauptkriegsverbrecher..., Band XXVI, S. 547–554, 576–580 und 383–384.

214 Aufzeichnung vom 30. Mai 1941: ADAP, Serie D, Band XII/2, Göttingen 1969, S. 772.

215 Der Prozeß gegen die Hauptkriegsverbrecher..., Band XXVI, S. 610–627.

216 Aktenvermerk vom 16. Juli 1941; wiedergegeben in: Der Prozeß gegen die Hauptkriegsverbrecher..., Band XXXVIII, Nürnberg 1949, S. 86–94.

217 Erlaß Adolf Hitlers vom 17. Juli 1941, ebenda, Band XXIX, Nürnberg 1948, S. 235–237.

218 Franz W. Seidler: Die Kollaboration 1939–1945, München 1995, S. 40.

219 Patrik von zur Mühlen: Zwischen Hakenkreuz und Sowjetstern, Düsseldorf 1971, S. 57.

220 ADAP, Serie D, Band XIII/1, Göttingen 1970, S. 324.

221 Siehe dazu den Beitrag von Gideon Botsch über das Institut in der Zeitschrift für Geschichtsforschung, 48. Jahrgang 2000, Heft 6, S. 509–524.

222 Mitteilung von Reichskanzleichef Hans Heinrich Lammers an Reichsaußenminister Joachim von Ribbentrop vom 12. Juli 1942: ADAP, Serie E, Band II, Göttingen 1974, S. 138–139.

223 Aufzeichnung Schulenburgs vom 27. Juli 1942, ebenda, S. 230–232.

224 »Führer-Erlasse« 1939–1945, Stuttgart 1997, S. 270–271.

225 PAAA, R 105171, Politische Abteilung XIII, Akten betreffend: Kaukasusvölker.

226 Beide Dokumente befinden sich im Bestand: PAAA, R 105165, Politische Abteilung XIII, Akten betreffend: Propagandarichtlinien in Ostfragen.

227 Geschichte des Zweiten Weltkrieges, Fünfter Band, Berlin 1978, S. 243.

228 Walther Hubatsch (Hrsg.): Hitlers Weisungen für die Kriegführung 1939–1945, Frankfurt am Main 1962, S. 183–188 und 196–200.

229 Entwurf des Befehls: BAB, R 6/66, Bl. 15.

230 Ebenda, Bl. 1–7.

231 PAAA, R 27358, Handakten Hasso von Etzdorf, Akten betreffend: Osten.

232 Vermerk in: »Führer-Erlasse« 1939–1945, S. 510.

233 Generaloberst Franz Halder: Kriegstagebuch, Band III, Stuttgart 1964, S. 518.

234 Der Befehl ist abgedruckt: Kriegstagebuch des Oberkommandos der Wehrmacht, Band II, Frankfurt am Main 1963, S. 1318–1319.

235 Joachim Hoffmann: Kaukasien 1942/43, Freiburg im Breisgau 1991, S. 254–309.

236 Broschüre zur Gedenkfeier des Auswärtigen Amtes für Graf Friedrich-Werner von der Schulenburg am 10. Dezember 1975 in Bonn.

Abbildungsnachweis

akg images 41
Forum Falkenberg – Freunde der Burg e.V. 124
Uwe Friedrich 73
Georgisches Nationalarchiv 10, 29, 30, 33, 42, 43, 44, 45, 47, 48, 53, 55, 56, 58, 59, 62, 66, 69 li., 70, 71, 72, 75, 78, 82, 88, 134, 135, 136, 160
Landesarchiv Berlin 74 (FRep. 290-09-01 Nr. 67-1525 / H. Schnaebeli & Co.)
Politisches Archiv des Auswärtigen Amtes 12/13, 69 re., 96, 97
Privatbesitz 21, 22, 57
Siemens Historical Institute 15, 17
Wikimedia Commons 81

Die Autoren

Matthias Dornfeldt, Diplom-Politologe, Assistant Professor am Berlin Centre for Caspian Region Studies der Freien Universität Berlin

Enrico Seewald, Diplom-Politologe, Projekt Diplomatie der DDR beim freien Forschungsverbund SED-Staat der Freien Universität Berlin

Die Autoren erforschen seit mehr als 20 Jahren die deutschen diplomatischen Beziehungen und haben entsprechende Veröffentlichungen in Fachzeitschriften sowie Buchpublikationen verfasst und das einzige Universitätsseminar zu den Methoden der Diplomatie an mehreren deutschen Hochschulen durchgeführt.

Wir danken Herrn Herbert Karbach vom Politischen Archiv des Auswärtigen Amtes für die Überlassung der Druckvorlagen zum Dokumentenanhang und dem Siemens-Archiv für die Genehmigung zum Abdruck der Fotos der Brüder Siemens sowie den Herren Giorgi Astamadze und Lascha Bakradse für Informationen zur georgischen Geschichte und Frau Felice Fey für Übersetzungsarbeiten.